Parti républicain radical
et radical-socialiste

QUATRIÈME CONGRÈS

ANNUEL

Toulouse (Octobre 1904)

Prix : 25 Centimes

au siège du Comité Exécutif
9, Rue de Valois, 9

Parti républicain radical
et radical-socialiste

_1900_

QUATRIÈME CONGRÈS
ANNUEL

Toulouse (Octobre 1904)

Prix : **25 Centimes**

A Paris, au siège du Comité Exécutif

9, Rue de Valois, 9

CONGRÈS

DU

PARTI RÉPUBLICAIN

Radical et Radical-Socialiste

TENU A TOULOUSE

Les 6, 7, 8 et 9 Octobre 1904

SÉANCE D'OUVERTURE

Jeudi 6 octobre 1904

La séance est ouverte à deux heures un quart, sous la présidence de M. Paul Gouzy, député, vice-président du Comité exécutif du Parti républicain radical et radical-socialiste.

M. PAUL GOUZY, *président.* J'adresse à tous les Congressistes, venus ici de tous les points de la France, les plus cordiaux souhaits de bienvenue du Comité exécutif et je donne immédiatement la parole à M. le Secrétaire permanent pour lire une lettre de M. Maurice Faure, *président* du Comité.

Lettre de M. Maurice Faure

M. BOUFFANDEAU, *secrétaire permanent* du Comité exécutif du Parti républicain radical et radical-socialiste, donne lecture de la lettre suivante de M. Maurice Faure :

« Mon cher secrétaire permanent,

« Le fâcheux état de santé qui depuis quelque temps m'astreint à l'inactivité physique me met dans l'impossibilité absolue de me rendre à Toulouse. J'en éprouve un très vif regret dont je vous prie d'être l'interprète.

« C'eût été, en effet, pour moi une grande joie et un grand honneur, après avoir préparé avec vous et nos amis l'organisation du congrès, d'en ouvrir les travaux et surtout de saluer de tout cœur, au nom du Comité exécutif, dans l'Illustre et charmante cité toulousaine, évocatrice de tant de souvenirs, l'élite militante de la démocratie française. (*Applaudissements*).

« Mon éloquent et honoré collègue M. Gouzy, vice-président, s'acquittera admirablement de cette tâche, mais je tiens, en lui remettant mes fonctions présidentielles expirantes, d'abord à remercier encore une fois de plus mes amis politiques des témoignages réitérés de leur confiance, ensuite à affirmer devant le Congrès ma foi profonde dans le triomphe, désormais assuré, de nos idées communes. (*Bravos*).

« Malgré les perfides manœuvres et les efforts désespérés d'une réaction inlassable, nos généreux principes font de jour en jour davantage la conquête des esprits, comme en témoignent les manifestations répétées du suffrage universel. (*Applaudissements*).

« Si on a pu dire naguère que la France était centre-gauche, on peut affirmer aujourd'hui qu'elle est radicale, radicale-socialiste, et que notre grand parti se confond de plus en plus avec la nation elle-même, dont il incarne les plus chères aspirations. (*Vifs applaudissements*).

« Il lui appartient de justifier cette estime et de répondre aux vœux du pays — en éliminant résolument tout ce qui reste du passé réactionnaire dans nos institutions politiques et dans notre personnel administif, — en unissant, par une puissante organisation, fondée sur une étroite discipline, toutes nos forces d'action, loyalement associées, d'une part à celles de l'Alliance démocratique, et, de l'autre, aux éléments parlementaires du socialisme, — en appliquant sans délai le programme de réformes sociales dont la discussion est inscrite à votre ordre du jour, — en soutenant énergiquement, dans sa lutte contre le cléricalisme, un gouvernement qui a vaillamment fait ses preuves et qui livre actuellement à la théocratie romaine la suprême bataille. (*Applaudissements*).

« L'issue ne saurait en être douteuse.

« Ce sera l'œuvre essentielle du congrès de Toulouse de signifier aux pouvoirs publics la ferme volonté de la France démocratique, de voir enfin réaliser cette grande mesure libératrice, conséquence logique et complément nécessaire de la loi sur les associations : la séparation des Eglises et de l'Etat. (*Vifs applaudissements*).

« Le congrès saura parler haut et ferme, et sa voix sera certainement écoutée.

« Ainsi, par une singulière ironie de l'histoire, ce sera dans la ville même où fut fondée contre l'affranchissement de l'esprit humain, l'abominable Inquisition, que dans cette féconde période de défense républicaine, deux grands actes réparateurs auront été accomplis ! — Celui de Waldeck-Rousseau dénonçant à la France le péril mortel de l'éducation congréganiste et donnant le signal de la lutte anticléricale ; — celui du quatrième congrès du parti radical et radical-socialiste, au nom de la liberté de conscience, l'urgente nécessité d'en finir avec la duperie séculaire du Concordat par la rupture de tout lien entre l'Etat laïque et les confessions religieuses.

« Salut fraternel à tous.

« Maurice FAURE. »

(*Bravos prolongés*).

M. COUDERC, président de la Fédération toulousaine radicale-socialiste, prononce le discours suivant :

« Citoyens,

« Au nom de la Fédération toulousaine j'ai le très grand honneur de souhaiter la plus fraternelle et la plus cordiale bienvenue aux républicains, venus ici de tous les points de la France, afin de prendre part aux travaux du quatrième congrès du parti radical et radical-socialiste.

« Je salue en vous, citoyens, les hardis militants de la cause démocratique, comme nous convaincus de la nécessité de faire aboutir au plus tôt les réformes politiques et sociales qui sont la raison d'être et le but de la République. (*Bravos*)

« Je croirais manquer à mon devoir si, par de là cette enceinte, je n'envoyais l'expression de nos plus chaudes sympathies et tous nos vœux aux citoyens membres des cercles, comités, groupes et associations, dont vous êtes aujourd'hui les mandataires et qui sont dans ce pays les défenseurs indéfectibles de la République, après en avoir été les véritables fondateurs. (*Applaudissements*)

· « Toulouse, la vieille et vaillante cité républicaine, est heureuse et fière de vous accueillir et de vous montrer que son cœur bat à l'unisson du vôtre. Vous serez, ce soir, reçus et fêtés dans notre Capitole par une municipalité radicale-socialiste qui est au pouvoir depuis tantôt vingt ans ; vous serez reçus et fêtés dans ce Capitole, dont la réaction méliniste et cléricale a vainement tenté de s'emparer, et où ce soir, célébrant ensemble les luttes de notre parti, ses glorieuses victoires et ses plus ardentes espérances, nous chanterons la *Marseillaise*.

« Si nous jetons un regard rapide vers le passé, et si, nous reportant à l'époque du premier congrès du parti, en juin 1901, nous comparons la situation politique d'alors, avec la situation actuelle, il nous apparaîtra que les progrès accomplis sont considérables.

« Après s'être défendue victorieusement contre les complots à ciel ouvert, et les menées de coup d'Etat, la démocratie demanda, exigea des réformes.

« Dans l'éloquente déclaration qu'il fit au nom du parti républicain, Camille Pelletan s'écria : « Une politique de défense républicaine peut-elle suffire ? La France veut une œuvre plus hardie et plus vaste ; la meilleure façon de défendre la République, c'est de la rendre républicaine. » (*Bravos répétés*)

« Depuis ce moment, mais surtout depuis l'arrivée au pouvoir du ferme républicain, du grand honnête homme qu'est M. Combes, la politique gouvernementale, de conservatrice qu'elle était obstinément, est devenue véritablement républicaine et réformatrice. (*Nouveaux applaudissements*)

« Nous sommes nombreux qui eussions sans doute désiré à la politique d'action un essor plus robuste, une impulsion plus vigoureuse ; néanmoins il est juste de reconnaître qu'il y a comme on· l'a dit quelque chose de changé en France (*Très bien, bravos*).

« Si les congrégations ne sont encore ni supprimées ni expulsées, on a osé, du moins, s'attaquer à elles et leur livrer résolument bataille. Cette bataille continue et l'on peut déjà prévoir la défaite de Rome.

« Si la loi de laïcité est inefficace, puisqu'elle laisse les frères ignorantins habillés à la dernière mode, répandre comme par le passé, leur détestable enseignement, on n'en a pas moins reconnu que l'enseignement congréganiste est intolérable, et comme ce n'est pas au costume que nous en voulons mais à la doctrine, on sera logiquement amené à accepter le monopole de l'enseignement par l'Etat que nous ne cesserons de réclamer jusqu'au jour prochain, où nous l'aurons obtenu. (*Applaudissements répétés sur de nombreux bancs*)

« Si le budget des cultes n'a pas encore été supprimé, malgré les provocations pontificales, nous avons du moins un premier ministre qui promet d'aborder de front la question de la séparation des Eglises et de l'Etat, jusqu'ici reléguée aux oubliettes par tous les gouvernements.

« Certes, ce ne sont point là les solutions rationnelles et définitives que réclame le parti radical et radical-socialiste ; mais comme aucun autre, avant le ministère actuel, n'avait poussé la témérité jusqu'à oser faire quelque chose, il a suffi que le pays se rende compte de la bonne volonté, de la sincérité de M. Combes, de son désir de mater l'éternel ennemi de nos libertés et de conjurer le péril clérical pour qu'il se soit établi un courant très favorable à la politique réformatrice et énergiquement laïque du cabinet (*Bravos*).

« Rien cependant n'a été épargné pour détourner nos concitoyens de cette politique ; les cléricaux suivis des tardigrades de l'opportunisme, ont pétitionné : les prêtres et les moines ont fulminé contre la République du haut des chaires de vérité ; la presse bien pensante a même, afin de prouver sans doute sa profonde érudition, comparé cet excellent M. Combes à Dioclétien, persécuteur des chrétiens.

« Le pays a répondu de manière à faire taire tous ces aboiements : il est resté, par ses votes, qui ne sont certes pas des votes de suprise, attaché à la République à la République vraiment radicale. (*Nouveaux applaudissements*).

« Il semble donc que le moment soit venu d'agir ; que le moment soit venu où les réformes depuis si longtemps promises, toujours ajournées, doivent enfin être accomplies.

« Le pays ne comprendrait pas de nouveaux atermoiements ; il en a assez de cette politique énervante et néfaste de piétinement sur place.

« Non, désormais il n'y a qu'une seule politique républicaine possible, la politique honnêtement et loyalement pratiquée des réformes démocratiques et sociales-

« C'est du reste l'impérieuse volonté du pays républicain ; nous venons de le prouver. Toute hésitation serait donc un crime. (*Vifs applaudissements*).

« Nous savons, hélas ! que les prétextes ne manquent jamais à ceux qui voudraient encore de nouveaux ajournements.

« Qu'il s'agisse de la séparation des Eglises et de l'Etat, on nous dit : Prenez garde ! Vous allez effaroucher les campagnes qui se désaffectionneront de la République.

« Nous disons, nous, que les campagnes sont venues sans arrière-pensée à la République, dont elles acceptent toutes les conséquences ; nous disons que c'est méconnaître et calomnier l'esprit franchement républicain des communes rurales, que de le croire hésitant à propos de la suppression du budget des cultes. C'est en vain qu'aujourd'hui on chercherait à opposer les campagnes aux villes et à comparer le degré de républicanisme des unes et des autres. Il n'y a partout que des esprits libérés et des républicains ardemment réformateurs : ceux-là, seuls, peuvent nier cette vérité qui aiment mieux continuer à verser annuellement 44 millions dans les mains de ce clergé dont cependant ils connaissent bien l'acharnement contre la République.

« Qu'il s'agisse d'établir l'impôt sur le revenu, on nous propose un projet de loi qui ne ressemble pas plus à l'impôt sur le revenu, dont il ne devrait même pas porter le nom, que M. Méline ne ressemble à un républicain.

« Nous voulons l'impôt personnel, global et progressif sur le revenu.

« Le congrès dira si ce n'est point ainsi que lui-même le comprend et le veut.

« Qu'il s'agisse enfin des retraites ouvrières, on ne manque pas de faire observer que cette réforme nécessite une dépense permanente très élevée et qu'il est bien difficile, sinon impossible, de créer des ressources suffisantes avec le budget actuel.

« Nous répondrons : Que ne jette-t-on les yeux sur un programme républicain, on y verrait que l'expropriation légale et l'exploitation par l'Etat de plusieurs grands monopoles de fait, doivent nécessairement procurer à un ministre des finances républicain les ressources indispensables non seulement à l'établissement des retraites ouvrières mais à toutes les réformes démocratiques et sociales.

« Nous comptons sur M. le Président du conseil, dont la fermeté et la franchise républicaine nous sont un sûr garant qu'il ira droit aux solutions hardiment réformatrices. (*Très bien ! très bien !*)

« Nous comptons aussi sur la vigilance des républicains du Parlement, de ceux du moins, et ils sont le nombre, qui sont plus préoccupés de faire des lois viables que de renverser le cabinet.

« La vérité démocratique réside dans l'application pure et simple du vieux programme républicain.

« Par des demi-mesures, on ne contenterait personne et l'on n'aboutirait à aucun progrès réel.

« Bien aveugle du reste qui n'aperçoit pas l'élan irrésistible du pays vers les réformes ; bien imprudent qui voudrait l'arrêter.

« Quant à nous, fils de la Révolution, nous désirons que la France, que nous aimons parce qu'elle est la terre sur laquelle ont germé toutes les idées généreuses, parce qu'elle représente à nos yeux tout un avenir de justice et de liberté, jouisse enfin des bienfaits que, seule, la République, réformatrice et consciente de ses devoirs envers le peuple, qui peine et qui produit, est capable de nous donner.

« Nous ajouterons avec Emile Zola : « Il est conso-
« lant de constater que la vérité est en marche et
« s'avance sur cette route du progrès si rude et si meur-
« trière. Grâce aux esprits libres et aux cœurs géné-
« reux, en face de l'ancienne société, autoritaire, crimi-
« nelle et condamnée, se dresse la nouvelle société,
« prête à remplacer le vieil édifice social vermoulu
« par la justice du peuple. »

« Hélas ! il ne faut pas se dissimuler que jamais on ne réalise tout l'idéal ; le train humain ne va pas de la sorte par bonds superbes et par glorieux coups de théâtre. Pour ces espérances, pour ces rêves d'une humanité fraternelle et juste, il n'est pas trop de l'union sincère de tous les républicains de ce pays.

« Je vous adjure, citoyens, de rester étroitement unis sur le terrain des principes contre toutes les réactions, contre toutes les routines, contre tous les égoïsmes. Vous aurez ainsi bien mérité de la République.

« Vive la République ! »
(*Applaudissements prolongés*).

Bureau de la première séance. — Appelé à élire le bureau de cette première séance, le Congrès maintient le bureau du Comité exécutif auquel il adjoint M. Couderc, président de la Fédération de Toulouse, et Desplas, président du Conseil Municipal de Paris.

En conséquence, le bureau est ainsi constitué :

Président : M. Gouzy, député.

Vice-Présidents : MM. Léon Janet, député; Leydet, sénateur; Ferdinand Cahen, J.-B. Morin, Maurice Sarraut, Couderc, Desplas.

Secrétaires : MM. Mas, Carpot, Hugon, Dasque, Raymond Leygue et Régnier, députés; L. Bonnet, Bellanger, Quéroy, Blumenthal, Jean Lépine, G. Bodereau.

Secrétaire permanent du Congrès. — M. F. Bouffandeau, secrétaire général du Comité exécutif.

Discours de M. Gouzy

M. Gouzy, président de la première séance du Congrès, prononce alors le discours suivant :

Citoyens,

Vous venez d'entendre la lettre éloquente par laquelle le Président du Comité exécutif, mon excellent ami Maurice Faure, nous informe qu'il ne peut pas ouvrir le Congrès

Vous regretterez d'autant plus son absence, qu'elle est due à une maladie de notre distingué Président. Vous la regretterez aussi, parce que, s'il m'est facile de m'asseoir dans le fauteuil qui lui était réservé, je ne saurais vous rendre la parole éloquente que nous espérions tous applaudir.

Mais, on a toujours assez d'éloquence quand on laisse parler son cœur (*Applaudissements*), et c'est avec tout mon cœur, monsieur le Président de la Fédération Toulousaine, qu'au nom de tous les membres du Congrès, qui viennent de nous faire l'insigne honneur de nous maintenir au bureau, je remercie la délégation de l'accueil si gracieux et si chaud que nous recevons à Toulouse.

Gracieux comme votre ciel, chaud comme votre soleil! Combien je suis heureux, moi qui ai vécu sous ce ciel et sous ce soleil une notable partie de ma vie, moi qui ai épelé dans votre vieux Lycée les premiers rudiments de cette science, que personne alors n'aurait osé accuser de faire faillite (*Vifs applaudissements*), combien je suis heureux d'envoyer à la ville savante, artiste et républicaine, qui nous offre une si cordiale hospitalité, les remerciements émus de tous les délégués républicains de France ! (*Applaudissements*).

Mais, citoyens, ces remerciements, je ne veux pas les trop prolonger ; je ne veux pas vous faire perdre à m'écouter un temps précieux.

Ce n'est pas pour discourir que nous sommes réunis. Nous avons mieux à faire. D'ailleurs, le concours de tant d'excellents républicains venus de tous les points de la France, n'est-il pas par lui-même assez éloquent ? N'atteste t-il pas, mieux qu'aucune parole ne saurait le faire, la volonté ferme et énergique du pays de marcher toujours plus avant dans la voie des réformes ? De tous les points de l'horizon politique, vous nous apportez les vœux, peu s'en faut que je ne dise les ordres de la démocratie (*Applaudissements*). De nos discussions, sortira la forme dans laquelle vos représentants devront les transmettre au Parlement chargé de les rédiger en lois, et au Gouvernement dont la fonction est de les exécuter.

C'est, messieurs, un excellent exemple, que, pour la quatrième fois, le parti radical et radical socialiste donne au pays.

Excellent et nouveau. Trop longtemps, en effet, on a renversé les rôles, et mis, pour user d'une métaphore classique, la pyramide sur sa pointe ; tout partait du Gouvernement, devant sa volonté le Parlement s'effaçait, et les citoyens, que la rédaction des lois et l'exécution des réformes intéressent pourtant quelque peu, il me semble, les acceptaient passivement, sans même, s'ils réclamaient, qu'on pût leur appliquer l'adage célèbre : « Souffre la loi que tu as faite », car, en vérité, cette loi, ils n'y étaient pour rien ou presque rien.

Nous avons heureusement changé cela, nous avons remis la pyramide sur sa base, nous avons, — sans métaphore, — repris la saine tradition de la Révolution, et ce sont, comme en 89, les cahiers du parti radical socialiste que notre Congrès va être appelé à discuter.

Nombreuses sont les questions qui vous seront soumises ; il serait superflu, — vous en avez la liste, — de les énumérer ici, et ce serait sortir de mon rôle, que de préjuger des solutions que vous y donnerez. Mais, j'ai le droit et le devoir de remarquer que ces solutions, quelles qu'elles soient, nous ne les obtiendrons que par l'union des diverses fractions du grand parti républicain (*Applaudissements*). Est-ce ici que j'ai besoin de le dire ? C'est le Congrès de Paris qui a proclamé que nous ne voulons pas connaître d'ennemis à gauche, c'est de lui que date le bloc, et c'est de la constitution du bloc que datent les premiers résultats obtenus depuis trente ans passés à piétiner sur place, perdus par les républicains en vaines et puériles querelles. Les modérés excommuniaient les socialistes, qui excommuniaient les modérés ; les radicaux-socialistes et les simples radicaux s'excommuniaient entre eux. Citoyens, il ne faut excommunier personne (*Vifs applaudissements, ovation*) ; il faut laisser l'excommunication à l'Eglise (*Bravos prolongés*), dont elle est l'arme favorite, et que nous n'aurions plus le droit de combattre, si nous nous montrions aussi intolérants qu'elle, si, nous aussi, nous proclamions que hors de notre groupe il n'y a point de salut !

Or, il faut la combattre (*Applaudissements*) ; ce qui ne veut pas dire que cette lutte doive nous faire oublier les réformes économiques et sociales, telles que l'impôt sur le revenu, les retraites ouvrières ou le scrutin de liste ; non ! Mais, les réformes économiques et sociales à leur tour, ne doivent pas nous faire oublier que rien ne se fera dans la République, tant que nous laisserons l'ennemi dans la place, et que l'ennemi, aujourd'hui, comme au temps de Gambetta, c'est le cléricalisme (*Vifs applaudissements. Bravos répétés*).

Certains l'ont oublié, dont on aurait cru plus sûre la mémoire : pris d'un zèle soudain pour des réformes sociales qui leur avaient paru moins urgentes, quand il ne dépendait que d'eux de les soumettre aux Chambres, ils n'ont pas craint, dans leur hâte inattendue, de les jeter comme un ferment de discorde entre les républicains, au moment même où ceux-ci menaient le bon combat contre Rome, en faveur de la laïcisation de l'instruction à tous les degrés, et de risquer ainsi de retarder, et la laïcisation, et les réformes sociales, de rompre le bloc, et de rouvrir l'ère des compromissions avec la droite, du piétinement sur place, des crises ministérielles incessantes et stériles (*Applaudissements*).

Ce qu'il pense de ces louches manœuvres, le pays l'a

dit aux élections municipales ; il l'a répété aux élections cantonales ; il le redit tous les jours dans les centaines d'adresses, qui, d'un bout à l'autre du pays, vont féliciter le Président du Conseil de sa politique anticléricale (*Applaudissements*).

Vous le direz une fois de plus, mes chers collègues, et votre voix, qui est la voix de la France républicaine, sera entendue du Parlement et du Gouvernement (*Applaudissements*). Je faisais allusion tout à l'heure, aux cahiers de 1789. Il en est sorti la Révolution et les principes du droit moderne. Des vôtres, ne sortira pas la Révolution, parce qu'aujourd'hui la France n'a pas besoin d'une révolution pour être républicaine, mais il en sortira l'affirmation de ces principes de justice, d'indépendance politique, sociale et religieuse, que la Révolution avait institués en France, et que le despotisme des Bonaparte et le fanatisme astucieux des Jésuites en avaient bannis (*Applaudissements*).

Qu'honneur vous en soit rendu, mes chers collègues. mais qu'une part de cet honneur, — je suis sûr en formulant ce vœu d'être votre interprète, — soit reportée aux ministres qui ont mérité que le bloc les soutînt si longtemps, et particulièrement à deux d'entre eux : celui qui, malgré les injures et les calomnies dont on l'a abreuvé, a eu le premier le courage d'engager contre Rome la lutte si longtemps souhaitée par tous les républicains (*Cris : Vive Combes !*), et celui qui a partagé avec lui ces injures et ces calomnies, pour avoir eu le tort, aussi original qu'impardonnable, de rester au pouvoir ce qu'il avait été dans l'opposition (*Applaudissements prolongés. Cris : Vive Pelletan*).

Vos applaudissements et vos acclamations me prouvent que je n'ai pas eu tort de compter sur votre clairvoyance républicaine. Et maintenant, à l'œuvre, mes chers collègues, et puisse le Congrès de Toulouse hâter l'éclatante et définitive victoire de la vraie République, de la République démocratique et sociale !

(*Le discours est salué par de très vifs applaudissements.*)

Adresse à M. le Président de la République

Le Congrès adopte ensuite à l'unanimité et par acclamation l'adresse suivante au Président de la République :

« *Les républicains radicaux et radicaux-socialistes, assemblés à Toulouse en assises solennelles pour leur quatrième*

Congrès, adressent à M. le Président de la République l'hom-
mage de leur respectueuse sympathie et l'assurent de leur
entière confiance. »

Félicitations au Cabinet Combes. — Les fédérations
de l'Aude et de la Haute-Garonne déposent la motion ci-
après :

« Le Congrès du Parti républicain radical et radical-socia-
liste, félicitant le cabinet Combes de la lutte vigoureuse qu'il
mène contre la réaction et le cléricalisme et de la résistance
victorieuse qu'il a su opposer aux attaques des ennemis de la
République comme à l'assaut de toutes les ambitions, l'engage
à persévérer dans son attitude énergiquement républicaine et
anticléricale, compte sur lui pour réaliser les réformes démo-
cratiques et sociales et lui adresse l'expression de son entière
sympathie. »

Ordre du jour de M. Cazassus. — Le citoyen Cazassus,
adjoint au maire de Saint-Gaudens, dépose à son tour un
ordre du jour ainsi conçu :

« Le Congrès radical et radical-socialiste, approuvant la po-
litique de réformes sociales et d'action républicaine et laïque
du Président du Conseil, et blâmant l'attitude des républicains
dissidents, passe à l'ordre du jour. »

Il ajoute que s'il a tenu à présenter cette rédaction, c'est
parce que l'autre ne lui paraissait pas suffisamment précise.
(La lecture de cet ordre du jour détermine une certaine agitation).

M. Bepmale. — Il faut qu'il n'y ait ni surprise ni équivoque.
Ce n'est pas la première fois que la question que l'on nous
pose en ce moment vous a été posée. Elle l'a été directement
au Congrès de Lyon.

Par un concours de circonstances qu'il serait trop long de
rappeler, elle ne l'a pas été au Congrès de Marseille. On avait
cru. à ce moment, qu'il était peut-être bon, sinon de passer
tout à fait l'éponge, du moins d'attendre un peu, et l'on avait
espéré que ceux dont on avait dénoncé les agissements à Lyon,
voudraient bien rentrer dans les rangs.

Au lieu d'y rentrer, vous savez ce qu'ils ont fait. *(Applau-*
dissements). Vous savez que c'est eux qui ont mené l'assaut
contre le cabinet *(Nouveaux applaudissements)*, et qu'au milieu du silence complice de la droite, ils ont dressé l'acte d'ac-
cusation du cabinet *(Bravos).*

Nous estimons, mes amis et moi, que la formule que nous
avons déposée et qui ne prononce aucun nom, était encore
bien indulgente, puisque c'est simplement un blâme que nous
vous demandons de voter. *(Applaudissements sur de nom-*
breux bancs).

M. le Président. — Les deux adresses proposées n'ont rien de contradictoire. La seconde confirme la première en l'accentuant. Je peux donc mettre toutes les deux aux voix en même temps. (*Assentiment*).

(Les deux adresses, mises aux voix, sont adoptées).

Adresse de félicitations et de sympathie à M. Pelletan

M. Jean Bourrat. — Citoyens, tout à l'heure, dans le discours que vous avez applaudi, on a rendu hommage à la fermeté des principes, aux convictions sincèrement républicaines d'un homme qui est resté au pouvoir ce qu'il était dans l'opposition. (*Bravo ! Bravo ! Vive Pelletan !*)

Cet homme, son nom est sur toutes les lèvres. C'est Camille Pelletan. Je vous demande, citoyens, sans rédiger d'adresses, de vouloir bien charger notre président de lui transmettre l'expression de la sympathie du Congrès tout entier.

(Cette proposition est adoptée par acclamations).

TRAVAUX DU COMITÉ EXÉCUTIF ET ACTION DU PARTI
pendant l'exercice 1903-1904.

Rapport de M. Léon Janet, Député, Vice-Président du Comité Exécutif.

Le Comité Exécutif, que vous avez nommé l'année dernière au Congrès de Marseille, est arrivé au terme de ses fonctions, mais, avant de remettre ses pouvoirs entre vos mains, il a estimé qu'il avait le devoir de vous rendre compte de la manière dont il avait rempli son mandat.

Il serait absolument fastidieux de retracer devant vous, dans tous ses détails, le rôle du Comité. Vous avez, d'ailleurs, été tenus au courant des questions traitées dans les séances par le *Bulletin du Parti*, et vous avez déjà constaté que l'on ne peut pas, tout au moins, reprocher à votre Comité d'être resté dans l'inaction.

Je voudrais seulement essayer d'indiquer très briè-

vement la part qu'il a prise aux grandes manifestations
du suffrage universel et aux discussions poursuivies
devant le Parlement, les efforts qu'il a faits pour maintenir, dans notre grand Parti, la discipline nécessaire,
et l'action politique qu'il s'est efforcé d'exercer dans le
pays, par de nombreuses conférences, dans le but de
gagner à nos idées ces masses d'électeurs encore
indécises, que quelques éloquentes paroles suffisent
parfois à amener définitivement dans la bonne voie.

Vous savez que l'organisation de notre Parti est
toute récente ; elle fut ébauchée au Congrès de 1901, à
Paris. Le Congrès de 1902, tenu à Lyon, groupa 800
mandants et 400 comités adhérents ; celui de 1903,
tenu à Marseille, 1.200 mandats et 600 comités adhérents. Cette année, l'effectif de nos forces s'est encore
largement augmenté, et nous comptons à l'heure
actuelle 1.300 mandats et 1.000 groupes adhérents. On
comprend facilement quelle force représentent ces
mille comités, répandus sur toute la surface du territoire, et nous pouvons, dès à présent, malgré les
efforts désespérés de nos adversaires, envisager sans
inquiétude les résultats de la grande bataille électorale
de 1906.

Au point de vue des consultations du suffrage universel, deux événements de la plus haute importance
ont marqué l'année 1904 : les élections municipales des
1er et 8 mai et les élections départementales des 31
juillet et 7 août. Jamais des élections de cette nature
ne s'étaient faites plus nettement sur le terrain
politique. Nos adversaires avaient eux-mêmes souligné
le sens de ces grandes manifestations et insisté sur la
haute portée des résultats de la lutte. Votre Comité
avait le devoir de ne pas rester inactif dans ces graves
circonstances. Tout d'abord, il a chargé son bureau
d'ouvrir des pourparlers avec les groupements socialistes et avec l'Alliance démocratique, dans le but
d'arriver au second tour à une candidature unique.
L'accord a été obtenu, et il a été décidé que le candidat, ayant réuni au premier tour le plus grand nombre de suffrages, resterait au second tour le seul candidat de gauche. Votre Comité Exécutif a, en outre,
adressé aux électeurs, aussi bien pour les élections
municipales que pour les élections départementales,
des manifestes qui ont été reproduits dans la plupart
des journaux de Paris et de la province, et dont vous

avez tous pu apprécier les termes énergiques.

Un brillant succès a récompensé ces efforts, puisqu'aux élections de mai, près de deux mille municipalités ont été conquises, et qu'aux élections départementales, les partis de gauche ont gagné environ cent sièges de conseillers généraux et à peu près autant de sièges de conseillers d'arrondissement. Ainsi, à chaque consultation, le Peuple souverain a nettement fait entendre qu'il fallait continuer sans trêve la lutte contre le cléricalisme, et entrer hardiment dans la voie des réformes sociales, depuis si longtemps promises, et si lentes à réaliser.

Votre Comité n'a pas manqué, non plus, d'intervenir dans toutes les élections partielles qui ont eu lieu depuis un an. Bien entendu, il a toujours laissé aux groupements locaux le soin de désigner les candidats, et il s'est placé uniquement sur le terrain de la discipline et de l'intérêt supérieur du Parti. Au second tour, il a toujours appuyé, conformément aux engagements pris, le candidat de gauche ayant obtenu le plus grand nombre de voix au premier tour. Allant encore plus loin, il s'est efforcé dans plusieurs circonstances, d'obtenir qu'un seul candidat du Parti se présente. Indépendamment des inconvénients qu'offre toujours une campagne électorale dirigée contre des amis, l'émiettement des suffrages de notre Parti peut avoir pour résultat d'obliger le Comité à appuyer au second tour un candidat d'un groupe allié, même lorsque le nombre total des voix radicales et radicales-socialistes est supérieur à celui des voix de ce groupe. C'est à la suite d'incidents de cette nature qu'un de nos collègues a proposé de substituer la discipline des majorités de programme à celle des majorités personnelles. La commission qui a été chargée d'étudier cette proposition l'a prise en considération, mais elle a estimé qu'une solution définitive n'était pas urgente, étant donnée l'absence d'élections générales en 1905, et elle a décidé de s'entourer de renseignements complémentaires, avant de statuer sur une question aussi grave et aussi complexe. (*Très bien*).

Les décisions prises par le Comité, au sujet de diverses élections, n'ont pas toujours été admises par les candidats ; de plus, quelques adhérents au parti ont été accusés d'avoir accepté l'appui des voix de droite. Aussi, un certain nombre d'affaires ont-elles été portées devant la commission de discipline, et devant le Comité Exécutif, conformément au règlement que vous avez élaboré au Congrès de Marseille. Votre Comité a toutefois constaté que la seule sanction prévue par ce règlement était l'exclusion du Parti, et il a hésité à prononcer une peine aussi sévère, alors que des circonstances atténuantes existaient dans la plupart des cas. Sauf de rares exceptions, il s'est donc borné à exprimer des regrets, mais il a, pour l'avenir, chargé sa Commission du Règlement de soumettre à votre approbation un texte nouveau, permettant de prononcer soit un simple avertissement, soit un blâme avec exclusion du Parti.

Il ne faudrait pas voir, dans les décisions du Comité, un acte de faiblesse, mais seulement le désir de passer l'éponge sur des questions toujours irritantes, alors surtout que l'organisation de notre Parti est encore trop récente, pourque tous ses adhérents aient compris la nécessité de se soumettre à des règles nettes et précises. Votre Comité espère que les défaillances regrettables qui se sont produites deviendront de plus en plus rares. Si la discipline fait la force des armées, elle fait aussi la force des partis politiques, et il est indispensable qu'à l'avenir toutes les fautes commises soient réprimées. (*Très bien. Très bien*).

Votre Comité s'est occupé avec vigilance des questions soumises à l'ordre du jour du Parlement. Au moment où a commencé à se poser la grave question de la suppression de l'enseignement congréganiste, il a pensé comme toujours en pareil cas, il devait préconiser des solutions nettes et précises, et il a émis le vœu *que le Gouvernement et les élus du Parti soutiennent énergiquement l'abrogation intégrale de la loi Falloux et la suppression de l'enseignement congréganiste.(Vifs applaudissements)*.

Enseignement et congrégation, ne sont-ce pas deux mots qui brûlent d'être accouplés ensemble ? L'enseignement laïque a pour but d'émanciper l'esprit de l'enfant, de lui apprendre à penser librement, en se basant uniquement sur la Raison ; la Congrégation ramène tout à des dogmes immuables dont elle entend faire des vérités intangibles, même après que les belles découvertes de la Science ont fait crouler définitivement tout ce vieil édifice d'asservissement de l'intelligence humaine. (*Bravos ! Bravos*).

Vous avez tous encore présente à la mémoire la laborieuse discussion à laquelle la question a donné lieu, à la Chambre des députés, au mois de mars dernier. La discipline de la majorité a fini par avoir raison de l'obstruction la plus violente, la plus éhontée, et le Sénat a eu la sagesse de ratifier, sans aucun changement, une loi qu'il aurait été, sans doute, possible d'améliorer, mais qu'il était, avant tout, essentiel de faire rapidement aboutir.

Si votre Comité s'est occupé de poursuivre énergiquement la lutte entre le cléricalisme, il ne s'est cependant pas désintéressé des autres questions à l'ordre du jour. Il a notamment émis des vœux en faveur de la prompte adoption de la loi réduisant à deux ans la durée du service militaire, et de la loi sur la liberté et la sincérité du vote. La première de ces lois a été votée par la Chambre, mais avec des modifications qui nécessitent son retour devant le Sénat. Quant à la seconde, elle n'a pas encore été discutée, mais le vœu du Comité n'en a pas moins une grande importance, parce qu'il montre que c'est bien à tort que nos adversaires nous accusent de vouloir conserver le mode de votation actuel, afin d'user des moyens qui sont à la disposition d'un parti au pouvoir pour violenter le suffrage universel.

Le Comité a également demandé que le vote de la loi abolissant les conseils de guerre en temps de paix soit hâté le plus possible, et que des propositions invitant les gouvernements à limiter les charges militaires soient déposées simultanément devant le Parlement français et devant les Parlements étrangers. (*Applaudissements*).

L'attitude des élus du Parti ne pouvait non plus le laisser indifférent. Au moment des incidents qui se sont produits lors de la nomination des vice-présidents de la Chambre, et qui ont failli amener une scission profonde, le Comité a émis le vœu que les radicaux-socialistes du Parlement oublient les difficultés du moment, et restent solidairement unis pour poursuivre, avec les autres parties du Bloc républicain, les grandes réformes scolaires, laïques et sociales qui sont à l'ordre du jour.

Plus tard, au moment de la regrettable discussion, à la suite de laquelle un certain nombre d'élus se sont détachés du Bloc républicain, le Comité Exécutif, après examen de la situation créée par le scrutin qui a suivi l'interpellation Millerand, a regretté que quelques-uns de ses membres, appartenant à la Chambre des députés, se soient séparés de la majorité en cette circonstance, et il a exprimé la conviction que ces députés se ressaisiraient et prêteraient au Gouvernement le concours persévérant dont il a besoin pour mener à bonne fin la lutte contre la Congrégation, préface indispensable des réformes sociales.

La propagande de votre Comité s'est affirmée à la fois par la publication de brochures et par des conférences. Parmi les brochures, celles qui ont été le plus demandées, sont les comptes rendus de nos Congrès, qui prennent un développement de plus en plus considérable. Il me suffira de vous donner un détail quelque peu prosaïque, pour vous faire comprendre cet accroissement. La brochure du Congrès de Paris coûte 10 centimes, celle du Congrès de Lyon, 30 centimes, et celle du Congrès de Marseille, 50 centimes. Le remarquable discours, prononcé à la Chambre, lors de la dernière discussion du budget, par Puech, un de nos anciens présidents, a été imprimé sous la forme d'une petite brochure intitulée : *Nos finances et l'œuvre de la République*. Enfin, une carte du Parti républicain radical et radical-socialiste a été mise en vente pour l'exercice 1903-1904.

Le Comité a trouvé le concours le plus précieux dans la Presse du Parti, toutes les fois qu'il a voulu se servir de sa publicité, et je tiens à lui adresser, au nom du Comité et en votre nom à tous, nos plus vifs remercîments.

La situation politique actuelle impose à notre Grand Parti des devoirs plus étendus que jamais ; c'est qu'en effet il a cessé d'être un parti d'opposition pour devenir un parti gouvernemental. Sans doute, il entend garder vis-à-vis du Ministère une indépendance absolue, lui prodiguer ses félicitations lorsqu'il suit une politique exempte de toute compromission suspecte, une politique ne s'appuyant que sur les seuls républicains, mais aussi ne pas lui ménager ses avertissements, lorsque des défaillances passagères viennent à se produire. Il n'en est pas moins vrai que c'est notre parti qui, ayant à sa gauche les groupes socialistes ; à sa droite, le groupe de l'Union démocratique, forme véritablement l'âme du Bloc républicain. Rappelons-nous donc que nous avons non seulement à poursuivre jusqu'au bout la lutte nécessaire entreprise contre l'esprit clérical, mais aussi, à hâter le vote des lois sociales qui doivent avoir pour résultat de faire réguer sur terre un peu plus d'égalité et de justice.

Voilà, citoyens, un résumé succinct du rôle qu'a joué votre Comité Exécutif pendant l'exercice 1903-1904. Je puis dire qu'il n'a eu qu'une seule pensée dominante : s'efforcer de se montrer digne de votre confiance. C'est à vous, maintenant, qu'il appartient de dire si vous estimez qu'il a rempli convenablement sa tâche. (*Applaudissements prolongés*).

LA SITUATION DES PARTIS POLITIQUES

Rapport de M. Louis Bonnet, au nom du Comité exécutif.

Citoyens,

Le congrès de Marseille a décidé que, désormais, un rapport serait présenté, imprimé et distribué à l'ouverture de chaque Congrès annuel sur la situation et la tactique des partis pendant l'année écoulée. Le Comité exécutif m'a chargé de ce travail et l'a approuvé à une de ses dernières séances.

La Situation politique

Du mois d'octobre 1903 à octobre 1904, la lutte contre les congrégations et l'Eglise a dominé la politique intérieure et dirigé la propagande et la tactique des partis. L'application de la loi de 1901 en a démontré l'inefficacité. Les congrégations non autorisées et sommées de quitter les écoles ont usé de subterfuge. Frères ignorantins, moines et sœurs de toute robe ont feint de se séculariser. Sur les conseils du pape et avec l'aide des évèques, les congréganistes ont revêtu l'habit laïque et continuent à enseigner dans la plupart de leurs écoles.

La loi n'en a pas moins produit un premier et durable effet. Les congrégations à qui l'autorisation d'exister a été refusée sont entrées en liquidation ; leurs membres ont été dispersés, leurs biens sont vendus, la congrégation ne pourra se reconstituer en France.

Les congrégations autorisées ont eu leur tour. Aux termes de la loi du 7 juillet 1904, « l'enseignement est interdit aux congrégations » ; dans un délai maximum de 10 ans, leurs maisons devront être fermées. A l'heure actuelle, sur 16.904 établissements d'enseignement congréganiste, 13.904 ont été fermés ; 3.000 restent à supprimer.

Nous attendons maintenant que le Sénat rejette les demandes d'autorisation dont il est saisi et que le gouvernement invite le Parlement à se prononcer sur les congrégations hospitalières. Des projets de loi sur l'organisation de l'assistance sont à l'étude. Leur vote justifiera de promptes et radicales décisions.

La règle de notre parti a été fixée définitivement au congrès de Paris de 1901 et confirmée aux congrès de Lyon et Marseille de 1902 et 1903 : toutes les congrégations d'hommes et de femmes sont à supprimer. Cette mesure libératrice, prise en 1790 par la Constituante, reste un article fondamental du programme radical et radical-socialiste.

Les élections municipales et cantonales

La papauté et l'épiscopat ont vainement essayé de s'opposer à la volonté du Parlement. Nationalistes monarchistes, bonapartistes et les soi-disant républicains progressistes ont servi docilement la pensée romaine. Leur coalition n'a pas entamé le bloc républicain qui a reçu du pays des témoignages constants de chaleureuse approbation.

Les élections municipales ont eu lieu au lendemain du vote de la Chambre interdisant l'enseignement aux congrégations ; le renouvellement par moitié des conseils généraux s'est fait en pleine rupture avec le Vatican. Les républicains n'en ont pas moins gagné 2.000 sièges aux conseils municipaux, 130 sièges aux Conseils généraux.

Cette éclatante manifestation répond suffisamment

aux prédictions des alarmistes qui redoutaient un désaveu des électeurs et aux conseils des timorés qui voudraient marquer le pas. Notre parti n'en sera que plus résolu à aborder les solutions décisives. Le respect des principes et les circonstances le lui imposent.

Les cléricaux et les élections de 1906

En 1903-1904, nos adversaires ont continué méthodiquement leur préparation aux élections législatives ; ils ne cachent pas leurs visées, ils nous convient à ce qu'ils appellent « le grand rendez-vous de 1906 », et tous leurs actes s'inspirent de la maxime assomptionniste : « Les élections, c'est l'œuvre des œuvres ». Leur échec aux élections municipales et cantonales n'a pas ralenti leur zèle, ni diminué leurs espoirs. Ils espèrent, ils attendent du suffrage universel une majorité qui détruira l'œuvre de la Chambre actuelle et nous ramènera aux beaux jours de M. Méline.

Leur coalition est aujourd'hui, restera demain ce qu'elle a été depuis 1896. Les mélinistes ne sont plus que l'aile gauche de l'armée cléricale ; presque tous ne réunissent dans leurs circonscriptions qu'une minorité de républicains ; électoralement et parlementairement, ils sont les porte-paroles de la réaction.

La Fédération républicaine

Se voyant démasqués et discrédités, les mélinistes ont éprouvé le besoin de changer de nom. Ils s'intitulaient hier républicains progressistes et s'étaient groupés à l' « Association Républicaine nationale » dont le président fut longtemps M. Audiffred. Cette étiquette démocratique ne couvrant plus leur politique réactionnaire, ils en ont pris une autre : ils ont fondé la *Fédération républicaine* et, désormais, nous les trouverons assemblés sous ce vocable.

La *Fédération républicaine* s'est mise, toute cette année, à rechercher des troupes insaisissables qu'encadreraient ses états-majors. Ses comités ne comprennent qu'un nombre infime de citoyens, ses réunions et conférences seraient désertées si ses chers alliés de *l'Action libérale* ne lui faisaient la charité d'y amener leur personnel.

La Ligue de la Patrie Française

La *Ligue de la Patrie Française* n'est pas en meilleure posture. Elle a essuyé, en 1904, un grand désastre. Paris lui a été enlevé, la majorité nationaliste du conseil municipal a été renvoyée à la sacristie, et la province lui a porté le dernier coup. Son vrai chef, M. Cavaignac, a été délogé du conseil général de la Sarthe: cette triste épave disparaîtra définitivement de la Chambre en 1906.

L'Action Libérale

De plus en plus, l'*Action libérale* absorbe, unifie, concentre, organise toutes les forces de réaction. Depuis le grand comité des Droites qui a dirigé les opérations du Seize-Mai, il n'y a pas eu en France d'association cléricale plus étendue. Son effort dépasse même celui des Seize-Mayeux, son action s'étend à chaque arrondissement et bientôt à chaque canton.

Sa défaite aux élections municipales a stimulé son ardeur et, dans une circulaire adressée à tous les présidents des comités de province, le président de l'*Action libérale*, M. Piou, définit nettement les leçons de la bataille et le but à suivre. Il écrit :

« Les élections municipales ont prouvé, une fois de plus, que la victoire appartient aux partis organisés.

« Partout, en effet, où notre Association a pu constituer des Comités et assurer l'union et la discipline entre tous les éléments d'opposition, nos amis ont triomphé ou approché de la victoire.

« Là, au contraire, où les libéraux se sont tenus en dehors des cadres que nous avons organisés, et ont marché à la bataille en ordre dispersé, leurs tentatives sont demeurées infructueuses.

« Il découle de ces faits qu'il faut travailler sans relâche à recruter des adhérents nouveaux, à étendre nos Comités, à susciter des institutions sociales, à répondre par une action énergique et soutenue à la propagande incessante de la Franc-Maçonnerie. »

Avec un sens politique très aiguisé, les directeurs de l'*Action libérale* reviennent à la charge et leur journal du 2 juin dit crûment : « La vérité est que l'on a triomphé par l'organisation, et que l'on a échoué par le défaut d'organisation. »

Dans le même numéro se trouve une déclaration catégorique dont l'importance ne vous échappera pas. La voici textuellement :

« Nous oserons le dire : en France ce ne sont pas les idées qui triompheront, ce sera l'*organisation* !

« Peut-être, sous cette forme brutale, notre pensée paraît-elle désobligeante.

« Nous la formulons ainsi, parce qu'il faut enfin réduire des illusions trop prolongées en une volonté d'action. »

Ainsi donc, la cohorte de monarchistes, de césariens, de mélinistes et de congréganistes embusqués à l'*Action libérale* en fait le franc aveu. Elle ne compte pas sur la force des idées qu'elle est censée incarner pour remporter la victoire. Elle sait très bien que les électeurs ne croiront ni à son libéralisme, ni à son amour des réformes, ni à sa passion du bien public, et qu'elle est condamnée à mentir et à tromper pour masquer les desseins du cléricalisme qui est sa seule raison d'être. Et elle attend d'une formidable organisation la revanche et le succès définitif.

Vous retiendrez sa déclaration et vous en tirerez la juste conclusion que nous devons perfectionner notre propre organisation pour résister à celle de l'adversaire. C'est qu'un immense effort va être fait, est déjà commencé. On ne se borne pas à créer des comités politiques, on veut les arc-bouter à un ensemble d'œuvres et d'institutions concernant l'enfance et la jeunesse, les ouvriers et les employés de toutes professions, les agriculteurs et même les femmes. Des détails précis vous permettront de saisir sur le vif cette vaste machination.

Son organisation politique

L'*Action libérale* possède dans chaque département un *secrétariat départemental* relié au comité directeur de Paris. Ce secrétariat fonctionne au chef-lieu à côté d'un *bureau d'informations* qui concentre les renseignements sur les questions électorales et administratives.

Un *secrétariat de circonscription* s'organise dans chaque arrondissement comme le secrétariat du chef-lieu pour le département.

Le *secrétariat de canton* se constitue ensuite qui choisit un *correspondant de commune*.

Le Comité-directeur parisien trace en ces termes leur rôle :

« Le correspondant de commune a pour objectif précis : *L'élection des conseillers municipaux*.

« Le correspondant ou secrétariat de canton : *l'élection du conseiller général* et celle du *conseiller d'arrondissement*, pour lesquelles il fait appel au concours de tous les correspondants communaux.

« Le secrétariat de circonscription : *l'élection du député*, qui réclame la collaboration de tous les correspondants cantonaux ou communaux.

« L'action de ces secrétariats ou correspondants, travaillant ensemble ou isolément, comprend deux périodes distinctes :

« 1° L'action journalière, avant et après la période électorale.

« 2° L'action pendant la période électorale. »

Ces divers rouages seront mis à l'épreuve dans 18 mois. *L'Action libérale* invite ses adhérents à redoubler d'activité et escompte déjà le succès. Son numéro du 23 août contient cette fanfaronnade :

« Si dans chaque canton, sinon dans chaque commune, fonctionne un comité sérieux de *l'Action libérale*, pas de doute : les élections générales de 1906 seront la défaite du bloc, et partout le triomphe de la cause libérale. »

Ces paroles sont évidemment pour relever le courage de gens qui viennent d'essuyer un revers aux élections municipales et cantonales. *L'Action libérale* comprend à merveille que, si elle parvient aisément à grouper dans ses comités les sacristains, les hobereaux, les bonapartistes et les républicains défaillants, il lui manquera toujours les gros bataillons, les travailleurs des villes et des champs qui refusent énergiquement de s'enrôler sous la bannière congréganiste. Aussi a-t-elle imaginé le plus audacieux des trucs pour capter cette masse récalcitrante.

L'embrigadement des travailleurs

L'Action libérale emprunte la méthode des catholiques belges, appliquée par le clergé français dans plusieurs départements : mon rapport au Congrès de Lyon l'expose. Sous le prétexte d'œuvres sociales, elle entend embrigader successivement toutes les classes de citoyens. Elle ne leur parle plus d'élections, de défense de la liberté, de combat pour Dieu, ni des droits du pape. Elle se, fait doucereuse et tient le langage de Guillot. Elle ne songe qu' « aux misères, aux souffrances des travailleurs, aux injustices qui les entourent », et elle leur offre le remède : c'est de participer aux institutions qu'elle veut fonder. Je résume ainsi ses instructions à ses adhérents :

S'emparer d'abord de la jeunesse, éloigner les enfants des écoles laïques, les tenir à l'école libre sous la férule des faux sécularisés, le « cher frère » en jaquette et la « bonne sœur » en jupon court, qui leur inculqueront la crainte de Dieu, la soumission au prêtre, le respect du riche, la résignation à un travail pénible et peu rémunérateur avec la compensation des félicités éternelles dans un monde meilleur ;

Attacher ces enfants à l'école libre par les mutualités scolaires, et saisir toute la jeunesse par les patronages, les sociétés de tir, de gymnastique, les sociétés musicales, de sports, les cercles de jeunes ouvriers, les cercles d'études, etc...

Il s'agit ensuite de jeter le filet sur les ouvriers des usines. Voici le moyen préconisé :

Créer des syndicats ouvriers, des syndicats jaunes, des sociétés d'habitation à bon marché, des jardins ouvriers, des sociétés de secours mutuels et des caisses autonomes ayant pour but, soit la constitution de pensions de retraites, soit l'assurance en cas de vie, de décès ou d'accidents, et grouper ces services autour de *Secrétariats du peuple*, à l'instar de ce qu'a tenté un patron catholique bien connu, M. Léon Harmel.

Ce secrétariat du peuple est la pièce principale du mécanisme. Il sera dirigé par un « comité de personnages influents, commerçants et industriels » et formera en quelque sorte un office du travail. Il se divise en trois sections :

« 1º Le bureau des renseignements ;
« 2º La section juridique ;
« Ce service est assuré par des avocats, des avoués, d'anciens notaires et huissiers.
« 3º La section médicale. »

Le travailleur sera doucement amené à l'église où le curé le catéchisera. Sa conversion sera alors complète et il sera mûr pour l'affiliation au comité politique de l'*Action libérale* qui construit ce savant système de protection ouvrière pour en faire une machine à réparer les erreurs du suffrage universel.

Pour **les travailleurs des champs**, même méthode et moyens analogues. L'*Action libérale* recommande à ses adhérents de former des syndicats agricoles, des caisses rurales (à responsabilité illimitée), des caisses de crédit agricole (à responsabilité limitée), des associations mutuelles de prévoyance contre la mortalité du bétail, des caisses agricoles mutuelles de retraites, etc...

Le paysan sera tenu par le crédit, par l'intérêt, et on ne doute pas qu'il vote au gré des hommes bien pensants qui dirigeront ces œuvres.

Notre parti devra se tenir en garde. Je sais qu'en de nombreuses localités, il a fondé de pareilles institutions ; avec son désintéressement habituel, il a voulu se conformer à ses principes et, de son mieux, servir la jeunesse et favoriser efficacement le travailleur des villes et des champs. Nos amis s'engageront avec plus de zèle encore dans cette voie. Leur généreuse initiative empêchera la réaction de tourner en arme de guerre contre la République toutes ces associations dont les républicains ont péniblement obtenu la faculté d'exister.

Ligue patriotique des Françaises

Pour couronner son entreprise et ne négliger personne, l'*Action Libérale* mobilise les femmes. Elle a créé la *Ligue patriotique des Françaises*, de concert avec la *Ligue des femmes françaises*. Mon rapport au congrès de Marseille a appelé votre attention sur cette dernière association qui vient de fusionner dans le sein de M. Piou, si j'ose m'exprimer ainsi. Et la nouvelle création, désormais consacrée sous le nom de *Ligue patriotique des Françaises* et dirigée par d'aristocratiques baronnes et plébéiennes, a débuté par adresser un appel enflammé...à la bourse des « femmes de France. »

Cette ligue se propose « de regagner le cœur du « peuple, de ramener les masses populaires aux idées « religieuses et morales, et de *rendre service au peuple.* » Mais, « en attendant que ses organisateurs soient en

« mesure de satisfaire à ce programme », elle demande à ses adhérentes de « *travailler d'abord au plus pressé*, à « *la réunion des fonds nécessaires.* »

Le plus pressé pour les hommes et les femmes d'Eglise, c'est toujours de « réunir des fonds », et le *premier service* qu'ils rendent *au peuple*, c'est de lui prendre son argent. Et pour qu'on ne se méprenne pas sur sa pensée, la *Ligue patriotique des Françaises* déclare qu'il faut « pourvoir la caisse générale de la « Ligue et *former des réserves de fonds pour l'œuvre électorale.* »

C'est que l'*Action libérale* ne se paie pas de mots. Le fin du fin de sa politique est, comme en 1902, de remplir d'abord la caisse. On verra ensuite à « rendre service au peuple. »

Nous avons le droit de nous étonner que les pieuses et fortunées personnes qui disposent des cohortes célestes et célèbrent constamment les miracles de Lourdes et les vertus du Sacré-Cœur ne recourent pas à cette irrésistible intervention et paraissent surtout compter sur la puissance de l'or pour faire élire de bons députés. Ces grandes dames s'emploient avec ferveur à ramasser les subsides de guerre de 1906. Le coffre-fort de M. Piou sera bien rempli, les archi-millionnaires entreront en ligne et nous pouvons nous attendre à la campagne de corruption électorale la plus effrénée.

Les commerçants et industriels

Les tentatives de *l'Action libérale* pour embrigader les commerçants et industriels français n'ont pas été plus heureuses en 1904 qu'en 1903. L'association l'*Union du Commerce et de l'Industrie*, prête-nom de la congrégation. n'a réussi qu'à recruter une centaine d'adhérents. Les efforts de son émule en cléricalisme, **La Fédération des commerçants et industriels français**, ont été aussi infructueux. Cette déconvenue a déchaîné l'envie et la fureur réactionnaires contre le **Comité républicain du Commerce et de l'Industrie** qui a fondé de nouvelles sections en province et augmenté dans d'énormes proportions le nombre de ses adhérents. La réaction ne lui pardonne pas davantage le grand et légitime crédit dont il jouit auprès des pouvoirs publics ; on le lui a fait voir.

On a saisi l'occasion d'une enquête parlementaire pour diffamer de la plus odieuse façon le dévoué et éminent président de ce comité, M. Mascuraud. En le discréditant, on espérait atteindre l'œuvre qu'il dirige si vaillamment. Les calomniateurs ont été confondus. La commission d'enquête et la Chambre des députés ont rendu un public hommage à l'homme d'ardentes convictions et de haut désintéressement qui honore notre parti. Le Comité exécutif s'y est associé et, le 7 juillet dernier, lui a exprimé, à l'unanimité, ses chaleureuses sympathies. En donnant à son tour à M. Mascuraud le témoignage de son estime et de sa confiance, le Congrès voudra certainement remercier le Comité Républicain du Commerce et de l'Industrie des services constants qu'il rend à la production nationale et à la cause démocratique.

Les Comités catholiques

Parallèlement aux Comités de l'*Action Libérale*, qui englobent les faux républicains et des réactionnaires de toute nuance, opèrent les *Comités catholiques* sous la direction exclusive des évêques et des curés. Je ne reviens pas sur le détail de leur organisation qu'expose mon rapport au Congrès de Marseille.

Le cardinal Patrizi leur a tracé en ces termes, au nom du pape, leur programme et leur méthode :

« Les comités catholiques sont une confédération des zélés catholiques pour réparer le mal que font les ennemis de la Religion et pour soutenir en même temps les droits du Saint-Siège et la liberté du Souverain Pontife.

« Ils agissent suivant les nécessités locales, promptement, courageusement, efficacement. »

Leurs fondateurs nous révèlent que « dans l'Ouest, « on forme sans peine la petite union catholique d'une « paroisse rurale de 50 à 80 associés, avec comité ou « bureau de 8 à 12 membres. »

Ailleurs, il y a plus de tirage. Cependant, assure un de leurs rapporteurs, « des comités de ce genre exis- « tent dans un certain nombre de centres importants « où leur action est très appréciée. » Si l'on s'imaginait que ces zélés catholiques passent le temps à implorer le ciel et se réunissent pour prier en commun, on serait vite détrompé. Ils sont beaucoup plus terre à terre : d'abord, les choses d'ici-bas ; plus tard, le reste, quand on en aura le loisir. La prescription est formelle :

«Le Comité électoral catholique a pour mission d'organiser toutes les forces locales, suivant les habitudes et les nécessités de chaque pays. et de *se consacrer à une préparation assidue, constante et résolue des élections.*

« Une préoccupation doit tout dominer : *l'organisation de la puissance des catholiques en France,* leur action politique. »

M. Benque, «rapporteur général de l'organisation « des forces catholiques sur le terrain électoral» au congrès des catholiques du Nord et du Pas-de-Calais, nous explique sans ambages pourquoi son parti, tout en favorisant l'*Action Libérale*, entend créer partout des Comités catholiques. « *Les catholiques,* dit-il, en « tant que catholiques, *doivent avoir une organisation* « *électorale à eux.* »

Et M. Benque ajoute judicieusement :

« Sur le terrain absolument pratique, il faut associer les mots : *Organisation électorale catholique* et non leur donner *présentement* le sens de *Parti catholique.*

« *L'épithète catholique* que l'on peut désirer, dans les « milieux bien préparés, *est nuisible pour un candidat* quand « l'opinion n'y est pas encore; la fédération électorale de « 1898, créée par les catholiques, l'a si bien compris, que ses « candidats, là où elle en a suscités, ont généralement pris « l'étiquette de *Candidats républicains* sans même un autre « qualificatif. »

L'aveu est franc et bon à recueillir. L'Eglise appuie les diverses organisations de réaction, *Action Libérale, Patrie Française, Fédération républicaine,* etc., parce qu'elle ne se sent pas assez forte pour lever le masque. Quand elle se croira maîtresse, elle les absorbera et les fondra en une association unique et l'appellera, comme en Allemagne et en Belgique, *Parti catholique.*

Nous sommes également avertis de la véritable couleur de ces ralliés, *Candidats républicains,* que nous avons rencontrés en 1898, en 1902, que nous rencontrerons en 1906. « L'épithète *catholique* leur serait encore nuisible, écrit naïvement M. Benque; l'*opinion* « *n'y est pas encore;* » mais quand elle y sera, ces papistes arboreront le drapeau Jaune du Vatican, rejetteront prestement le titre de *républicains* et s'intituleront hautement candidats *catholiques*.

C'est bien là, en effet, que tendent tous les efforts de l'Eglise. La qualité de Français, de républicain, de patriote, n'est rien à ses yeux Il s'agit, avant tout, d'être un catholique, docile aux ordres du pape; il s'agit, surtout, de créer dans l'Etat Français un Etat Romain, de former un *parti catholique*, rien que catholique, assez puissant pour dominer les autres partis et diriger notre politique intérieure et extérieure selon les inspirations du Saint-Siège.

Ces visées scélérates nous démontrent une fois de plus l'imminence du péril et la nécessité de le conjurer par des mesures énergiques. Le salut de la République et l'indépendance de la patrie en dépendent.

L'action catholique

L'Eglise soutient une multitude d'autres œuvres de foi et de prière, d'enseignement et de presse, militaires, sociales et charitables, par lesquelles elle bat sans relâche en brèche la société civile.

Ces derniers temps, elle a rappelé avec énergie que « l'encyclique du 19 janvier 1901 a remis l'action commune des catholiques sous les auspices et la direction des évêques. » Et la même, l'éternelle antienne de soutirer de l'argent, beaucoup d'argent pour nous faire la guerre est sortie constamment de sa bouche.

Au Congrès catholique du Nord, on a recommandé impérieusement « que les catholiques se privent de « tout superflu, plaisirs, cartes de visite au jour de « l'an, théâtres, villes d'eaux, etc... pour se consacrer à « la lutte et créer des caisses de défense et d'attaque. »

C'est par un trafic éhonté des votes qu'on espère gagner la majorité. On disposera d'autres moyens.

La Jeunesse catholique, le Sillon

Les associations de *Jeunesse catholique* et du *Sillon* ont reçu cette année une vive impulsion.

Les *Jeunesse catholique* propagent les journaux cléricaux, les tracts, les almanachs, organisent les conférences, avec ou sans projecteurs, publiques ou privées.

s'occupent des œuvres sociales, syndicats jaunes, syndicats agricoles, figurent dans les cérémonies religieuses, processions, grand'messes ou vêpres, retraites paroissiales, sont chargées en temps d'élection de se promener dans les rues, de lire les affiches et de les commenter tout haut, distribuent les circulaires à domicile et aux passants.

Dans un seul département, le Nord, existent plus de 300 groupes de *Jeunesse catholique*, « dont certains « comptent plus de 100 membres, se livrant tous à « l'action. »

Un de leurs organisateurs caractérise ainsi leur rôle :

« Nous nous gardions bien également de manquer aux réunions privées ou contradictoires, protégeant nos candidats en nous disséminant parmi les groupes ou dans chaque coin de la salle pour chauffer et *faire la claque*. »

Le *Sillon* entraîne une catégorie d'anciens étudiants cléricaux et a multiplié les conférences. Ses directeurs affectent de plus en plus de se mêler au monde du travail et s'efforcent à le ramener à l'Eglise. En 1904, ils ont créé de nouvelles œuvres : coopératives de production et de consommation, cercles d'études, salles de travail et de consultations.

Les Confréries. — Les Tertiaires

Je ne fais que mentionner l'accaparement des esprits qui se fait par les confréries et archi-confréries.

Une seule archi-confrérie, celle de Notre-Dame-des-Champs, érigée à Séez, s'est répandue par toute la France ; elle a formé 91 confréries particulières comprenant 142.000 membres.

Notre éminent ami M. Lafferre, député, a signalé récemment au Parlement l'existence des *Tiers-Ordres*, congrégation occulte laïque, dont font partie un nombre immense d'hommes et de femmes. Il y a plus de trois millions de *Tertiaires* dans l'univers, et la France en compte à elle seule trois cent mille.

D'après mes recherches particulières, tous ces Tier-Ordres, de Saint-François, de Saint-Dominique, des Servites, des Trinitaires, des Augustins, des Prémontrés, des Minimes, des Carmes, des Oblats, etc., sont, aux termes d'une encyclique de Léon XIII, « institués pour la multitude, pour les chrétiens vivant dans le monde. » Les Tertiaires, hommes et femmes, portent un insigne, ont un mot de passe, professent « d'obéir à l'Eglise ».

Les instructions spéciales disent : « Le Tiers-Ordre est une Société choisie, qui ne doit admettre dans son sein que des membres capables d'en remplir les obligations. » On y est admis dès l'âge de quatorze ans, car, suivant la remarque du « Directoire Général du Tiers-Ordre de Saint-François, » à quatorze ans, « **il n'est pas encore trop tard de s'emparer de la Jeunesse.** »

L'Eglise militante et protéiforme possède avec les Tiers-Ordres une armée disciplinée, mystérieuse, fanatique, qui chemine sous terre. Son importance est telle que, nous apprend un de ses chefs, le seul « Tiers-Ordre de Saint-François possède aujourd'hui un grand nombre de publications publiées par les Pères du premier Ordre et destinées à communiquer aux Tertiaires l'esprit franciscain ».

J'ai parcouru la plupart de ces publications qui s'appliquent avec persévérance à développer le Tiers-Ordre pour « constituer le parti de Dieu » et le jeter dans la mêlée. Léon XIII l'a enjoint formellement :

« Que tous les confesseurs s'emploient pour amener au Tiers-Ordre principalement les hommes et surtout les jeunes gens. » Et ce pape, politique réaliste, leur a assigné un but précis : « Il importe peu, en vérité, d'agiter subtilement de multiples questions et de disserter avec éloquence sur droits et divers, si tout cela n'aboutit à l'action. *L'action voilà ce que réclament les temps présents* ».

Les Tertiaires qui se recrutent dans toutes les classes de la société, surtout dans la haute classe, ne sont donc qu'une des milices ecclésiastiques. La prière n'est qu'un prétexte, la religion un moyen : on les a créés pour l'action. Partout, sous les aspects les plus variés, nous trouvons devant nous l'Eglise qui recrute des troupes, enserre l'Etat et menace la République.

Le parti radical et radical-socialiste

Contre ces divers ennemis, le parti radical et radical-socialiste a continué résolument la lutte. Son action parlementaire et électorale, de propagande et d'action, a produit de féconds résultats. Votre commission spéciale vous énumèrera ce qui a été fait. Je dois seulement insister sur la nécessité plus impérieuse que jamais de poursuivre méthodiquement la création de nos comités et fédérations.

Les élections municipales et cantonales nous ont valu des triomphes faciles dans les communes et les cantons où nos comités fonctionnaient normalement, et nous avons essuyé des échecs douloureux dans les localités où nous ne possédons pas un groupement régulier. Il nous faut redoubler de zèle et d'énergie.

Le Congrès de Lyon a adopté le plan d'ensemble que j'ai eu l'honneur de lui soumettre. Je vous en rappelle la base : Création d'un comité au chef-lieu de chaque commune ; d'un comité cantonal par les délégations des comités communaux ; d'une fédération d'arrondissement par les délégations des comités de l'arrondissement, et d'une fédération départementale par les délégués des comités du département. Ce qui est sur le papier doit devenir réalité.

Le Comité Exécutif rend hommage aux efforts qui ont été faits dans de nombreux départements ; mais nous sommes encore loin, trop loin, de posséder une complète organisation. La victoire décisive est cependant à ce prix.

Soyez sur vos gardes ! La bataille sera plus acharnée en 1906 qu'en 1902. Je vous en ai donné l'avertissement dès le Congrès de Lyon, je l'ai renouvelé l'année dernière au Congrès de Marseille et je le répète aujourd'hui avec plus d'insistance. La réaction fait d'immenses préparatifs et affrontera la lutte avec des forces nouvelles. Elle disposera de plus d'argent encore et se livrera à une effroyable corruption pour capter les sièges ; la longanimité excessive de la Chambre, qui a validé les élections les plus scandaleuses, a encouragé cet odieux système. Les députés républicains, qui n'ont pas su être des juges sévères, risquent d'en être victimes les premiers.

Nous nous heurterons surtout à cette concentration des éléments de droite et du centre que l'*Action libérale* groupe avec autant d'hypocrisie que d'habileté. Nous n'aurons jamais eu affaire à une organisation aussi forte, aussi étendue, munie de telles ressources. Partout, l'Eglise lui prête un actif concours, et les prétendants la secondent de leur mieux.

Nous viendrons aisément à bout de cette coalition si nous savons :

1º Demeurer unis, confiants et disciplinés comme en 1902 ;

2º Employer les dix-huit mois qui nous séparent des élections générales à perfectionner l'organisation de notre parti ;

3º Obtenir du Parlement le vote de mesures assurant la liberté et la sincérité du vote, protégeant et limitant l'affichage, restreignant les dépenses électorales et réprimant la corruption.

Je ne fais que mentionner une autre condition qui est déjà acquise. Cette législature a apporté à la démocratie des réalisations remarquables, en apportera de plus complètes encore. Aux lois contre la congrégation, sur l'enseignement et pour l'assistance sociale vont succéder le vote de l'impôt sur le revenu, la réduction du service militaire à deux ans, la séparation des Eglises et de l'Etat, la création de la caisse des retraites des travailleurs. Le parti radical et radical-socialiste aura l'honneur d'avoir contribué pour une part prépondérante à faire aboutir ces réformes depuis si longtemps promises au pays. Par sa fidélité à son programme, il aura mérité la confiance de ses électeurs et la reconnaissance de la nation.

La séparation des Eglises et de l'Etat

Un seul obstacle se présente, grave si on ne le franchit résolument, et notre devoir est de le signaler avec franchise. M. le président du Conseil des ministres a fait des déclarations auxquelles nous donnons une chaleureuse approbation. Il estime que l'heure a sonné de terminer le conflit perpétuel qui s'est élevé, depuis la signature du Concordat, entre l'Eglise et l'Etat, et il propose de faire discuter, à la session de janvier, le projet qui consommera leur rupture. Les électeurs républicains éprouveraient une cruelle déception, le cléricalisme remporterait une véritable victoire, si le Parlement ne votait pas la séparation des Eglises et de l'Etat.

Nos congrès se sont prononcés sur le principe. A l'unanimité, vous avez dit à Paris, à Lyon et à Marseille que vous vouliez supprimer le budget des Cultes et séparer les Eglises de l'Etat. L'examen du détail de la proposition de la loi est inscrit à votre ordre du jour et vous indiquerez vous-mêmes les amendements à y introduire. Cette question touchant directement a la situation et à la tactique des partis, je ne vous en entretiendrai qu'à ce point de vue.

Une importante constatation est à faire. L'esprit public s'est profondément modifié depuis mai 1902. La minorité parlementaire est devenue un peu plus réactionnaire, la majorité est restée ce qu'elle était, ferme, compacte, mais quelquefois timide. L'ensemble des électeurs républicains n'a cessé, au contraire, d'avancer et leur tempérament dépasse, en de nombreuses circonscriptions, celui de leurs représentants. Tout a contribué à accélérer la marche de la démocratie : la poussée des événements, l'action gouvernementale et le vigoureux langage de M. Combes, votre active propagande, l'entrain avec lequel le cabinet et le bloc de gauche s'attaquaient enfin à l'ennemi et le délogeaient de ses forteresses, l'espoir faisant naître la volonté d'aboutir à bref délai aux solutions décisives.

Nos comités ont à maintes reprises protesté contre les menées de l'Eglise qui n'observait jamais le Concordat et formait un Etat dans l'Etat dont elle prenait les millions et niait les droits. Les monarchistes, les nationalistes, les pseudo-ralliés et les mélinistes ont commencé une campagne de presse, de réunions et de pétitions pour empêcher la dénonciation du traité de 1802. Y a t-il, dans notre parti, des hommes qui désirent ajourner cette mesure et, si elle est adoptée selon nos vœux, quelles en seront les conséquences électorales ? C'est le seul fait que je doive ici examiner.

Disons d'abord qu'il n'est plus possible de reculer, d'atermoyer. Les relations entre la France et le Vatican sont supprimées, l'ambassade de la République est retirée, le Concordat ne fonctionne plus et ne pourrait fonctionner à l'avenir que si un nouveau gouvernement acceptait docilement la suprématie de la papauté et la dépendance du pouvoir civil. Ajourner la décision, renvoyer la Séparation, c'est ne pas avoir le courage de son opinion et prendre, en réalité, le parti de l'Eglise.

Le républicain qui s'abstiendra ou votera l'ajournement s'éloignera des républicains et se confondra avec les réactionnaires.

Le républicain qui alléguera, pour repousser la Séparation, qu'il ne l'avait pas inscrite à son programme, fera lui aussi le jeu de la réaction et abandonnera ses convictions. Les événements imprévus surgissent et imposent une conduite conforme aux doctrines d'un parti. Les circonstances dictent le devoir. Tout membre de la gauche qui votera contre la Séparation, se rejettera, se classera à droite.

Le républicain qui objectera — j'en pourrais citer — qu'il compromettrait sa réélection en se prononçant pour la Séparation, sous le prétexte que sa majorité comprend une minorité de modérés dont il s'aliénerait les suffrages, ce républicain ferait un faux calcul. Il prouverait qu'il subordonne ses doctrines à ses intérêts et il éloignerait définitivement de lui les électeurs radicaux et radicaux-socialistes qui n'admettront pas de compromission sur cette question capitale.

A plus forte raison, le représentant radical et radical-socialiste ne pourra hésiter, ni tergiverser. Les décisions catégoriques de nos congrès lui imposent la douce obligation de suivre fidèlement un principe et de ne pas écouter les trembleurs et les défaillants. En méconnaissant ses engagements, il s'exclurait lui-même du parti.

La Consultation électorale

On ne saurait admettre davantage un pitoyable argument, suggéré par l'égoïsme et la peur. Nous entendons murmurer : la Séparation bouleversera les habitudes, affolera le pays, le jettera dans les bras de la réaction. Et de braves gens sont perplexes ou consternés. Un examen attentif de la situation dissipera ces inquiétudes.

Nos adversaires avaient dit également que la suppression des congrégations amènerait une crise terrible et que le paysan prendrait sa fourche quand on ferait déguerpir « le cher frère » et « la bonne sœur. » La fermeture des écoles congréganistes et des maisons des moines ligueurs et des moines d'affaires s'est produite au milieu de l'indifférence générale. Les excitations des évêques et des prêtres n'ont réussi qu'en de rares localités à fomenter une agitation de surface, vite apaisée et déjà oubliée.

Aux élections municipales d'avril, dans des milliers de communes, l'expulsion des congréganistes a été reprochée à nos amis et exploitée contre eux avec autant de violence que de perfidie ; la République n'en a pas moins remporté un succès éclatant.

Aux élections législatives de 1902, la réaction avait fait de la Séparation son cheval de bataille. Les prêtres déclaraient en chaire, les laïcs répétaient dans les campagnes qu'on allait fermer les Eglises, persécuter la religion, et que voter pour un candidat du bloc républicain, c'était voter contre Dieu, la Vierge et les Saints. Les diffamations et les excitations cléricales n'ont abouti qu'à consolider le Bloc et à faire asseoir sur les bancs de la Chambre la majorité républicaine la plus compacte et la plus laïque qu'ait eue la République.

Aux élections cantonales de juillet, les mêmes arguments ont été employés avec une sorte de frénésie. On était au lendemain de la rupture avec le Vatican qui rendait la Séparation inéluctable et la faisait prévoir imminente. Vous connaissez le résultat d'ensemble. En l'étudiant en détail, vous remarquerez qu'on a perdu des sièges dans les départements comme le Calvados, l'Orne, la Mayenne, etc., où nous ne comptons pas un seul député républicain : nous en avons gagné partout ailleurs, surtout dans les départements où les radicaux et les radicaux-socialistes détiennent la majorité.

Le pays républicain accepte, demande la Séparation des Eglises et de l'Etat. On le mécontenterait gravement en ajournant cette mesure de justice et de libération. A notre avis, plus tôt on la discutera et mieux cela vaudra. Si elle est décidée à la session de janvier — et la Chambre dont l'ordre du jour est si chargé voudra se montrer laborieuse et pourra examiner la Séparation, parallèlement aux retraites ouvrières, — le Sénat ratifiera certainement, avant les grandes vacances, la volonté du suffrage universel. La situation des partis sera modifiée à notre avantage et la tactique de nos adversaires sera déjouée.

Conséquences de la séparation

L'expérience démontrera promptement qu'il n'y a ni persécution ni attentat à la liberté. Les églises restant ouvertes comme par le passé et les croyants vaquant paisiblement à leurs devoirs religieux, la population s'apercevra aisément que les cléricaux altéraient la vérité, l'alarmaient à tort et abusaient de sa crédulité. Tous les reproches de vexation et d'intolérance que redoutaient des députés timorés, tomberont du coup.

Le clergé sera obligé, comme les autres citoyens, de vivre du produit de son travail et l'exercice du culte constituera son unique salaire. Les fidèles consacreront aux desservants les sommes énormes que leur soutirait l'Eglise pour subventionner les œuvres cléricales et les candidats réactionnaires. La formidable machine de guerre qu'est l'Eglise contre la République sera disloquée et privée de ses organes offensifs. La perte de ses privilèges, de son caractère officiel et des millions du budget des cultes lui enlèvera une partie de sa clientèle, de son prestige et de sa force. Tout sera bénéfice pour la Liberté qui dénouera une crise de conscience, pour l'Etat qui recouvrera la paix intérieure, pour la République qui n'alimentera plus des deniers publics, la révolte perpétuelle des agents de la Papauté.

Cette grande réforme qui affranchira les consciences et émancipera la nation, aura les plus heureuses conséquences pour le parti radical et radical-socialiste. Vous rencontrerez de moindres obstacles à l'organisation de vos comités et fédérations. Vous conquerrez à vos idées les contrées que l'Eglise affaiblie sera impuissante à maintenir sous le joug et vous chasserez du Parlement les serviteurs de la congrégation, les mauvais patriotes qui sont catholiques et romains avant que d'être français.

Vous aurez déblayé le terrain du principal obstacle aux réformes politiques et sociales. La défense de la société civile contre la puissance pontificale anéantie n'interrompra plus à chaque instant le travail législatif. Nos représentants au Parlement auront enfin la faculté d'appliquer intégralement le programme rénovateur dont vous êtes les propagandistes éclairés et fervents.

*(La lecture de ce rapport est interrompue par de fré-
quents applaudissements et M. le Président félicite et
remercie M. Louis Bonnet au nom du Congrès.)*

Lettre de M. Léon Bourgeois

M. Bouffandeau, secrétaire permanent du Comité Exécutif,
donne lecture de la lettre suivante :

« Mon cher président,

« Veuillez dire à nos amis le profond regret que
j'éprouve de ne pouvoir cette année encore, et pour
les raisons qu'ils connaissent bien, prendre part aux
travaux de notre congrès.

« Plus que jamais j'aurais été heureux d'être, cette
fois, au milieu d'eux dans cette grande cité républicaine
d'où j'ai emporté tant de chers souvenirs et où j'ai,
malgré le temps écoulé, gardé encore de si fidèles
amis.

« Dites bien à tous que, dans ma triste retraite, je ne
me désintéresse pas des idées et des luttes de notre
parti. A l'heure présente, où tant de difficiles problèmes pressent ceux qui ont la responsabilité des
affaires — et de l'avenir — de la démocratie française,
l'étroite union des esprits libres et des consciences
éprises de justice est plus nécessaire qu'en aucun autre temps.

« Pendant de longues années, notre parti a dû consacrer le meilleur de ses forces à la défense de l'institution républicaine elle-même contre les monarchistes
de toutes branches, contre les césariens de toute aven-
ture, contre les cléricaux de toute robe ; il a dû, par
l'union de toutes les gauches, former ce bloc sur
lequel, depuis cinq ans — cinq ans d'une discipline
parfaite, où se mesurent les progrès de notre éducation politique — se sont brisées toutes les attaques.

« Je suis certain que cette discipline sera maintenue
et que les divergences de vues sur des points secon-
daires, les mécontentements de détail, les malentendus, les questions de personnes surtout, ne prévau-
dront pas contre le sentiment des périls et des devoirs
communs.

« C'est que ce Bloc, — qu'on égratigne de vaines
railleries, par dépit de n'avoir pu le rompre — n'est

pas seulement un ouvrage de défense contre les assauts du dehors ; il est, il doit demeurer la pierre fondamentale de l'édifice de justice et de paix que nous avons promis d'élever. (*Applaudissements*).

« Qu'il s'agisse de la séparation des Églises et de l'Etat, — question aujourd'hui posée par les faits eux-mêmes et qu'il faut bien regarder en face — de l'impôt sur le revenu ou des retraites ouvrières, il n'y a de solution possible que par l'étroit accord de toutes les forces démocratiques. Hors de lui, il ne peut y avoir que de bruyantes et inutiles manifestations suivies de l'ajournement indéfini de toute organisation pratique et vivante ; si la majorité se divisait, la législation finirait, j'en ai le certitude, dans la plus dangereuse impuissance. (*Applaudissements*).

« C'est donc un souhait de sincère entente pour l'action réformatrice que j'aurais adressé au congrès de Toulouse, si j'avais pu venir y prendre une place. » *(Longs applaudissements)*.

« Veuillez, mon cher président et ami, en transmettre l'expression cordiale à nos amis, en acceptant pour vous et pour eux l'assurance de mes sentiments tout dévoués.

« Léon BOURGEOIS. »

Excuses. — Le Secrétaire permanent présente les excuses d'un grand nombres de parlementaires et d'adhérents au Parti qui ne peuvent assister au Congrès.

A la suite de la lettre d'excuses de M. Albert Le Roy, candidat dans l'Ardèche, le Congrès adresse à celui-ci toute l'expression de ses sympathies et ses vœux pour qu'une éclatante manifestation républicaine se fasse sur son nom.

Commission de Vérification des pouvoirs. — On procède au tirage au sort des trente-trois membres qui doivent composer la Commission de vérification des pouvoirs.

Ordre du jour du Congrès. — M. Maurice Sarraut donne lecture de l'ordre du jour proposé par le Comité Exécutif pour les travaux du Congrès. Cet ordre du jour est adopté.

Réunion des Commissions. — Les Commissions sont invitées à se réunir à cinq heures dans les locaux qui leur sont spécialement affectés.

La séance est levée à quatre heures et demie.

DEUXIÈME SÉANCE. Vendredi 7 octobre. Matin.

La séance est ouverte à dix heures du matin, par M. Gouzy qui donne lecture du télégramme qu'il a reçu de M. le Président du Conseil.

Réponse de M. Combes

« Mon cher président,

« J'ai lu avec plaisir et une fierté que tout le monde trouvera légitimes les deux ordres du jour que vous m'avez transmis. Je suis tout fier de constater que mon œuvre gouvernementale reçoit l'approbation sans réserve du parti radical et radical-socialiste.

« Je ne suis pas moins heureux de penser que le congrès rend justice à mes sentiments et m'assure de son entière sympathie en retour de mes efforts persévérants pour donner à la démocratie les satisfactions qu'elle attend avec une impatience chaque jour plus justifiée.

« Je compte sur tous les radicaux et radicaux-socialistes pour m'aider dans ma tâche et j'ai d'autant plus ce droit de compter sur eux que j'ai toujours marché d'accord avec mon parti et que j'ai conscience de n'avoir jamais démérité de son estime. Fidèle à mes principes qui sont les vôtres, j'ai pu sans les déserter, faire appel à tous les républicains sincères et réunir de la sorte une majorité résolue contre le cléricalisme et la réaction ; cette majorité ne se désagrégera pas, j'en suis certain au moment d'aborder les quatre grandes réformes indiquées dans mon discours d'Auxerre.

« La réaction, toujours aux aguets, essaiera inutilement de provoquer des défections dans ses rangs. Le parti radical et radical-socialiste ne laissera pas entamer le bloc, car c'est le bloc seul qui peut faire triompher l'impôt sur le revenu, le service militaire de deux ans, les retraites ouvrières et la séparation des Eglises et de l'Etat.

« Soyez mon interprète, mon cher président, auprès des membres du congrès, pour les remercier de leurs félicitations et de leur sympathie. »

Election du Bureau. — Le Bureau de la seconde séance est ainsi composé après décision de l'assemblée.

Président. — M. Maurice Berteaux, député de Seine-et-Oise.

Vice-Présidents. — MM. Bepmale, député, de la Haute-Garonne ; Louis Martin, député du Var ; A. Chérioux, conseiller municipal de Paris ; Charles jeune, vice-président du Comité républicain du Commerce et de l'Iudustrie.

Secrétaires : MM. Bussière, député ; Resch, secrétaire général de la Fédération marseillaise ; Laurent Chat, conseiller municipal de Lyon ; Monnier-Ducastel (Seine-et-Oise), Elie-Mantout (Comité républicain du Commerce et de l'Industrie); Fabius de Champville, Fernand Michaud (Côte-d'Or) ; Guillaume Poulle, conseiller général de la Vienne.

Secrétaire permanent du Congrès, M. F. Bouffandeau, secrétaire général du Comité exécutif.

Discours de M. Berteaux

Citoyens,

Je suis profondément touché du trop grand honneur que vous m'avez fait en m'appelant à présider la deuxième séance du 4e Congrès du Parti. En ce faisant vous avez récompensé au delà de ses mérites celui qui a été, surtout au cours de ces dernières années, un ouvrier laborieux et modeste de l'œuvre républicaine, radicale et socialiste au Parlement. (*Applaudissements*).

Comme rapporteur du budget de la guerre, où il a cherché à faire pénétrer le souffle des réformes républicaines, comme rapporteur général de ce budget de 1903, qui a vu renaître, au cours de son application. des plus-values disparues depuis quelque temps et qui a ainsi victorieusement répondu aux critiques venimeuses de nos adversaires (*Très bien*) ; comme rapporteur enfin de cette loi de service militaire de deux ans dont il s'est efforcé de faire en même temps qu'un puissant instrument de défense nationale, une des premières lois réellement égalitaires de ce pays, celui qui vous parle a voulu servir de toutes ses forces de travail, de toute son application et de tout son cœur la grande cause des réformes en qui se reflètent les généreuses aspirations de la démocratie. De sa peine, grâce à vous, il est aujourd'hui payé au centuple. (*Vifs applaudissements*).

Mais ce n'est pas le lieu ici de parler du passé, nous avons mieux à faire, il nous faut préparer l'avenir.

Jamais, à aucune époque, depuis les glorieuses années de la Révolution commençante, assemblées élues ne se sont trouvées ne présence d'autant de grandes œuvres dont la réalisation immédiate s'impose.

La réforme fiscale frappe à notre porte, la loi militaire d'égalité réclame un tour de faveur au Sénat ; le budget de 1905 ne peut attendre, de son côté, puisque aussi bien grâce aux efforts de la commission du budget, nous avons rompu enfin avec le régime des douzièmes provisoires, et en même temps deux réformes capitales pressantes réclament un aboutissement immédiat ; il n'est pas possible, en effet, que les mauvaises volontés de la réaction ou même les difficultés financières d'exécution privent plus longtemps les vieux travailleurs de la terre et de l'usine de la retraite qui doit contribuer à leur procurer la société enrichie par leur labeur (*Applaudissements*) ; il faut enfin que celui qui a travaillé toute sa vie soit sûr d'obtenir au soir de son existence au moins cette part de bien-être qui doit assurer la sécurité et la dignité de ses vieux jours. C'est là une réforme qui ne peut plus attendre ! (*Longs applaudissements et bravos*).

Et d'autre part, la France républicaine a été gravement et volontairement outragée par le bénéficiaire du Concordat, par le pape Pie X.

Rompant avec la politique cauteleuse et habile de son prédécesseur qui se contentait de tirer du pacte de 1802 tous les avantages sans en accomplir aucune des obligations, mais qui couvrait au moins ses pratiques du masque trompeur du ralliement, ce pape de combat, inspiré par un jésuite héritier direct des traditions de l'inquisition espagnole, a jeté non seulement aux républicains de ce pays, mais même aux conservateurs soucieux des traditions de la monarchie elle-même, le plus violent et le plus sanglant des défis. (*Très bien, très bien*).

Il a ainsi ouvert les yeux aux aveugles qui s'attar-

däient à la fallacieuse chimère d'une Eglise romaine
respectueuse du pouvoir civil et uniquement préoccupée des choses du ciel. Il a ainsi inscrit lui-même à
l'ordre du jour de nos immédiates délibérations non
seulement cette suppression légale de l'ambassade
auprès du Vatican, à moitié effectuée déjà dans les faits,
mais encore cette séparation des Eglises et de l'Etat
qui figurait sur nos programmes mais dont les plus
optimistes n'osaient rêver la réalisation toute prochaine. (*Applaudissements prolongés*).

A l'œuvre donc citoyens, haut les cœurs, les matériaux sont à pied d'œuvre, les temps sont propices,
travaillons.

Mais ne nous laissons pas endormir par la pensée
que l'œuvre ainsi préparée est déjà à moitié faite.
(*Très bien, très bien*). Non, il faudra pour la mener à
bonne fin un immense effort, un haut souffle démocratique et l'union indéfectible de toutes les bonnes
volontés. Sachez que nos adversaires escomptent déjà
des hésitations ou des défaillances à venir dans le bloc
républicain. Il nous faut donc encourager les timides,
presser les hésitants, sonner pour l'assaut décisif, le
ralliement de toutes nos forces, même celles qui se
sont momentanément égarées. (*Assentiment*). Ainsi
sera découragée l'âpre attente de l'ennemi qui nous
guette. Il nous faudra aussi pour déjouer une tactique
trop facile, un peu de savoir-faire et un redoublement
d'efforts et de dévouement. Si nous abordons la séparation des Eglises et de l'Etat avant les retraites
ouvrières, les réactionnaires et les cléricaux qui ne
veulent pas de ces dernières ne manqueront pas de
dire que nous sacrifions les réformes sociales à nos
passions anticléricales ; et, si au contraire, nous discutons les retraites ouvrières avant la séparation, ils
chanterons le *te deum* de la victoire et diront que
l'Eglise romaine une fois de plus nous a vaincus et
sans même que nous ayons voulu combattre. (*Bravos,
bravos*).

Ainsi s'impose à nous la nécessité de conduire de
front les deux réformes primordiales. Il y faudra une
somme de travail considérable : elle n'est pas au-dessus de la bonne volonté du Parlement et elle produira
tous les fruits que nous sommes en droit d'en attendre
si seulement nous savons, évitant les divisions intes-
tines, réserver nos coups pour nos adversaires et res-

ter unis devant l'ennemi commun. (*Applaudissements prolongés, bravos répétés*).

Adresse de sympathie à M. Henri Brisson

M. Eugène REVEILLAUD. — Je désire présenter une motion qui, j'en suis sûr, réunira l'unanimité de vos suffrages. Nous avons envoyé hier des adresses de sympathie au Président de la République, au président du Conseil et à notre ami et ancien président, Léon Bourgeois, et à Pelletan.

Il est un homme qui est l'honneur de notre parti, qui est un vieux militant sans peur et sans reproche de la démocratie, qui a été également président de notre congrès et qui serait aujourd'hui des nôtres si les hautes fonctions auxquelles, à la joie de tous les républicains, il a été de nouveau élevé ne l'en avaient empêché, j'ai nommé Henri Brisson (*Applaudissements*). Je demande que nous envoyions à Henri Brisson, président de la Chambre, l'hommage de notre sympathie et de notre confiance fidèles et inébranlables. Je demande que le bureau soit chargé de transmettre cette adresse. (*Applaudissements prolongés et cris : Vive Brisson !*)

(*L'ordre du jour est adopté à l'unanimité.*)

VÉRIFICATION DES POUVOIRS

M. COUDERCHET, *rapporteur de la Commission*. — Citoyens, après avoir examiné, département par département, les demandes d'adhésion au Congrès formulées par des adhérents individuels ou par des comités, votre Commission de vérification des pouvoirs a constaté que les délégués ici présents sont munis de pouvoirs réguliers. Elle vous propose en conséquence de prononcer la validation de ces pouvoirs, à l'exception cependant de deux délégués pour lesquels il a été fait, un rapport spécial à la suite des contestations élevées contre la régularité de leur mandat. Le premier est le délégué du journal le *Rappel de l'Aisne*, M. le docteur Julia. La seconde contestation concerne les délégués du Comité radical de Saint-Chinian (Hérault), dont l'adhésion au parti est postérieure au 6 juillet.

Votre Commission de vérification des pouvoirs vous propose de valider les pouvoirs des délégués non contestés.

(Les conclusions de la Commission, mises aux voix, sont adoptées.)

Affaire du *Rappel de l'Aisne*

M. MALVY, *rapporteur spécial de la Commission de vérification des pouvoirs*. — La Commission de vérification des pouvoirs a été saisie de deux contestations. La première concerne M, le docteur Julia. Nous avons lu la lettre par laquelle le rédacteur en chef du journal le *Rappel de l'Aisne* prie le bureau du Congrès d'admettre M. Julia comme représentant du journal au Congrès. Plusieurs membres de la Commission ont fait remarquer que M. Julia ne remplissait pas les conditions réglementaires. En effet, le règlement du Congrès dispose que, seuls, les rédacteurs en chef des journaux quotidiens radicaux et radicaux-socialistes de Paris sont membres de droit du Congrès.

On a dit qu'il faut interpréter le règlement non dans sa lettre, mais dans son esprit, et on a fait remarquer que beaucoup de rédacteurs de journaux sont venus en Congrès qui ne sont pas rédacteurs en chef. On a même invoqué une décision du Comité exécutif admettant au Congrès certains rédacteurs qui ne sont pas rédacteurs en chef.

D'autres ont fait observer que M. Julia n'était pas rédacteur au journal le *Rappel de l'Aisne*. M. Morlot, député et directeur politique du *Rappel de l'Aisne*, nous répond que M. Julia, sans être appointé, est un collaborateur du journal.

Je me borne à exposer les faits. J'ajoute que, par 7 voix contre 5, la Commission de vérification des pouvoirs a décidé qu'il n'y avait pas lieu d'admettre M. le docteur Julia.

M. MORLOT. — Il ne peut s'agir de la sincérité des opinions du journal le *Rappel de l'Aisne*. C'est un journal nettement radical et radical-socialiste, nettement ministériel (*Très bien ! très bien !*) J'en suis le directeur politique et je ne donnerais ni ma collaboration ni mon nom à un journal qui ne remplirait pas ces conditions (*Applaudissements*). Le droit du journal le *Rappel de l'Aisne* d'être représenté au Congrès est donc évident.

On objecte la lettre du règlement, on dit que les journaux radicaux et radicaux-socialistes ne peuvent être représentés que par leurs rédacteurs en chef. Mais, est-ce bien la pensée du règlement ? Est-ce la personne du rédacteur en chef que vous tenez à avoir ou la personnalité du journal ? Il n'y a aucun doute. Et comme il faut bien que le journal s'incarne dans la personnalité de son représentant on a écrit « le rédacteur en chef », parce que, en fait, dans la plupart de nos journaux de province, — c'est surtout ceux-là qu'on visait — le rédacteur en chef est souvent l'unique rédacteur ordinaire et appointé du journal. Mais, il est souvent difficile que le rédacteur en chef manque à la besogne quotidienne. Aussi fait-il appel, pour le remplacer, à un rédacteur de bonne volonté accidentel ou bénévole qui se charge de représenter le journal.

Vous l'avez du reste admis..... (*Aux voix !*)

C'est ainsi que le Comité exécutif lui-même a interprété tout récemment le règlement à propos d'une question qui lui était posée par un de nos collègues (*Aux voix !*)

M. Quéroy. — La question ne peut même pas se poser une minute. Il eût suffi au rapporteur pour vous éclairer de vous donner lecture du § 4 de l'article 3 du règlement. Il prévoit expressément qu'un délégué quelconque pourra représenter les rédacteurs en chef des journaux de province. « Un délégué pourra également représenter les groupes d'une même circonscription, le rédacteur en chef d'un journal de province..... »

Vous devez donc valider le mandat du docteur Julia.

M. le Dʳ Debray. — Citoyens, je suis délégué de l'Aisne. Je suis venu protester contre la délégation confiée à M. Julia. M. Julia, sachez-le, est le secrétaire de M. Doumer. (*Mouvements en sens divers*). Je tiens à déclarer que je n'attaque pas personnellement le délégué, M. Julia. J'ai pourtant le droit de dire qu'il n'a pas été délégué par la Fédération de la circonscription.

M. le Président. — Il ne s'agit pas d'une question personnelle. La question à résoudre est la suivante : le rédacteur en chef d'un journal de province a-t-il le droit de déléguer son mandat ? Or le texte du règlement permet de telles délégations. — De plus, j'ai le devoir de donner cette indication à l'assemblée — en 1901, 1902 et 1903, aucune difficulté n'a été opposée aux délégués munis de mandats de ce genre. Enfin, cette année même un délégué de Bordeaux a posé la même question au Comité exécutif qui a répondu par l'affirmative.

J'ajoute que, dans cette assemblée il y a un certain nombre de délégués qui sont pourvus de mandats ainsi délivrés et dont les pouvoirs n'ont pas été contestés.

Je vais donc mettre aux voix la question de savoir si le Congrès admet de telles délégations....

M. Pelisse. — Non, ce sont les conclusions de la Commission qui doivent être mises aux voix (*Bruit*).

M. le Président. — Si je me suis permis de poser la question comme je l'ai posée, c'est qu'elle m'a paru plus claire. On m'objecte que ce sont les conclusions de la Commission que je dois mettre aux voix. Je vais donc les mettre aux voix. Mais il est de mon devoir d'expliquer le vote. Si l'assemblée adopte les conclusions de la Commission, elle décidera par là même que le rédacteur en chef d'un journal n'a pas le droit de déléguer ses pouvoirs à un de ses collaborateurs.

M. Pelisse. — Nous voulons que la journal radical-socialiste de l'Aisne soit représenté à ce Congrès, mais nous ne voulons pas qu'il délègue un collaborateur sur le compte duquel peuvent être élevées des objections. M. Doumer n'a pas osé venir ici (*Mouvement. — Cris : A bas Doumer. — Protestations sur divers bancs*), il a envoyé son secrétaire. Nous reconnaissons le républicanisme du citoyen Morlot, et puisqu'il est directeur de ce journal que nous tenons à voir représenté au Congrès nous lui demandons de se charger de la délégatIon du *Rappel de l'Aisne.*

La question a été discutée longuement à la Commission Je demande aux républicains décidés qui sont ici de ne pas accepter au Congrès M. Julia, secrétaire de M. Doumer (*Applaudissements sur de nombreux bancs. Mouvements en sens divers*).

(Après une nouvelle intervention de M. Morlot, les conclusions de la Commission, mises aux voix, sont adoptées.)

Affaire de Saint-Chinian

M. Malvy, *rapporteur spécial de la Commission de vérification des pouvoirs,* — Une contestation a été élevée contre le mandat des délégués du groupe radical-socialiste de Saint-Chinian (Hérault). On reproche à ce comité de n'avoir adhéré au parti qu'en septembre 1904 contrairement au règlement qui porte que les adhésions devaient parvenir au comité exécutif avant le 6 juillet.

Les membres de ce comité nous ont remis le brouillon d'une lettre qu'ils ont adressée au secrétaire permanent, M. Bouffandeau, le 27 janvier. Cette lettre porte adhésion à la fédération radicale et radicale socialiste de France.

Entendez-vous interpréter le règlement à la lettre ou dans un sens large ?

La Commission n'apporte pas de conclusions, elle s'est partagée : 9 voix se sont prononcées pour l'exclusion, 9 voix contre.

M. Razimbaud fils, *délégué de Saint-Chinian.* — La lettre à laquelle M. le rapporteur vient de faire allusion a été envoyée au lendemain des élections sénatoriales de l'Hérault. Elle a été faite au café de la Rotonde (*Rires*) par M. Souheirac, délégué de Montpellier quie st depuis longtemps adhérent à la fédération radicale socialiste, ou plutôt il nous a donné tous les renseignements utiles et c'est sous sa dictée qu'elle a été faite. Une réponse a été adressée par M. Bouffandeau. Si j'avais cru qu'on contesterait notre mandat à nous, qui sommes des radicaux socialistes de la première heure, j'aurais apporté cette réponse. Je m'engage d'honneur à la remettre au Comité (*Très bien ! aux voix !*)

M. Pelisse. — La délégation dont il s'agit a été constituée le 18 septembre 1904, par conséquent contrairement au règlement. Je tiens à dire que nous ne faisons pas d'objections à l'admission du groupe de Saint-Chinian. Mais j'ai le droit d'ajouter que le groupe radical-socialiste de Béziers... (*interruptions et cris : Aux voix ! aux voix !*) Vous ne me laissez pas achever. Je veux dire que je préfère la politique de principe à la politique de personnes et je demande à mon tour l'admission du groupe radical socialiste de Saint-Chinian, encore qu'il ne remplisse pas les conditions réglementaires.

M. LE PRÉSIDENT. — Citoyens, la protestation est retirée.

Aucune contestation ne subsiste plus. Tous les délégués présents sont, en conséquence, admis.

COMMISSION DE L'AGRICULTURE DU COMMERCE, DE L'INDUSTRIE ET DES ÉTUDES ÉCONOMIQUES

M. BELLANGER, *rapporteur général de la Commission du Commerce, de l'Industrie et de l'Agriculture.* — Citoyens, les questions que j'ai l'honneur de rapporter devant vous vous passionneront beaucoup moins sans doute que la discussion qui vient de se terminer. Leur étude sera cependant plus utile que les incidents d'ordre personnel auxquels nous avons assisté (*Assentiment*).

Vœu relatif au canal des Deux-Mers

Rapport de M. Léon FRANCQ. — Après avoir rappelé que le projet a déjà fait l'objet de sept rapports officiels tous favorables, et avoir montré que la région du Sud-Ouest retirerait de grands avantages du percement du Canal, le rapporteur conclut en demandant de provoquer la mise à l'ordre du jour du Parlement du rapport si concluant de M. Honoré Leygues.

Il termine en proposant au Congrès de ratifier le vœu suivant émis déjà en 1886 par le Conseil municipal de Toulouse. :

« *Le Conseil émet le vœu que l'avant-projet du Canal de l'Océan à la Méditerranée soit soumis aux enquêtes conformément à la loi du 3 mai 1841 (Art. 1er).*»

M. ESTIER. — La question du canal des Deux-Mers est des plus graves, j'ajoute qu'elle est fort controversée au point que malgré toutes les études, toutes les enquêtes, toutes les réclamations, le gouvernement ne se décide pas à prendre l'initiative d'un projet. C'est que si la région sud-ouest a intérêt à la construction de ce canal, la région du sud-est a un intérêt absolument contraire. Je demande donc à l'assemblée de ne prendre de décision ni dans un sens ni dans l'autre et de permettre aux intéressés de faire entendre leur voix. Si nous avions su que cette question devait se poser, nous n'aurions pas siégé à la commission dans laquelle nous nous sommes fait inscrire, nous serions allés à la commission du commerce.

Je demande simplement à l'assemblée de renvoyer la question à l'examen du comité exécutif. Nous ne sommes pas ici

uniquement pour faire acte de courtoisie et de bonne camaraderie envers des collègues aimables qui nous bien reçus. Je
suis le premier à rendre hommage à l'accueil courtois, ample,
digne, chaleureux, amical de nos amis de Toulouse. Mais j'estime que les questions qui touchent au commerce, à l'industrie...

M. Sénac. — A Marseille.

M. Estier. — Oui, monsieur Sénac, à Marseille.

M. Sénac. — Et nous nous voulons les intérêts de Toulouse.

M. Estier. — Le mot de la situation, on vient de le dire
derrière moi : Nous voulons les intérêts de Toulouse. Laissez-
moi vous le dire, ici vous ne devez avoir souci que des intérêts
généraux du pays. Quand un pays comme la France a son
plus grand port sur la Méditerranée qu'il a fait et qu'il est
disposé à faire les plus grands sacrifices pour le développement de ce port et je parle devant des parlementaires qui ont
voté des sommes considérables pour l'extension de port de
Marseille, on ne peut pas, en une séance et au pied levé...
(*Interruptions*).

Je ne vous demande pas, notez le bien, de prendre une décision immédiate. Je vous demande de renvoyer la question à
l'examen du Comité Exécutif.

M. le Rapporteur général. — Je m'élève contre les paroles
qui viennent d'être prononcées. Le Comité exécutif ne prend
parti ni pour une région ni pour une autre. Nous ne voulons
ni molester Marseille ni faire les yeux doux à Toulouse, nous
défendons les intérêts de la France entière. Il suffit de consulter une carte pour voir l'intérêt qu'aurait toute la France
à la jonction sur son territoire et sans passer par Gibraltar
de l'Océan Atlantique et de la Méditerranée.

Au surplus, je me demande si M. Estier a bien défendu les
intérêts du port de Marseille et si celui-ci ne trouverait pas son
compte dans le percement du canal des Deux-Mers, grâce au
trafic considérable qui se ferait avec l'Angleterre, l'Amérique,
d'une part et d'autre part l'Europe continentale et méridionale, trafic dont Marseille retiendrait une bonne part.

Au nom de la Commission, je maintiens les conclusions de
mon rapport.

M. Sénac. — M. Estier vient de dire que les intérêts de
toutes les régions de la France sont solidaires. J'ai été le premier à le proclamer. Vous devriez vous souvenir que j'ai défendu les intérêts du port de Marseille en proposant un grand
canal qui devait relier Marseille à Lyon. Et c'est vous qui n'en
ayez pas voulu. (*Interruptions en sens divers*).

Notre défense nous commande cette œuvre éminement
patriotique et nationale. Vous voyez ce qui se passe dans
cette guerre formidable entre la Russie et le Japon, vous avez

constaté les effets terribles des torpilles et des mines. (*Mouvements*). Je vous dis qu'en fait, le passage de Gibraltar serait interdit aux flottes qui voudraient de l'Océan se rendre dans la Méditerranée.

J'espère donc que l'assemblée sera unanime ou à peu près pour voter les conclusions du rapport de la commission.

M. ASTIER. — Bien que « Estier » et « Astier » se ressemblent beaucoup, ce n'est pas la même opinion que mon collègue que je viens soutenir. (*Rires et applaudissements*). Je ne suis ni de Marseille ni de Toulouse, je suis de l'Ardèche. C'est vous dire que le canal des Deux-Mers n'intéresse pas directement ma région.

Cette question a été débattue à la Commission du commerce et de l'industrie de la Chambre des députés dont je suis le président. Laissez-moi vous exposer en quelques mots l'état de cette question devant les Chambres, et vous verrez qu'au fond votre vote sera en encouragement, une approbation pour l'Etat, mais non un acte décisif.

Je ne vois aucun inconvénient à ce que le Congrès émette un vœu en faveur du canal des Deux-Mers. Nous ne représentons pas les intérêts de Toulouse, et ce n'est pas parce que nous sommes enchantés de la réception cordiale qui nous est faite que nous déclarons qu'ici les intérêts de toute la France se confondent avec ceux de Toulouse. Un député de la région a fait un rapport remarquable sur la question. Votez en faveur du canal des Deux-Mers. il restera bien encore assez de difficultés pour que la question soit loin d'être résolue. Quand il s'agit d'augmenter la fortune publique, tous les citoyen doivent unir leurs efforts. Le canal des Deux-Mers comme le projet tendant à la création des ports-francs, que le gouvernement a adopté et que la commission a approuvé sur le rapport de M. Chaumet, sont des projets qui doivent contribuer à la prospérité économique du pays.

Je voterai donc des deux mains en faveur du canal des Deux-Mers. (*Applaudissements*).

M. ESTIER. — On s'échauffe sur une question en donnant au projet une apparence d'intérêt national, en faisant intervenir des considérations d'ordre patriotique. En réalité, votre canal des Deux Mers qui devra permettre d'éviter le détroit de Gibraltar et de passer de l'Atlantique dans la Méditerranée, c'est de la légende. Le moindre cuirassé qui s'enlisera dans votre canal mettra toute la flotte en bouteille, voilà la vérité. Prenez donc cette responsabilité si vous voulez, je ne la prendrai pas. (*Interruptions et bruit*).

M. Henri MICHEL. — En entrant dans cette salle, j'ai entendu le citoyen Sénac prétendre que ce sont les représentants de Marseille qui ont combattu le canal de jonction de Marseille au Rhône. Je crois avoir quelque droit de parler de cette question. J'ai été le rapporteur du projet, je tiens à faire observer à mon collègue que c'est nous qui l'avons fait voter.

M. Sénac. — Je n'ai pas parlé de vous, mais de M. Estier.

M. Henri Michel. — Quant aux conclusions qui vous sont proposées, je ne viens pas les combattre. Je suis vice-président de la commission de la marine à la Chambre des Députés, et je crois avoir étudié la question plus peut-être que quelques-uns de ceux qui ne voulaient pas la laisser discuter. La question du canal des Deux-Mers est troublante et passionnante, qu'on se préoccupe des intérêts de la région du sud-ouest ou des intérêts économiques de toute la France, car tous se tiennent.

Un de vos compatriotes, un de nos amis et des plus éminents parmi nos collègues le citoyen Honoré Leygues (*Applaudissements*) a fait un rapport des plus remarquables sur cette question, nous l'avons examiné à la commission de marine. Je crains seulement, c'est une crainte que j'exprime, et je souhaite qu'elle ne se réalise pas, je crains que la dépense à prévoir ne soit un obstacle et un obstacle insurmontable. La Chambre examinera le projet sans parti pris, avec toute l'impartialité que commande une question de cette importance, si capitale pour notre pays. Je suis convaincu que la solution qui interviendra ménagera les intérêts non seulement de cette région, mais tous les intérêts économiques et financiers de toute la France. (*Applaudissements*).

M. le Président. — La commission maintient ses conclusions.

Je les mets aux voix :

(Les conclusions de la commission, mises aux voix, sont adoptées. (*Vifs applaudissements*).

La houille blanche (Rapport de M. Monnier-Ducastel)

M. le Rapporteur général. — Le rapport démontre comment l'eau qui ne peut être captée et conservée à domicile ne saurait être considérée comme une propriété particulière. Si donc une utilisation nouvelle des forces hydrauliques se révèle, c'est à la collectivité qu'il appartient de la mettre en œuvre.

Le rapporteur conclut donc à ce que les pouvoirs publics se réservent en concluant des traités d'être toujours et en tout temps maîtres de la chose.

« Le régime d'exploitation des usines doit être basé sur une participation du pouvoir concédant et de l'industriel, formant ensemble, dans ce but, une véritable association où l'un apporte la chose à exploiter et l'autre les moyens financiers nécessaires à cette exploitation. »

Conclusions adoptées.

Les Zones franches (Rapport de M. Falot)

Conclusion : « *Considérant que la zone franche a été établie sur une base de liberté commerciale entre les territoires des pays de Gex et de Haute-Savoie et celui de la république de Genève, que cette liberté commerciale a été violée par la Suisse qui, en établissant le régime douanier à la frontière, a délibérément rompu les traités de 1815;*

Que la Suisse continue, cependant, à déverser en franchise de tous droits dans la zone ses produits ainsi que les produits étrangers.

Considérant que la zone jouit de tous les avantages des autres parties du territoire, qu'il est de toute justice, dans une démocratie, que des citoyens jouissant des avantages d'un état de civilisation avancée supportent leur quote-part des dépenses sociales;

Considérant que le privilège de la zone occasionne au trésor français une perte annuelle supérieure à 20 millions;

Considérant que les zones ne sont avantageuses que pour la seule ville de Genève qui y trouve non seulement son alimentation abondante et à bon prix, mais encore un très grand trafic commercial aux dépens des villes françaises voisines;

Le Congrès émet le vœu :

Que les zones franches du pays de Gex et de Savoie soient supprimées, que le droit commun soit appliqué à tous les Français sans distinctions ni réserves et que la douane soit transportée à sa place naturelle : la frontière.

M. GOURNAY. — Citoyens, je vous demande d'écarter purement et simplement cette question qui est une question d'intérêt local. Je ne suis pas de la région intéressée et je ne saurais être suspect de partialité. Mais comme vous êtes avant tout un congrès politique, j'ai le devoir de vous mettre au courant de la situation politique toute particulière du pays de Gex et de la Haute-Savoie.

Si vous vous prononciez pour la suppression des zones franches du pays de Gex et de Haute-Savoie, vous mettriez dans le plus cruel embarras les députés radicaux et radicaux-socialistes membres de notre parti et partisans du maintien de ces zones. Plusieurs de ces députés ne pourraient plus se réclamer du parti si vous adoptiez le vœu qui vous est proposé.

Je n'aborde pas la question au fond, je vous demande de réserver cette discussion, de considérer la question comme une question d'intérêt local qu'il y a lieu de retirer de votre ordre du jour, laissant aux représentants des régions intéressées, aux groupements commerciaux comme le comité du commerce et de l'industrie, le soin de l'étudier. (*Assentiment. Très bien, très bien*).

M. Léon JANET, *président de la Commission.* — Citoyens, il est évidemment regrettable que le citoyen Gournay n'ait pas développé ses arguments hier à la séance de la Commission, mais il ne doit pas y avoir de surprise. On peut être un parfait radical ou radical-socialiste tout en étant partisan soit du maintien, soit de la suppression de la zône franche du pays de Gex et de la Haute-Savoie. Je vous propose donc, peur épargner vos moments, non pas comme président de la Commission, puisqu'elle n'a pas pu se réunir à nouveau, mais en mon nom personnel de prononcer l'ajournement et de renvoyer la question au Comité exécutif.

Je dois ajouter que la Commission du Comité exécutif avait dans une des séances qu'elle a tenues à Paris, pris la résolution de ne pas mettre la question à l'ordre du jour du Congrès. Il ne faut pas qu'il y ait de surprise, et je pense que tout le monde se ralliera à la demande d'ajournement sans que cet ajournement permette de préjuger en quoi que ce soit la solution de la question (*Applaudissements*).

M. FÂLOT. — Une inexactitude s'est glissée dans les paroles du citoyen Janet. Dans sa dernière réunion, dont le procès-verbal a été inséré au *Bulletin du Parti*, la 8ᵉ Commission a approuvé le rapport sur les zones franches qui avait été renvoyé au Comité exécutif par le Congrès de Marseille. La question a été étudiée et doit vous être soumise.

Il ne s'agit pas d'une question locale, mais d'une question d'intérêt général. Ainsi que l'indiquent les conclusions du rapport nous demandons purement et simplement que le Trésor puisse percevoir annuellement une somme de 20 millions. Nous demandons la suppression d'un privilège et l'égalité de tous les Français devant la loi sans aucune exception, nous demandons que la douane ait son siège réel à sa place naturelle qui est la frontière, nous demandons le retour au droit commun du pays de Gex et de la zone franche de la Haute-Savoie qui trouvent une source importante de bénéfice dans la fraude et la contrebande. (*Interruptions et bruit*). Toute la question est là.

M. JANET. — Je maintiens mon affirmation. Je n'ai commis aucune inexactitude. Dans la séance de la Commission du Comité exécutif à laquelle j'ai fait allusion on avait pris le parti de retirer la question de l'ordre du jour du Congrès. La question a été réintroduite au moment où un certain nombre de membres de la Commission étaient absents, ils étaient sans doute dans leur tort, mais la décision n'en avait pas moins été prise.

Nous n'avons pas qualité pour juger s'il y a ou non des fraudeurs, pas plus que pour statuer sur des questions intéressant les bouilleurs de cru ou d'instituer une discussion sur la protection ou le libre échange.

En conséquence je maintiens la demande d'ajournement (*Applaudissements*).

M. le Président. — Les motions d'ajournement ont toujours la priorité.

Je mets aux voix l'ajournement.

(L'ajournement est adopté).

Les Ports francs (*rapports de MM. Monnier-Ducastel et M. le rapporteur général.*) — Le rapporteur général rappelle que l'an dernier, M. Grosclaude présenta, au nom de la Fédération marseillaise, un vœu tendant à la création de ports francs.

M. Gournay, dit-il, a défini dans son rapport, le port franc. « Port établi en dehors de la ligne de douanes, ouvert à tous « les bâtiments de commerce sans distinction, point commun « où vient aboutir, par une sorte de fiction, le territoire pro- « longé de toutes les nations. Il reçoit et verse de l'un à l'autre « toutes les productions respectives sans gêne et sans droit. »

Le port franc doit sa part à l'industrie, ce qui le différencie de la zone franche dans laquelle aucune fabrique ne peut être établie.

M. Monnier-Ducastel a montré combien la création de zones franches à Hambourg, Gênes, Brême et Copenhague a donné de prospérité à ces ports. Tout le pays en profite quand on facilite les communications rapides et à bon marché entre les ports et l'intérieur.

« Les deux rapporteurs concluent à l'adoption d'un vœu en faveur de la création de zones franches dans les ports principaux de la Méditerranée, de l'Océan et de la Manche, pourvu que l'outillage le plus perfectionné soit installé dans des zones pour la manutention des marchandises et en subordonnant leur établissement à l'amélioration de nos moyens de communications.

M. Albert Sarraut. — Je demande au Congrès d'ajourner l'étude de la question des ports francs. Il n'y a pas de question plus controversée ni plus controversable. La preuve c'est que les partisans de la constitution de ports francs ne sont nullement d'accord entre eux : les uns voudraient généraliser le système, d'autres demandent que certains ports seulement soient déclarés ports francs, d'autres enfin demandent la constitution de zones franches dans certains ports.

Il ne semble pas qu'on ait étudié les répercussions considérables qu'aurait sur l'industrie française la constitution de ports francs.

On vient de dire que certaines industries pourront être créées dans les ports francs.....

M. le Rapporteur général. — Vous faites une erreur matérielle.

M. Albert Sarraut. — Je dis que le projet tendant à la création de ports francs, tel qu'il est présenté par le rapporteur, M. Chaumet, autorise la création de certaines industries dans nos ports francs. C'est même la seule utilité des ports francs qui ont pour but de favoriser le commerce d'exportation.

Ces industries ainsi constituées dans les ports francs qui ne paieront pas de droits de douane feront une concurrence désastreuse aux industries similaires établies sur le reste du territoire dont les ouvriers ne pourront se déplacer pour se transporter dans les ports francs.

Il faut instituer sur ces questions un grand débat. En réalité c'est tout le problème de la protection et du libre échange qui se pose. Ce n'est pas pour cette tâche que le Congrès est réuni. Je lui demande de prononcer l'ajournement. (*Applaudissements sur un grand nombre de bancs*).

M. LE RAPPORTEUR GÉNÉRAL. — La question a été déjà ajournée au Congrès de Marseille et renvoyée au Comité exécutif qui l'a étudiée. Il est temps d'aboutir.

Je me contenterai d'opposer aux affirmations du citoyen Sarraut cette constatation de fait que les ports francs étrangers prospèrent d'une façon formidable et ont tué ou menacent nos ports. Il suffit de consulter les statistiques du tonnage des ports d'Anvers, Hambourg, Gênes...

M. DUJARDIN-BEAUMETZ. — Vous ne pouvez pas discuter cette question en quelques quarts d'heure.

M. LE RAPPORTEUR GÉNÉRAL. — Je ne peux pas lire le rapport d'un bout à l'autre et je me suis contenté d'en lire les conclusions. Si nous voulions instituer une discussion sur tous les rapports, nous n'en finirions pas.

M. DUJARDIN-BEAUMETZ. — Quand le Congrès radical et radical-socialiste se sera prononcé, ce sera une autorité considérable et sa décision influera sur celle des Chambres. Nous devons discuter la question à fond ou ne pas l'aborder.

M. ASTIER. — La question a été longuement discutée depuis trois ans à la Chambre, on a entendu nombre de protestations. Je répéterai ce que je disais tout à l'heure : un vœu du Congrès ne peut guère changer la situation et hâter la solution définitive.

Je suis de l'avis de mes amis Albert Sarraut et Dujardin-Beaumetz et je demande au Congrès d'ajourner la question et de ne prendre aucun parti quant à présent.

M. DENJEAN. — Le Comité républicain du commerce et de l'industrie qui compte beaucoup de nos amis me paraît tout qualifié pour étudier ces questions. Je ne vois pas pourquoi le Congrès du parti radical, en tant que Congrès, vient se mêler de ces questions (*Vives protestations*). Je sais bien que nous avons le devoir d'étudier les questions économiques importantes et d'ordre général. Je dis simplement que le Comité républicain du commerce et de l'industrie est plus autorisé que nous pour les trancher et que nous ne devons pas amener des dissentiments politiques à ce propos parce que, dans les pays intéressés. ces questions, perdent leur caractère politique pour devenir de pures questions locales ou industrielles dans lesquelles on prend parti sans distinction d'opinion politique.

M. AUGÉ. — J'appuie la proposition d'ajournement. La question est très controversée. Certaines industries auraient intérêt à la création de ports francs, d'autres en souffriraient. Cette question doit être étudiée dans tous ses détails. Je sais qu'elle l'a été par la Commission et que le rapporteur est prêt à aborder le débat, mais il reconnaît lui-même que le temps nous manquerait. Dans ces conditions, j'estime que l'ajournement s'impose.

(L'ajournement est prononcé.)

Législation des Sociétés.

« Le Congrès émet le vœu que les pouvoirs publics modifient les lois sur les Sociétés, de manière à protéger les petits porteurs d'actions contre l'avidité des groupes financiers qui dirigent à leur profit exclusif le sort des Sociétés anonymes, en s'attribuant l'administration alors que ces groupes possèdent moins que la moitié du capital, et ce, afin de ramener la confiance des petits capitalistes vers les affaires agricoles, commerciales et industrielles, qui font la vitalité du pays. »

Adopté.

Administration des Compagnies de Chemins de fer.

« Le Congrès demande au Gouvernement de faire voter d'urgence une loi modifiant la situation actuelle des petits actionnaires et de tous les obligataires des Compagnies de Chemins de fer, permettant à ceux-ci de participer à l'administration et à la gestion de nos réseaux ferrés. »

Adopté.

Raccordement des Chemins de fer et Voies navigables (M. Léon JANET, rapporteur.

Depuis longtemps l'industrie et le commerce français se plaignent de la manière tout à fait défectueuse dont se fait le raccordement des voies ferrées et des voies navigables.

Beaucoup de marchandises auraient intérêt à emprunter un parcours mixte comprenant un trajet par eau. Les Compagnies de chemins de fer refusent tantôt de faire les raccordements nécessaires, tantôt de laisser circuler leur matériel sur ces raccordements quand ils leur sont imposés.

Il est inadmissible que les intérêts du pays soient tenus en échec par le mauvais vouloir des Compagnies.

Le Parlement, pour vaincre les résistances des Compagnies, a voté la loi du 13 avril 1898. Cette loi est souvent « tournée » par les Compagnies intéressées. Il convient d'en voter une nouvelle. Le Gouvernement a déposé sur le bureau de la Chambre un projet complétant la loi de 1898.

Nous demandons que le Congrès émette un vœu, invitant le Parlement à ratifier le projet du Gouvernement.

Adopté.

Trusts, Cartels et Syndicats.

« *Le Congrès émet le vœu que les pouvoirs se préoccupent des trusts, cartels et syndicats, formés en France, dans la finance, dans l'industrie et dans le commerce, en tant que les associations et groupements formés ont pour effet de favoriser la fortune de quelques-uns au préjudice de la masse du pays.* »

Adopté.

Patentes. — A ce vœu général s'ajoute celui-ci :

« *Le Congrès, attendu que l'extension prise par les entreprises commerciales qui monopolisent la vente de tous les produits, constitue un réel danger pour le petit commerce, d'autant plus que les impôts pèsent plus lourdement sur ce dernier que sur ses gros concurrents.*

« *Emet le vœu que l'impôt des patentes frappe les entreprises de groupement commercial, proportionnellement au chiffre d'affaires, aux diverses espèces de produits vendus et au nombre de succursales établies dans le pays.* »

Adopté.

Crédit à l'Agriculture, au Commerce et à l'Industrie.

« *Le Congrès émet le vœu que les pouvoirs publics se préoccupent de la situation faite à l'agriculture, au commerce, à l'industrie, par les maisons de crédit et par les maisons de banque, qui accaparent l'épargne publique au profit des fonds d'Etat nationaux et étrangers, et que des mesures soient prises pour favoriser réellement le développement de la richesse nationale par l'ouverture du crédit à l'agriculture, au commerce et à l'industrie.* »

M. Louis MARTIN. — J'appuie de toutes mes forces le vœu qui vient d'être proposé en faveur du développement du crédit agricole. Et, comme je l'ai fait au Congrès de Marseille, je demanderai au Congrès de Toulouse d'émettre un vote très ferme et très précis dont on pourrait s'inspirer dans les bureaux du ministère de l'agriculture.

Au moment où le privilège de la Banque de France a été prorogé, il a été stipulé que la Banque de France remettrait à l'Etat certaines sommes ne portant point intérêt qui seraient mises par le gouvernement à la disposition des agriculteurs. Il semblait que la main du gouvernement dût s'ouvrir toute large pour permettre à l'agriculture de puiser dans ses fonds. Mais des syndicats agricoles se sont fondés sur toute la surface de la France, qui n'ont pu obtenir ces avances auxquelles légalement ils avaient droit. A la réglementation prévue par la loi, les bureaux du ministère de l'agriculture ont ajouté une réglementation plus sévère. Et nous assistons à ce spectacle singulier qu'une somme de près de 60 millions, qui s'accroît tous les jours, dort dans les caisses de l'Etat sans qu'il en aille rien, sinon quelques petites parcelles, aux mains des agriculteurs.

Je prie le Congrès de faire entendre ici la voix de l'agriculture et de demander au ministre de l'agriculture de mettre un terme à la réglementation extraordinaire qui a pris naissance dans ses bureaux, afin que les sommes mises par la loi à la disposition des caisses de crédit agricole aillent directement à leur destination et ne soient point arrêtées par les bureaux ministériels. (Applaudissements.)

M. RICHARD. — Je me suis occupé de la création d'une caisse de crédit agricole dans l'arrondissement de Châlon-sur-Saône, et je dois déclarer que les difficultés opposées par les bureaux du ministère de l'agriculture ne sont point aussi considérables que vient de le dire M. Louis Martin. Je crois qu'il faut surtout beaucoup d'initiative de la part des syndicats. Il ne faut pas décourager ceux qui s'occupent d'agriculture. Nous avons pu y réussir pour notre part et je crois pouvoir affirmer que, lorsqu'on veut fonder une caisse de crédit agricole et obtenir une subvention, on y arrive. Nous avons constitué une caisse au capital de 20.000 francs et nous avons obtenu 80.000 francs de l'Etat. Sans doute ces 100.000 fr. ne peuvent pas être employés comme nous le voudrions, car les agriculteurs ne viennent pas facilement au crédit agricole. Il faut beaucoup d'énergie de la part des sociétés d'agriculture. Mais je reste convaincu que la loi est satisfaisante et qu'on peut faire passer entre les mains des agriculteurs les 60 millions qui proviennent de la Banque de France.

Ces réserves faites, je ne m'oppose nullement à l'adoption du vœu proposé par M. Martin.

M. BEPMALE. — Je m'associe aux observations qui ont été présentées par les orateurs qui m'ont précédé. Mais il est une question qui me paraît inséparable de la question du crédit agricole, c'est celle de l'assurance agricole (*Applaudissements*). Vous aurez beau constituer des caisses de crédit, qui viendra y faire appel ? Ou des gens de situation aisée qui pourront donner des gages, ou de petits propriétaires qui n'auront pas de garanties à donner et qui ne pourront, par conséquent obtenir du crédit. Pour organiser un gage à la portée de ces derniers, il faut créer l'assurance agricole. Il faut que le petit propriétaire ait la certitude qu'à l'échéance, c'est-à-dire à la récolte, il pourra rembourser. S'il a passé un contrat d'assurance, il remboursera en touchant son indemnité au cas où la récolte serait compromise ou détruite.

Mais, pour une telle œuvre, l'intervention directe de l'Etat est nécessaire, car vous ne pouvez rien attendre des Compagnies d'assurances. Vous savez comment elles procèdent : dans les régions exposées à de fréquents sinistres, elles refusent d'assurer les agriculteurs ou elles exigent des primes tellement exorbitantes que ces exigences équivalent à un refus. Il faut donc que nous ayons recours à l'Etat qui, sous la forme d'un impôt quelconque, organisera l'assurance. Il faut que l'assurances soit obligatoire pour qu'il s'établisse une véritable solidarité entre tous les agriculteurs français, qu'ils appartiennent à une région privilégiée où les sinistres sont rares ou bien qu'ils soient d'une région fréquemment sinistrée.

Je demande donc que vous ajoutiez au vœu qu'on vous propose un paragraphe « *invitant le Gouvernement à présenter immédiatement un projet de loi portant monopole des assurances agricoles.* (Applaudissements.)

Les conclusions de la commission, complétées par les vœux de MM. Louis Marlin et Bepmale, sont adoptées.

Surveillance des mines au point de vue de l'hygiène (M. Léon JANET, rapporteur).

La loi du 21 avril 1810 qui a donné à l'administration des pouvoirs très étendus en ce qui concerne la sécurité des ouvriers occupés dans les mines, ne permet pas à celle-ci d'intervenir dans les questions d'hygiène.

Il est donc nécessaire qu'une loi intervienne. Cette loi, qui a été votée le 12 juillet 1904 par la Chambre des députés, ajoute aux attributions des délégués mineurs chargés de veiller à la sécurité, le soin de veiller aussi à l'hygiène et de signaler les améliorations possibles.

« *La Commission prie le congrès d'émettre le vœu que le Sénat vote cette loi sans délai.* »

Adopté.

Dépeuplement des campagnes.

L'émigration des populations rurales vers les villes rompt l'équilibre et nuit aux populations urbaines elles-mêmes, victimes de leur concentration au point de vue de l'hygiène.

Sans entrer dans le détail des mesures à prendre on peut au moins étudier les causes et les raisons de cette émigration.

Le Congrès émet donc le vœu :

« Que les Pouvoirs publics mettent à l'étude la question du dépeuplement des campagnes, de l'émigration vers les grandes villes, pour en rechercher les causes et les moyens d'y obvier, afin de mieux répartir sur toute l'étendue du territoire les forces vives dont le pays a besoin pour tirer parti rationnellement et pleinement des richesses naturelles du sol et de la position géographique de la France.

« Subsidiairement, le Congrès émet le vœu que les pouvoirs publics utilisent les moyens économiques de transport dont on dispose actuellement, grâce aux progrès scientifiques, pour développer l'extension en superficie des villes, favoriser les habitations à bon marché, au grand air, et loin des centres où gît le vice. »

Adopté.

Le citoyen Fabius de Champville émet le vœu :

« Que le programme des écoles rurales comprenne une partie plus étendue concernant l'enseignement professionnel agricole et développant l'amour de la terre. »

Adopté.

Droits d'enregistrement.

La perception des droits d'enregistrement, parfois très élevés, sur les jugements prononcés, mettent les justiciables pauvres dans l'impossibilité de se faire rendre justice ou les obligent à payer des droits sans compensations, si le défendeur devient insolvable.

Pour ces raisons, le Congrès émet le vœu :

« Que les pouvoirs publics préparent des mesures de manière à ne frapper les droits d'enregistrement sur décisions de justice, seulement quand le demandeur bénéficiaire a pu obtenir l'exécution du jugement qui a définitivement force de chose jugée et de s'assurer la provision contre le défendeur qui succombe en première instance. »

Adopté.

Réforme des Consulats (M. BELLANGER, rapporteur).

Le Congrès renouvelle les vœux émis au Congrès de Marseille.

« Les Pouvoirs publics sont invités à établir une entente entre le ministère du Commerce et le ministère des Affaires étrangères, à l'effet : 1º de réviser les résidences mal distribuées de nos Consuls; 2º de modifier le système actuel de

recrutement des Consuls et des examens avec extension de la partie commerciale et des stages commerciaux et en exigeant la connaissance de la langue du pays auquel les agents consulaires sont destinés ; 3° de seconder énergiquement l'action de l'Office du Commerce extérieur contre l'inertie de certains Consuls. »

A ces vœux, le Congrès ajoute ceux-ci :

« 1° Que la classe, le grade ne soient pas attachés à la résidence, mais autant que possible à la personne du fonctionnaire, de manière que lorsque celui-ci a appris à connaître une région l'avancement ne le transfère pas dans une autre qu'il devra étudier.

« 2° Sur la proposition de M. Dubief, que les Consuls soient groupés par grandes régions sous la direction et le contrôle d'un Consul général. »

Comme commerçant, dit le Rapporteur général, j'ajouterais :

« Création d'Attachés commerciaux spéciaux, au même titre que les attachés militaires. Le commerce qui fait vivre et rapporte au pays valant bien les mêmes soins que la guerre qui affaiblit la nation et lui coûte. »

Conclusions adoptées.

La liberté du Marché financier.

« Le Congrès émet le vœu que les Pouvoirs publics s'inspirant des moyens adoptés à l'étranger pour assurer la liberté du marché financier, dans des limites compatibles avec notre sécurité et afin d'assurer l'indépendance du Gouvernement et le développement de la Richesse publique par une application judicieuse et saine de notre épargne. »

Adopté.

Emploi industriel de l'Alcool.

« Le Congrès de Toulouse émet le vœu que les Pouvoirs publics dans le but de favoriser l'agriculture en France par l'extension de l'emploi de l'alcool aux usages industriels, exercent leur action de manière à ce que :

Les frais de dénaturation de l'alcool, les droits d'analyse, de statistique et de fabrication soient réduits le plus possible.

L'on contrôle l'alcool et l'on empêche le mouillage ;

Le prix de la vente au détail de l'alcool dénaturé ne soit pas autant que possible supérieur à 0 fr. 25 le litre ;

Les professeurs d'agriculture, les instituteurs fassent de la propagande en faveur de l'emploi de l'alcool dénaturé au moyen de conférences pratiques et d'appareils de démonstration;

Les gouverneurs des colonies fassent en sorte de favoriser l'emploi de l'alcool dans nos possessions coloniales et pour le produire au besoin;

L'emploi de l'alcool soit développé dans l'industrie familiale au moyen des petits moteurs;

Les études de la carburation de l'alcool soient poursuivies;

L'on modifie les procédés de dénaturation actuellement appliqués;

L'on revise les tarifs de chemins de fer de manière à mettre les flegmes et les alcools dénaturés à un taux égal au plus à celui du pétrole;

Tous les alcools considérés comme matière première des diverses industries soient exonérés de droits, que la dénaturation soit appropriée à l'emploi auquel ils sont destinés et que pour les alcools qui doivent ne subir aucune dénaturation il soit établi des usines exercées. Les industriels français employant l'alcool non dénaturé comme matière première aient le droit d'établir des usines placées sous la surveillance de la Régie et dans lesquelles cet alcool entrera en franchise de tout droit intérieur;

L'emploi de l'alcool carburé soit encouragé dans les automobiles circulant dans les villes;

Les plus grandes facilités soient accordées à l'agriculture pour la consommation des mélasses destinées à l'alimentation des animaux de la ferme.

L'État prenne des mesures efficaces pour sauvegarder les droits du producteur viticole en ce qui concerne ses eaux-de-vie naturelles et la sincérité du produit. »

Timbre proportionnel sur les récépissés, Connaissements, Lettres de voitures concernant les transports (Rapport de M. Ferdinand CAHEN).

Le rapporteur propose une tarification proportionnelle aux frais de transport. Cette tarification comprendrait plusieurs catégories ; chacune d'elles correspondrait un droit fixe d'autant plus élevé que serait important le montant du transport à percevoir. Ce droit gradué, applicable à tous les transports, serait progressif d'une catégorie à l'autre, invariable pour chacune d'elles, de manière à dégrever les petits transports sans surcharger les autres.

Conclusions adoptées.

Constitution du corps des Ponts-et-Chaussées et des Mines (Rapport de M. FALOT).

Considérant que dans un État démocratique on doit poursuivre avec une ardeur égale l'abolition de tout ce qui constitue un privilège.

Que le corps des ingénieurs des ponts-et-chaussées par son mode de recrutement constitue sans conteste un privilège au profit d'élèves de certaines écoles alors que, sortit-il de l'école primaire, tout enfant du peuple capable d'être ingénieur doit pouvoir le devenir, qu'il résulte du privilège signalé un esprit de corps absolument préjudiciable au bien public en ce sens que le corps des ponts-et-chaussées travaille à écarter systématiquement toute initiative ne venant pas de lui, alors qu'au point de vue pratique il fait preuve parfois d'une insuffisance manifeste.

Que en vue de la bonne gestion des finances il importe de faire appel à l'initiative privée, qu'avec cette façon de procéder on arrivera à satisfaire avec les mêmes sommes à un plus grand nombre de besoins.

Le Congrès émet le vœu :

1° Que les fonctions techniques au service de l'État soient mises chaque année au concours entre tous les candidats sans distinction d'origine sous la seule condition de justifier de connaissances techniques suffisantes.

2° Que l'établissement des projets des grands travaux publics et leur exécution fassent toujours l'objet de concours ouverts à l'initiative privée.

3° Que les jurys appelés à juger ces concours soient composés de telle façon que toutes les compétences y soient représentées.

4° Que des facilités d'accès soient données aux conducteurs pour tous les grades sans exception.

Afin de compléter ce vœu, étant donné que si nous ne modifions pas la base, c'est-à-dire le mode de recrutement, les abus se renouvelleront plus tard, nous proposons en outre le vœu suivant :

Le Congrès émet le vœu que les Pouvoirs publics réforment l'enseignement technique de manière à :

1° Recruter les professeurs parmi les techniciens qui ont pratiqué l'industrie et acquis une compétence notoire, en excluant les théoriciens purs et aussi les ennemis de la République.

2° Développer la connaissance des langues étrangères pour les parler couramment.

3° Développer la connaissance du droit, de la comptabilité, de l'économie politique, industrielle et commerciale.

M. BELLANGER, *rapporteur général*, en terminant, appelle l'attention du Congrès sur les vœux émis à Marseille, sur le rapport de M. Richard, relatif aux colis agricoles, sur le programme de politique agricole qui fut si bien développé par M. Klotz.

Il est inutile de faire voter à nouveau sur ces vœux.

Il en est un cependant sur lequel le Rapporteur ne peut trop appeler l'attention du Congrès, c'est celui qui fut présenté par M. Chabannes· au nom du Comité républicain du Commerce et de l'Industrie ; le voici :

Le Congrès, considérant l'utilité de faire représenter dans chaque Chambre de commerce les industries régionales et les commerces les plus importants au développement et à la prospérité du département, par un nombre proportionnel de membres,

Emet le vœu que l'Electorat aux Chambres de Commerce soit étendu à tous les patentés, comme pour les Tribunaux de Commerce en application de la loi de 1883.

Les Catégories professionnelles et le nombre des Chambres de commerce sont fixés par décrets du Ministre du Commerce et de l'Industrie.

Le Comité Républicain du Commerce et de l'Industrie a chargé ses délégués d'insister énergiquement pour que le Congrès, confirmant ses décisions antérieures, invite les membres du Parlement à faire aboutir cette réforme.

Tout retard est un encouragement à l'hostilité de certaines Chambres de Commerce contre nos institutions républicaines.

M. Morel. — Je tiens à remercier le rapporteur général d'avoir appelé d'une façon toute spéciale l'attention du Congrès sur le vœu relatif à l'électorat aux chambres et tribunaux de commerce. Cette réforme est poursuivie depuis longtemps et avec ard .ur par le Comité républicain du commerce et de l'industrie, elle est essentielle et modifiera radicalement la composition des chambres de commerce dont l'esprit actuel est des plus étroits et tout à fait réactionnaire.

A raison de l'importance de ce vœu, je demande qu'il soit transmis d'une façon toute spéciale aux ministres du commerce et de la justice. (Adopté.)

M. Bellanger, *rapporteur général.* — Le citoyen Louis Martin, député du Var, nous a présenté et nous acceptons le vœu suivant qui n'a pas besoin d'être défendu :

Le Congrès émet le vœu que le vote dans les élections aux tribunaux de commerce ait lieu désormais par commune et non plus par canton, procédé qui éloigne, en raison du déplacement onéreux, un grand nombre de petits commerçants.

(Adopté.)

Le citoyen Michaut, délégué de la Côte-d'Or, retire sa proposition au Congrès de Marseille tendant à accorder l'électorat aux voyageurs de commerce, mais renouvelle sa deuxième proposition demandant *que les employés et voyageurs soient justiciables de la juridiction prud'hommale.*

(Adopté.)

En ce qui concerne le vœu émis l'an dernier par M. Goldschild, concernant les privilèges des propriétaires, la Commission le présente sous cette forme :

Le Congrès de Toulouse émet le vœu que le privilège du pro-

*priétaire pour le payement de ses loyers soit abaissé de deux
ans à un an.*

(Adopté.)

M. BELLANGER, *rapporteur général.* — Voilà, citoyens, un
résumé trop long pour le peu de temps dont nous disposons,
mais beaucoup trop court pour l'intérêt des questions en
discussion, pour la compétence et le travail des différents
rapporteurs dont je ne suis que l'insuffisant interprète.

Votre huitième Commission a apporté dans ses travaux
toute l'impartialité, toute la conscience dont elle était capable.
Sous la direction éclairée de son éminent président, M. Léon
France. elle croit avoir rempli tout son devoir. Heureuse si
elle a pu aider, dans la plus petite mesure, à la réalisation des
réformes contribuant au mieux-être des Français, à la grandeur de la France et à la gloire de la République. (*Vifs applaudissements.*)

LE RACHAT DES CHEMINS DE FER

Rapport fait au nom de la huitième Commission sur le rachat des chemins de fer par M. Jean Bourrat, député.

Messieurs,

Dans les précédents congrès de Lyon, en 1902 ; de Marseille,
en 1903 ; le parti radical et radical-socialiste avait demandé à
ses adhérents du Parlement de voter le rachat des deux réseaux de l'Ouest et du Midi en réservant pour l'avenir le
rachat des autres grandes compagnies.

Une discussion a eu lieu sur ce sujet à la Chambre des députés, en janvier 1904.

M. Klotz et votre rapporteur ont soutenu le rachat des deux
réseaux, ou tout au moins le rachat immédiat de la compa-
gnie de l'Ouest.

Des députés de l'opposition gouvernementale ont demandé
le maintien du *statu quo.*

Dans cette discussion, le ministre des travaux publics et le
ministre des finances ont donné leur avis.

Le ministre des travaux publics reconnaissait que l'exploitation du réseau d'Etat actuel était faite dans des conditions
bien meilleures que celle des compagnies et concluait à la
nécessité d'augmenter l'étendue d'exploitation du réseau de
l'Etat tout en s'opposant au rachat total des réseaux de l'Ouest
et du Midi.

Le ministre des finances, par des statistiques et des renseignements erronés, démontrait que l'exploitation par l'Etat des réseaux des pays voisins avait donné de très graves mécomptes et que les résultats obtenus par les nations qui reprenaient aux compagnies la monopolisation des voies ferrées étaient désastreux.

Or, rien de tel n'est fondé.

Cette dernière assertion est mise en lumière dans le récent ouvrage de M. Edgard Milhaud, professeur d'économie politique à la Faculté de Genève, intitulé : *Le Rachat des Chemins de fer.*

Cet auteur démontre notamment en ce qui concerne la Suisse, que les renseignements fournis au Parlement par la presse des compagnies ont été falsifiés, puisque l'on a fait précéder les recettes budgétaires de l'année 1900, année précédant le rachat du signe +, alors qu'au contraire il fallait les faire précéder du signe —.

M. Rouvier, examinant la situation des chemins de fer de l'Etat belge, a cité deux extraits de rapports parlementaires de ces pays auxquels la presse amie des compagnies a donné la plus grande publicité, rapports critiquant l'exploitation par l'Etat.

Là encore on pourrait citer presque tous les autres rapports parlementaires faisant l'éloge de ce mode d'exploitation et les opposer à ceux qui étaient cités par notre ministre des finances.

Etudiant la question des chemins de fer italiens, M. Rouvier indique trois points défavorables à la thèse de l'exploitation directe :

1º L'opinion de M. Zanardelli ;

2º L'attitude différente de l'Etat belge et des compagnies italiennes dans la question de la traction électrique ;

3º La rétrocession des réseaux par l'Etat à des compagnies fermières.

L'opinion de M. Zanardelli a été infidèlement reproduite par M. Rouvier qui n'a cité qu'une faible partie de l'exposé du ministre italien.

L'attitude de l'Etat belge en opposition avec celle des compagnies italiennes provenait de ce que le Parlement de Belgique devait voter des crédits, dont elle ne voulait pas assumer la charge.

Enfin, l'Etat italien n'a pas rétrocédé l'exploitation de ses chemins de fer après une expérience malheureuse de régie directe, mais il les a exploités directement pendant quelques années, par intérim, puis les a concédés à des compagnies.

Après cette discussion, la Chambre des députés ajourna le vote sur le rachat de l'Ouest et du Midi, et le ministre des travaux publics prit l'engagement de déposer dans un délai de trois mois une convention nouvelle avec les réseaux de l'Ouest et de l'Orléans, tendant à augmenter l'importance du réseau de l'Etat.

Que sera cette convention ?

Nous ne pouvons donner aucune précision ; mais nous constatons tout d'abord que le gouvernement avait promis de la déposer.dans le délai de trois mois et qu'un délai de huit mois s'est déjà écoulé sans qu'elle ait vu le jour !

Nous croyons ensuite pouvoir affirmer que les compagnies intéressées demandent que l'Etat paye le coût intégral de certaines lignes en exploitation alors même que ces lignes ont été construites par l'Etat lui-même et pour certaines autres il serait payé sur les fonds des contribuables un capital évalué d'après les recettes figurant sur les livres de comptabilité des compagnies alors que ces recettes sont considérablement majorées aujourd'hui par suite de détournements de trafic.

En fait, alors que sans que l'Etat n'ait aucun débours à effectuer (en abandonnant la créance irrécouvrable de la garantie d'intérêt) il peut avoir la totalité des réseaux de l'Ouest et du Midi, soit 5.844 kilomètres pour l'Ouest, et 3.621 kilomètres pour le Midi, au total 9.505 kilomètres, le ministre des travaux publics et celui des finances veulent proposer au Parlement d'augmenter le réseau de l'Etat d'un millier de kilomètres en abandonnant la presque totalité de la créance de garantie des réseaux de l'Ouest et de l'Orléans.

Tel est l'état de la question.

Il ne faut point oublier que toutes les fois que l'Etat a conclu de nouvelles conventions ou des arrangements nouveaux avec l'un quelconque de nos six grands réseaux, il a abandonné aux actionnaires des compagnies une grande partie de l'autorité qu'il devait avoir sur elles, et il leur a alloué au surplus de nombreux millions puisés dans la poche des contribuables.

Tous les ministres d'action et de défense républicaine ne sauraient approuver une pareille convention qui compromettrait gravement les finances publiques et l'avenir du pays.

Le gouvernement, en effet, ne pourrait obtenir l'approbation de la convention indiquée par le ministre des travaux publics en janvier dernier qu'en s'appuyant sur les membres du Parlement hostiles à la République.

Cette réforme fait d'ailleurs partie du programme républicain depuis 1870.

Ces dernières considérations doivent suffire à elles seules pour empêcher le dépôt devant le Parlement de cette nouvelle convention.

De plus, il ne faut pas oublier que, selon l'expression d'un ministre des voies et communications de Belgique, « les chemins de fer dans les mains de l'Etat, c'est l'unité de direction la recherche de toutes les améliorations et de toutes les économies ».

Pour ces motifs, votre Commission vous propose d'adopter à nouveau la résolution votée au Congrès de Marseille.

Le gouvernement et les républicains sont invités à demander aux Chambres, pour le moment, le rachat des réseaux de l'Ouest et du Midi, afin que, par une expérience d'un plus grand réseau, on puisse établir des comparaisons encore plus probantes de l'exploitation par les compagnies.

Le Comité exécutif continuera les études avec le dévoué concours de MM. Bourrat et Klotz.

Le Congrès adopte à l'unanimité les conclusions de ce rapport et sur la demande de M. Pelisse, il décide que cette décision sera transmise à M. le Président du Conseil des Ministres et à Messieurs les Ministres des Travaux Publics et des Finances.

La loi réprimant les fraudes sur les produits agricoles.

M. Dujardin-Beaumetz. — Je demande au congrès de bien vouloir émettre un vœu pressant pour demander au gouvernement de faire mettre promptement à l'ordre du jour de la Chambre le projet de loi tendant à réprimer les fraudes sur les produits agricoles. Ce projet est à l'ordre du jour depuis plusieurs mois et il figure en tête de l'ordre du jour de la Chambre. Cependant nous n'avons pas pu arriver à le faire discuter et nos populations s'impatientent avec raison de ces lenteurs.

(Le vœu est adopté).

M. le Président donne lecture d'un certain nombre de lettres et de télégrammes d'excuses de parlementaires et militants adhérents au parti.

Il lit un télégramme d'adhésion et de félicitations du Conseil d'arrondissement de Béziers, auquel il adresse les remerciements du Congrès.

Commission des finances. — Il est procédé au tirage au sort des onze membres qui doivent composer la Commission des finances.

La suite de l'ordre du jour est renvoyée à la séance du soir.

La séance est levée à midi.

TROISIÈME SÉANCE. — Vendredi 7 octobre
Soir

Ouverture de la séance. — M. Maurice BERTEAUX, en ouvrant la séance, donne lecture de lettres d'excuses et il fait procéder à l'élection du Bureau.

Election du Bureau. — Sont élus par acclamation :

Président : M. Ournac, sénateur de la Haute-Garonne ; *Vice-présidents :* MM. Ruau, député de la Haute-Garonne ; Bergougnan, ancien vice-président du Comité Exécutif; Estier, conseiller général des Bouches-du-Rhône ; Hénaffe, conseiller municipal de Paris ; Protat, conseiller général de Saône-et-Loire; Alfred Faure, ancien député ; *Secrétaires :* MM. Torchut, Steeg, députés ; Lucien Le Foyer, ancien secrétaire du Comité Exécutif ; Couderchet, président de la Fédération du Rhône ; Bouillard, de Neuilly-sur-Seine ; Stirn, d'Avignon ; Myard, conseiller général de Saône-et-Loire ; Charrière, Haute-Savoie ; Brizzolara, Nord. *Secrétaire permanent du Congrès :* M. F. Bouffandeau, secrétaire général du Comité exécutif.

Discours de M. Ournac

Je dois l'honneur de présider cette séance, dont j'apprécie tout le prix, à ma situation de représentant au Sénat de ce département ; permettez-moi à ce titre et après M. le Maire, qui hier vous saluait si éloquemment au nom de la ville de Toulouse, de vous dire tout le plaisir et aussi tout l'orgueil que ressentent de votre visite vos coreligionnaires politiques de la Haute-Garonne.

Dans notre Cité, où la poésie, la science et les arts font volontiers un harmonieux ménage avec la politique républicaine, soyez les bienvenus, délégués de toutes les communes de France; qui venez porter parmi nous le rayonnement fécond de votre foi démocratique.

Avec votre concours empressé, nous travaillerons à solutionner les diverses questions à l'ordre du jour du parti radical et radical-socialiste, et à obtenir enfin les réformes longtemps promises au Prolétariat, dont on ne peut plus retarder la normale et complète émancipation.

A la base des revendications de la démocratie, la plus pressante, la première qui s'impose, c'est la séparation des Eglises d'avec l'Etat. Il est impossible désormais de ne pas l'inscrire dans la loi nouvelle.

Longtemps elle a pu apparaître comme pouvant être retardée, aujourd'hui, les plus timides même, reconnaissent la nécessité de l'appliquer.

C'est que, le temps et les événements ont singulièrement hâté et facilité la solution de cette importante question.

Sans vouloir rappeler les diverses phases de la lutte cléricale depuis un an environ, il me semble utile néanmoins de préciser que dans ce court laps de temps, grâce à l'intransigeance de la papauté, inspirée par un inquisiteur espagnol, la question a fait le plus grand pas et ne saurait dès lors être éludée.

La France entend désormais se gouverner elle-même et ne veut plus subir, chez elle, un gouvernement occulte, puisant des inspirations à l'étranger, dont la résistance rétrograde et outrancière, entretenue par les deniers de l'Etat, entrave le développement régulier de nos institutions républicaines.

Il est temps enfin que l'absolue laïcité de l'Etat soit un fait et qu'un épiscopat, un clergé, révoltés contre les lois du pays, rentre dans le droit commun.

Loin de nous la pensée de persécuter personne. Nous entendons, au contraire, nous réclamant de la tolérance, accorder la liberté à tous les cultes et n'en subventionner aucun.

Dans ce pays qui a tant souffert des violences catholiques, qui eût l'honneur, jusqu'au treizième siècle, d'être à la tête des peuples libres et qui expia dans le sang et le tortures de l'Inquisition son amour pour le respect des croyances, — dans cette cité où depuis plus de vingt ans les radicaux conservent la confiance populaire, on ne saurait mentir à son passé et ses représentants aux divers titres entendent n'opprimer personne, mais aussi ne plus souffrir aucune oppression.

Il faut donc faire la séparation, c'est la volonté réfléchie de tous les sincères républicains qui la réclame — tous, nous sommes ici d'accord sur ce point. — Mais quelques vétérans de nos luttes politiques, qui s'exagèrent peut-être les dangers du lendemain, demandent de ne rien confier au hasard et de préparer sans secousses notre affranchissement moral.

Il est, en effet, des actes dont le retentissement peut avoir les conséquences les plus heureuses, comme aussi les plus funestes ; dès lors, ne faut-il rien abandonner à l'imprévu et assurer dès maintenant la liberté religieuse de demain dans ce pays.

Dix-huit siècles de domination romaine, d'asservissement et d'atavisme ont laissé une empreinte dans la vie du peuple et des coutumes telles, qu'elles ne peuvent être heurtées brutalement. Il appartient donc à ceux qui seront appelés à solutionner cette grave question, d'où dépend l'avenir de la République, d'agir avec fermeté, mais aussi sans fiévreuse précipitation.

Il importe surtout de faire une œuvre durable et non point, comme le disait si justement à la tribune M. Briand, de faire un geste beau, sans doute, mais inutile.

C'est à l'étude de cette grave solution que cette séance est consacrée ; j'ai la ferme assurance que nos travaux ne seront pas étrangers à l'heureuse formule que le Parlement adoptera et qui délivrera la conscience opprimée, en même temps qu'elle allègere de plus de quarante millions les lourdes charges du budget.

L'acte d'assainissement moral et de défense sociale de la séparation étant ainsi préparé et accompli, ne perdons plus un instant et résolument travaillons à la solution trop retardée des questions vitales pour l'amélioration du sort des travailleurs.

Aujourd'hui que l'instruction est répandue à flots dans les rangs de la société où se perpétuaient les parias héréditaires, le prolétaire comprend mieux la gravité de son mal et sa clameur plus poignante mérite notre plus vigilante préoccupation.

Nous avons souvent promis au peuple : plus de justice sociale !

Commençons à réaliser notre programme, par l'égalité réelle dans les charges publiques, par l'organisation du véritable impôt sur le revenu.

Puis, à ce travailleur, qui n'a pu, dans sa longue et

douloureuse carrière, assurer le dernier morceau de pain des vieux jours, préparons la loi des retraites ouvrières qui commencera a appliquer le principe éternel de la solidarité humaine.

Tel est le *credo* des républicains radicaux socialistes ; il est assez beau pour passionner tous les cœurs généreux, assez vaste pour utiliser toutes les bonnes volontés,

C'est à son application que nous devons travailler avec ardeur, avec persévérance, sans nous laisser entraîner à la poursuite d'utopies et de chimères.

Epargnons-nous le sort de l'imprévoyant astrologue du bon Lafontaine qui, à trop regarder vers la lune, se laissa choir au fond du puits.

Remerciements de M. Pelletan

M. LE PRÉSIDENT. — Nous avons la bonne fortune d'avoir parmi nous l'ami et le chef de cabinet de notre ami Pelletan, le citoyen Tissier. Je lui donne la parole. Il vous dira mieux que moi les remerciements qu'adresse au congrès notre émiment ami. (Applaudissements prolongés et bravos. — Cris : (Vive Pelletan !)

M. TISSIER. — Citoyens, j'ai à vous adresser les remercie-, ments bien sincères du ministre de la marine, du citoyen Pelletan, pour l'ordre du jour de sympathie et de confiance que vous lui avez voté au début de vos travaux. Le citoyen Pelletan m'a chargé de vous remercier et de vous assurer qu'il restera fidèle à son programme. Il a commencé au ministère la lutte qui a été celle de toute sa vie contre toutes les forces de la réaction et pour le vrai programme républicain, pour toutes les réformes politiques, économiques et sociales. Vous pouvez compter qu'il ne faillira jamais à sa besogne, quels que soient les écueils qu'il rencontre, quelles que soient les luttes qu'il ait à soutenir. Il continuera son œuvre de républicain sincère, de démocrate fermement attaché aux idées d'émancipation laïque et de progrès social. (Vifs applaudissements répétés).

RÉFORMES ÉLECTORALES

Le scrutin de liste

M. Hector DEPASSE, *rapporteur*. — Le président et rapporteur général de la Commission des réformes électorales remercie le Congrès d'avoir bien voulu fixer à la première séance l'examen de cette question éminemment politique et sociale.

Puis, M. Hector Depasse s'exprime ainsi :

« Ainsi que l'a dit avec son éloquente conviction le premier Président de ce Congrès en ouvrant nos travaux, vous allez emporter d'ici *le cahier des vœux et des volontés* du Parti républicain uni, et, *dans ce cahier*, vous inscrirez, avec la séparation des Églises et de l'État, avec les réformes budgétaires, économiques et sociales, la réforme de la loi électorale et le scrutin de liste.

Au reste, je puis être très bref, parce que, d'une part, nous examinons cette question pour la quatrième fois dans nos Congrès annuels, ensuite parce que la Commission de la Chambre des députés a adopté récemment la réforme dans le sens des principes qui sont les nôtres.

Dès votre premier Congrès, en 1901 à Paris, vous avez voté, sur l'initiative prise par un Comité de la ville de Pau, que le scrutin de liste devait être établi comme la méthode électorale la plus conforme aux principes et aux traditions du Parti républicain tout entier.

A votre deuxième Congrès à Lyon, en 1902, sur le rapport du citoyen Klotz, député, après une discussion approfondie, vous avez voté une seconde fois le rétablissement du scrutin de liste. Vous l'avez voté une troisième fois en 1903, à Marseille, d'après les conclusions de mon rapport.

Cependant, depuis 1901, les élections législatives se sont accomplies, les élections municipales sont venues, les élections cantonales ont suivi, deux années déjà se sont écoulées de la législature élue en 1902, et toujours la réforme électorale que vous voulez a été ajournée, et toujours les abus ont continué de grandir à chaque élection partielle, comme à chaque série d'élections générales !

Vous vous rappelez les discussions fâcheuses, les constatations regrettables pour la dignité du suffrage universel qui ont accompagné la vérification des pouvoirs de la Chambre de 1902. Et la majorité qui avait promis de se montrer justement sévère pour les abus de la corruption et de l'argent, découragée elle-même par l'étendue du mal qui se révélait, ne s'est bientôt signalée que par ses faiblesses, ses contradictions, oserais-je dire ses défaillances.

Le scrutin de liste, entre plusieurs avantages, a celui de remédier spontanément, du moins en partie, à un certain nombre d'abus inhérents au système des élections uninominales.

Lorsque la Chambre de 1885, après l'élection du 27 janvier 1889, remplaça précipitamment le scrutin de liste par le scrutin d'arrondissement, elle fit juste ce qu'avait fait le coup d'Etat du 2 décembre 1851 et ce qu'avait fait la majorité réactionnaire de l'Assemblée de Versailles le 24 novembre 1875, en adoptant *l'amendement Lefèvre-Pontalis* qui rétablissait le scrutin uninominal d'arrondissement !

Le 2 février 1889, le projet était déposé, et, quelques jours après, sans examen, sans discernement, sans critique, le 13 du même mois, la loi était bâclée et promulguée ! Au milieu de l'agitation des esprits, le Sénat et la Chambre furent d'accord un moment pour cette grande faute. Depuis lors, citoyens, nous continuons de vivre sous le régime de l'*amendement Lefèvre-Pontalis !*

Mais le sacrifice du scrutin de liste ne servit absolument de rien, la marche de la candidature plébiscitaire n'en fut pas arrêtée un seul jour, en sorte que la Chambre, pour conjurer le fléau, vota alors la loi qui mit un terme à cette comédie en interdisant le cumul des candidatures législatives et la poursuite effrontée des mandats de député par un député déjà en fonction !

A propos de cumul, je dois vous signaler une autre espèce d'abus, qui, lui aussi, fait des progrès dangereux pour la démocratie républicaine.

Une statistique récente nous a appris que plus de la moitié des membres du Parlement sont en même temps membres ces conseils départementaux. Un journal a publié ces chiffres : cent soixante sénateurs sur trois cents, et trois cents députés sur cinq cent quatre-vingts feraient partie des conseils généraux.

Ainsi le cumul des fonctions électives dans un petit nombre de mains devient de plus en plus, comme l'a dit un écrivain politique des plus autorisés, « la règle de notre démocratie ». Avec ce cumul, deux autres abus s'insinuent et progressent dans le corps politique, ce sont une sorte d'hérédité parlementaire et une sorte de monopolisation des mandats entre les membres de certaines familles.

C'est à vous qu'il appartient d'arrêter la progression d'un très grand mal, le même sous plusieurs formes diverses, qui tend à vicier la République dans ses sources et à empêcher l'évolution légitime et nécessaire de la démocratie.

Vous l'arrêterez, citoyens, par le rétablissement du scrutin de liste et par l'application de justes mesures législatives, dans l'esprit de l'ordre du jour que nous avons l'honneur de vous présenter.

« Le Congrès de Toulouse, uni dans une même pensée de réforme politique et sociale, renouvelant les résolutions déjà

votées par les Congrès de Paris, de Lyon et de Marseille *en
faveur du scrutin de liste* et pour le redressement des abus
qui tendraient à vicier dans ses sources la souveraineté nationale elle-même et la vie politique de la démocratie, invite la
majorité républicaine radicale et socialiste et le gouvernement à s'entendre pour la mise à l'ordre du jour de la réforme
électorale, dans le plus bref délai, et à repousser toute proposition d'ajournement qui viendrait encore à se produire. »

Vifs applaudissements.

M. SÉNAC. — Notre collègue a fait un exposé complet et
lumineux auquel je suis le premier à rendre hommage. Mais,
vous me permettrez de ne pas m'associer à ses conclusions
en ce qui concerne le rétablissement du scrutin de liste. Ce
mode de scrutin a le grave inconvénient à mes yeux de néces-
siter des alliances avec les autres groupements républicains,
d'entraîner dans chaque département une concentration en
vue de laquelle les radicaux et radicaux-socialistes sont
obligés de faire abnégation de leurs sentiments personnels et
dans une large mesure de leurs aspirations et de leur programme. J'estime pour cette raison que le scrutin d'arrondis-
ment doit être conservé. Il permet à toutes les forces du
parti radical et radical-socialiste de s'affirmer et de se compter partout. Nous devons partout entraîner le parti républicain vers le progrès et obtenir la représentation radicale et
radicale socialiste qui est indispensable pour le triomphe des
réformes. Le scrutin de liste ne nous le permettra pas. (Mouvements en sens divers.)

M. le RAPPORTEUR. — Nous avons le plus grand respect
pour les sentiments et les convictions de notre ami Sénac. Je
ne veux pas prolonger ce débat et je demande simplement au
Congrès de réitérer le vœu d'union républicaine radicale
socialiste sur le principe du scrutin de liste tel que vous
l'avez voté dans vos précédents congrès. (Applaudissements.)

M. Louis MARTIN. — Le rapport du citoyen Depasse est
extrêmement remarquable, il n'y a qu'une voix pour y
applaudir. Il a posé nettement et sur le véritable terrain la
question du scrutin de liste. C'est précisément parce que
nous sentons la nécessité des alliances fécondes entre les
divers éléments du parti républicain réformateur que nous le
voulons. Les craintes du citoyen Sénac nous paraissent donc
chimériques

Mais, à propos du scrutin de liste, et sans vouloir soulever
un débat qui serait fort étendu et d'une grande ampleur, je
tiens à poser devant vous, faisant appel à vos sentiments
républicains et pour qu'elle soit, non pas résolue mais examinée par vous, la question de la représentation proportionnelle. (Applaudissements.)

Je tiens à approuver pleinement ce qu'a si bien dit notre
ami Depasse avec l'autorité qui s'attache à son nom, et des
inconvénients du cumul qui crée une aristocratie électorale

au sein de notre démocratie, et de la nécessité de permettre
aux absents, c'est-à-dire à la fraction miséreuse du corps électoral, à la fraction nomade, à celle qui est obligée de parcou-
rir le pays sans pouvoir rester stationnaire, l'exercice du
droit électoral.

Et s'il m'était permis en terminant d'exprimer toute ma
pensée, je dirais que, dans notre loi électorale et dans notre
règlement de la Chambre, je relève une singulière contradiction. Contrairement à ce qui se passe, j'estime que les sénateurs et députés devraient voter eux-mêmes (*Très bien !
Très bien !)* et ne point pratiquer le vote par procuration,
tandis que les électeurs que les nécessités de l'existence
appellent loin de chez eux devraient pouvoir participer au
suffrage universel. Ils ne possèdent que leur droit de vote,
ce droit doit être respecté. (*Applaudissements.*)

Le Président met aux voix les conclusions de la Commission, elles sont adoptées à une très grande majorité

Secret et sincérité du vote.

M. Louis BONNET, rapporteur. — Le citoyen Depasse vient
de vous entretenir, au nom de la Commission du scrutin de
liste; vous avez applaudi son remarquable rapport. Notre
ami Bergougnan va vous parler des dépenses électorales. J'ai
mission de vous soumettre un rapport sur les moyens de
protéger le secret et la sincérité du vote.

Le rapport de notre ami Ruau propose d'élire la Chambre
au scrutin de liste, — il sera discuté à la rentrée — de porter
à six ans la durée de son mandat et de la renouveler par
moitié tous les trois ans. Nous acceptons cette proposition
quoiqu'il nous paraisse préférable de renouveler par tiers la
Chambre élue pour six ans.

Le renouvellement partiel supprimera l'opposition dynas-
tique et assurera la continuité des travaux parlementaires.
Nous sommes également d'avis de diminuer le nombre des
députés et d'augmenter leur traitement. Il n'y a plus aujour-
d'hui que les parvenus de la finance et les rastaquouères de la
noblesse pour ne pas reconnaître que l'indemnité de
9.000 fr par an allouée au représentant du peuple ne suffit
pas à ses charges de famille. Nous sommes unanimes à vouloir sauvegarder la liberté du vote, restreindre les dépenses
électorales et supprimer la corruption. (*Applaudissements*).

Dans un régime fondé sur la souveraineté du suffrage
universel, le système est faussé si la régularité et l'honnêteté
des opérations électorales ne sont pas garanties. Les résultats
des élections de 1902 nous ont révélé l'étendue du mal et la
nécessité d'y apporter des remèdes énergiques. (*Très bien*).

La Commission de la Chambre s'est prononcée pour la
cabine d'isolement et pour le vote sous enveloppe ; nous

acceptons ces procédés, mais nous les trouvons insuffisants. Le projet de loi devrait y ajouter les dispositions suivantes :

Comment on voterait

Interdiction absolue serait faite de distribuer des bulletins de vote à domicile, par la poste ou à la porte des salles de vote.

« Cinq jours avant le scrutin, la liste des candidats sera close. Le préfet fait immédiatement imprimer pour chaque arrondissement un bulletin de vote unique et collectif. Le candidats sont inscrits sur ce bulletin par ordre alphabétique.

« La veille du scrutin, les maires reçoivent du préfet les bulletins de vote et les apportent cachetés et scellés à la mairie, le jour du vote. Le paquet est défait à l'ouverture du scrutin. Le président du bureau remet un bulletin de vote et une enveloppe à chaque électeur qui se présente.

« L'électeur pénètre dans un isoloir situé dans la salle du scrutin, et, pour donner la voix à un candidat, perce le bulletin en face du nom du candidat de son choix — c'est le système belge — on tamponne le bulletin en face du nom de ce candidat. Il met le bulletin dans une enveloppe, la ferme et l'apporte au président qui l'introduit dans l'urne.

« Ce système supprimera radicalement une fraude trop fréquente. Désormais, plus de bulletins fourrés dans la main de l'électeur amené de cabaret en cabaret à la porte du scrutin. Plus de bulletins à clef qui permettent de reconnaître si l'électeur a mis dans l'urne un bulletin imposé. Plus d'électeurs conduits en troupeaux à l'urne sous la surveillance d'agents et obligés de tenir, dans la main droite levée ostensiblement, le bulletin qu'on leur a distribué. La pression patronale est annihilée. L'électeur échappe à la contrainte et se détermine librement. Le secret du vote libère sa conscience et le met à l'abri des représailles. » (*Applaudissements*).

La Commission préconise avec force l'inéligibilité pour six ans du député dont l'élection a été invalidée pour fraude et corruption et l'inéligibilité pour six ans du candidat qui a été condamné par les tribunaux pour le même motif.

Il s'agit seulement d'obtenir que le gouvernement appuie résolument ce projet de loi et que la majorité républicaine n'en retarde pas l'examen et le vote.

Le mal de la corruption devient contagieux, le danger est grand, veut-on sérieusement y remédier ? Je me souviens des protestations indignées de nos amis du parlement aux élections de 1902 ; vous n'avez pas oublié les scandaleuses élections des trois frères de Castellane à Murat, à Castellane et à Saint-Flour, du baron Dard, à Bethune, de M. Fould, à Bagnères-de-Bigorre, de M. Lebaudy, à Mantes et de tant d'autres millionnaires.

Les candidats républicains sont impuissants contre les prodigalités de ces écumeurs de scrutin, la souveraineté populaire est confisquée par la fortune, la République est la proie des faiseurs d'affaires et des aristocrates oisifs et frivoles. (*Vifs applaudissements*).

En 1906, nous entendrons les mêmes lamentations, les mêmes récriminations qu'en 1902, si le bloc républicain n'a pas voté les mesures de salubrité publique que nous réclamons. C'est aux députés radicaux et radicaux-socialistes et au gouvernement à remplir résolument leur devoir. Le Congrès leur en signale l'importance ; ils encourraient une lourde responsabilité en laissant se perpétuer l'abominable système qui démoralise et opprime le suffrage universel. (*Applaudissements prolongés*).

M. Paul Gouzy. — J'approuve absolument l'excellent rapport de mon ami Bonnet. Sur un point cependant je ne suis pas d'accord avec lui. Il a demandé que les. Chambres soient moins nombreuses. L'histoire pourtant dément cette opinion. Les Chambres historiques furent toutes des Chambres nombreuses; toutes celles de la Révolution comme celle de 1848 le furent. Les Chambres de l'Empire au contraire qui étaient des Chambres asservies étaient des chambres comptant un nombre restreint de députés.

Peut-être objectera-t-on que dans les chambres nombreuses on constate quelque bruit et quelque inattention. Mais, là, nous aussi, nous pouvons invoquer les leçons de l'expérience et de l'observation. La Chambre n'est jamais plus bruyante, à cause des conversations particulières, lorsque nous sommes seulement 150 en séance. Je suis donc partisan des chambres nombreuses.

Sous le bénéfice de cette observation, j'approuve absolument le rapport de notre ami Bonnet.

M. Ruau. — J'appartiens à la Commission du suffrage universel depuis que mes électeurs m'ont fait l'honneur de m'envoyer à la Chambre ; j'ai été par deux fois rapporteur du projet sur le secret du vote; j'ai été également rapporteur du projet sur le scrutin de liste.

Dans le remarquable travail de notre ami Depasse il importe, je crois, d'établir une division. La question de la limitation de l'affichage et des moyens de réprimer la corruption électorale ne sont plus du ressort de la Chambre. Ces réformes ont été votées lors de la grande discussion de 1902, elles sont pendantes devant le Sénat. Je prie donc nos amis radicaux et radicaux-socialistes du Sénat de rappeler à leurs collègues combien il est essentiel qu'avant les élections générales de 1906 ils votent la proposition limitant l'affichage électoral de façon que tous les candidats riches ou pauvres puissent se présenter au libre suffrage de leurs concitoyens (*Applaudissements*).

Il faut, en second lieu, combattre efficacement la corruption électorale en édictant l'inéligibilité des corrupteurs pendant une certaine période. Nous avons vu en effet dans des législatures antérieures et même dans la législature actuelle des candidats qui avaient usé de moyens frauduleux se représenter devant leurs électeurs et sinon employer de nouveaux moyens de corruption, du moins bénéficier en quelque sorte de la vitesse acquise par la fraude primitive, de sorte que la Chambre était impuissante à les frapper. C'est ce scandale qu'il importe de faire cesser au plus tôt.

En ce qui concerne le secret du vote, je ne partage pas complètement les idées de mon ami Bonnet. Je crois qu'en cette matière délicate entre toutes il importe de ne pas compliquer outre mesure l'instrument du suffrage universel. Cet instrument qui suffisait peut-être au début est devenu inopérant. Il ne défend pas assez l'électeur contre l'intimidation de celui qui préside le scrutin et il ne le soustrait pas assez à l'influence des tiers qui le mènent à l'urne.

Aussi, désirant faire œuvre utile et pratique nous avons voulu tout en réformant le système actuel ne pas compliquer d'un seul coup l'instrument électoral. En 1902 nous avions réuni une grosse majorité sur le principe ; les conservateurs eux-mêmes avaient semblé nous apporter leur appui, mais quand il s'est agi de choisir un système pratique, les divisions se sont produites et elles se sont malheureusement manifestées parmi les républicains. C'est ce spectacle qu'il ne faut pas que la Chambre actuelle donne de nouveau.

Depuis la discussion à laquelle j'ai fait allusion un important débat s'est institué en Allemagne. A la veille des élections au Reichstag et en moins de deux mois un projet a été construit de toutes pièces et de ce projet qui semblait une toute petite réforme électorale est sorti le triomphe du parti socialiste et démocrate allemand.

Soyez en persuadés, quand vous aurez institué dans ce pays le scrutin véritablement libre et sincère, les électeurs donneront leurs voix aux radicaux, aux radicaux-socialistes et aux socialistes, qui représentent seuls la vérité républicaine (Vifs applaudissements).

La Commission du suffrage universel a travaillé modestement à son œuvre. Elle a également établi un projet sur le scrutin de liste. Nous n'avons pas eu la prétention, pas plus en cette matière qu'en celle du secret du vote, d'avoir apporté des solutions définitives. Nous croyons qu'il est nécessaire d'en revenir au scrutin de liste parce que c'est le scrutin des grandes idées, le seul qui soit loyal. Dans ce mode de scrutin les électeurs n'obéissent pas à telles ou telles suggestions locales, ils ne semblent pas, comme dans les élections qui mettent en cause la question des bouilleurs de cru, placer les intérêts de la fraude au-dessus des intérêts de la République. (Applaudissements).

Voilà dans quel esprit nous avons travaillé. Nous avons voulu montrer que nous étions accessibles à toutes les nouveautés et nous n'avons pas hésité à discuter les conclusions d'un rapport sur la représentation proportionnelle. Ceux-là mêmes qui, comme moi, estiment que la question n'est pas mûre, que cette nouveauté n'est pas conforme aux traditions de notre pays, ont pensé qu'il était utile de préparer, à côté du rapport sur le scrutin de liste dont je suis chargé, un rapport sur la représentation proportionnelle qui a été confié à M. Charles Benoist dont la compétence en cette matière est indéniable.

Si la question n'est pas venue devant le Parlement, croyez bien que nous n'en sommes nullement responsables. Quand elle viendra, la discussion sera complète et tous les partis pourront se prononcer sur la réforme électorale.

Dans cet esprit, j'appuie de toutes mes forces les conclusions des orateurs qui m'ont précédé. Je suis persuadé qu'une fois que la Chambre aura voté une loi sur le secret du vote et sur le scrutin de liste, une fois que le Sénat aura ratifié la loi votée par la Chambre en vue de réprimer la corruption électorale et de limiter l'affichage, nous pourrons, malgré les efforts scandaleux qui seront dirigés contre nous aux élections prochaines, triompher définitivement des éternels ennemis de la République. (*Applaudissements répétés.*)

MM. Castel, Lefort, Richard, ayant pris la parole, M. Hector Depasse demande qu'on vote sur les conclusions de la Commission.

Ces conclusions, mises aux voix, sont adoptées.

La limitation des dépenses électorales. — Affichage et distribution des bulletins.

Rapport de M. Bergougnan

Il ne suffit pas d'assurer le secret du vote, de supprimer les distributions de bulletins, de limiter l'affichage, (et cette limitation peut avoir lieu, notamment, par la désignation d'emplacements obligatoires) pour écarter tout danger de corruption. Elle pourra s'exercer encore par la distribution des circulaires, des brochures et des journaux. Pour cette distribution, en effet, le candidat ayant de la fortune aura la possibilité de recruter à chers deniers toute une armée de colporteurs ou distributeurs occasionnels, qui deviendront pour lui autant d'agents électoraux répandus dans la circonscription et d'électeurs éventuels. Il pourra inonder cette circonscription d'imprimés de toute sorte, sous le flot desquels son adversaire risquera d'être submergé.

Il y a donc, pour rendre le scrutin aussi sincère que possible, nécessité absolue de prévenir, dans la plus large mesure, les abus et, en tout cas, d'en pouvoir constater l'existence et la matérialité.

Certes, la réglementation des distributions, afin qu'elles n'aient point un caractère abusif et qu'elle ne puisse fausser la consultation électorale, n'est point facile à organiser. D'une part, en effet, il faut qu'elle soit aussi efficace que possible, et, d'autre part, il est indispensable qu'elle ne puisse ouvrir aucune porte à l'arbitraire. Il n'est assurément pas possible d'imaginer un système si parfait qu'il défie toute objection. On peut cependant, croyons-nous, édicter des mesures qui donnent une satisfaction suffisante au légitime souci de moraliser le scrutin dont s'inspirent les auteurs de diverses propositions de réformes électorales.

Sans aller jusqu'à limiter les distributions, il est souhaitable qu'on puisse contrôler leur nombre, la quotité des imprimés distribués et le mode même de distribution. Ce sera le seul moyen de constater s'il n'y a pas eu, de la part du candidat riche, un véritable abus de ses ressources financières, et cela permettra, le cas échéant, au moment de la vérification des pouvoirs, si l'élection est contestée, de reconnaître, pour ainsi dire du premier coup, si cet abus n'a pas été de nature à altérer le sens du scrutin.

Pour atteindre ce résultat, il suffirait, à notre avis, de décider, législativement, que tout imprimé électoral, c'est-à-dire destiné à favoriser telle ou telle candidature, ne pourra être distribué sans que le nombre des exemplaires, d'abord, et celui des distributeurs ensuite, ait été, au préalable, constaté.

Comment se fera cette constatation? Tout simplement par l'obligation imposée au destinataire de déposer au bureau de poste local, ou au bureau le plus voisin s'il n'en existe pas dans la commune, les imprimés destinés à y être répandus, lorsqu'ils arrivent en paquets, avec ou sans adresses spéciales, en dehors des services postaux.

Le nombre de ces imprimés serait inscrit sur un bordereau détaché d'un registre à souches et qui serait revêtu du visa du receveur des postes ou de son préposé. Aucun d'eux ne pourrait être distribué sans l'accomplissement de cette formalité, sous des peines à déterminer.

Si les exemplaires devaient être distribués par les soins de la poste, la remise en étant effectuée au bureau de poste de départ, celui-ci délivrerait un récépissé du bordereau déposé par l'expéditeur.

Pour prévenir l'abus provenant de l'emploi d'un nombre de distributeurs hors de proportion avec les imprimés à distribuer, quand la distribution devrait avoir lieu autrement que par la poste, les dispositions de la loi sur la presse, qui permettent aujourd'hui les distributions occasionnelles sans déclaration préalable de la part du distributeur devraient être modifiées. L'exercice de la profession de colporteur ou distributeur est, en effet, libre, sous la seule condition d'une déclaration à faire à l'autorité administrative (art. 18 et 19).

Il serait précisé qu'en période électorale, tout distributeur ou colporteur occasionnel devrait se munir — comme le professionnel — d'un récépissé de déclaration, fait dans les conditions prévues par la loi

Par cet ensemble de dispositions, il semble bien qu'on puisse arriver, sans s'exposer à faire crier à l'arbitraire, à contrôler assez exactement et le nombre. des exemplaires d'imprimés distribués et le nombre des distributeurs.

Pour compléter ces dispositions, une autre modification à la loi sur la presse paraît s'imposer.

Il s'agit de l'exercice du droit de réponse. Tel qu'il est consacré par l'article 13 de cette loi, il n'est pas téméraire d'affirmer qu'il est sans efficacité en période électorale, c'est-à-dire à un moment où il est plus nécessaire que jamais qu'il soit expressément garanti.

La loi devrait être modifiée en ce sens que le juge des référés pourrait, sur requête. ordonner nonobstant opposition ou appel, l'insertion, dans le journal dont un article y aurait donné lieu, de toute réponse qui ne serait « ni contraire aux lois, ni contraire à l'intérêt légitime d'un tiers ou à l'honneur du journaliste », suivant les termes mêmes de la jurisprudence.

Il pourrait faire plus : il pourrait fixer, à peine de dommages intérêts, le nombre d'exemplaires auquel la réponse serait tirée, aux frais de celui qui l'aurait rendue nécessaire, si. cette réponse avait pour objet la rectification *d'un fait matériel*, d'une inexactitude d'ores et déjà démontrée.

M. BERGOUGNAN, *rapporteur*. — Je ne vous présente pas une motion ferme. Ce sont plutôt des indications que nous donnons aux Pouvoirs publics et au Parlement et où ils pourront puiser les éléments d'une bonne loi, non pas pour réprimer d'une façon absolue la corruption électorale, — il y a des projets de loi en ce sens, — mais pour arriver à la constater.

Sous réserve de ces observations du rapporteur, les conclusions de son rapport sont approuvées.

A propos du Scrutin secret.

M. CASTEL, maire et conseiller d'arrondissement de Lézignan (Aude). — Je considère qu'il y a une lacune dans les explications fournies par les précédents orateurs. On n'a pas parlé des élections au suffrage restreint, c'est-à-dire des élections sénatoriales, et des élections à la présidence de la Chambre des députés et à la présidence de la République.

Je suis d'avis comme vous tous qu'il est de toute nécessité d'assurer la liberté et le secret du vote de l'électeur qui est sous la dépendance d'un patron ou d'un voisin. Mais la situation n'est pas la même pour ceux qui votent en vertu d'un mandat : délégués d'un conseil municipal qui reçoivent une mission précise, député ou sénateur qui vote pour le président d'une assemblée ou pour le président de la République. Nous avons vu une Chambre qui soutenait un cabinet républicain maintenir pendant quatre ans à sa tête un homme qui n'avait pas la confiance du parti républicain. (Applaudissements.)

Les délégués sénatoriaux, il faut bien le dire, n'obéissent pas toujours aux principes, mais à toutes sortes de considérations personnelles, sur lesquelles je ne veux pas m'étendre. Il est indéniable que la corruption peut aussi agir sur eux.

Il est important que le secret le plus scrupuleux soit assuré au suffrage universel, mais il est non moins indispensable que, dans les autres cas, le scrutin soit public. Il faut que nous sachions comment nos sénateurs et députés votent, soit dans l'élection à la présidence de la République, soit dans les élections pour la présidence du Sénat ou de la Chambre. Vous connaissez l'importance du pouvoir exécutif. C'est le président de la République qui choisit les ministres. Les députés radicaux et radicaux-socialistes auront beau voter de bonnes lois, si ces lois ne sont pas ratifiées par le Sénat qui est élu par les délégués sénatoriaux votant en vertu d'un mandat, si elles ne sont pas promulguées et surtout appliquées par le pouvoir exécutif choisi par les sénateurs et députés votant en vertu d'un mandat, le peuple ne sera pas vraiment souverain. Le vote des électeurs simples citoyens doit être secret, celui des électeurs qui votent à raison d'un mandat doit être public. (Applaudissements.)

Le citoyen Castel dépose la motion suivante :

« *Le Congrès émet le vœu que les scrutins pour les élections sénatoriales, la présidence de la Chambre des députés et la présidence de la République aient lieu au scrutin public.* »

M. Hector Depasse. — Je prie le Congrès de bien remarquer qu'il y a une grande différence entre les questions de principe et les questions de personnes. Lorsqu'il y a lieu de nommer un citoyen à une fonction il est souvent utile de laisser à chaque citoyen la liberté de son vote et dans certains cas le secret du vote amène seul cette liberté.

M. Maujan. — Je ne partage nullement l'opinion de mon ami Depasse. Il s'agit d'une question de moralité parlementaire, et le Congrès radical et radical-socialiste doit affirmer hautement qu'il entend voir abolir le vote secret. J'ai déposé un projet analogue à la motion du citoyen Castel et visant l'élection du président de la Chambre. Nul ne contestera que ce ne soit un acte politique au premier chef. Il ne s'agit plus là d'une question de personnes, il s'agit d'une question purement politique. Je demande donc que le congrès radical et radical-socialiste vote sans qu'il soit nécessaire de renvoyer la question à une commission la suppression du vote secret. Je ne crains pas de le dire : le vote secret c'est le vote de la lâcheté politique. (Vifs applaudissements répétés).

Je demande au Congrès de voter la formule suivantes :

« *Le scrutin secret est supprimé.* »

M. Castel maintient sa motion.

M. BEPMALE. — Cette discussion aurait pu être abrégée si l'on s'en était tenu aux idées d'abord émises. On avait dit et vous aviez pensé qu'il était absolument nécessaire que les scrutins émis au Parlement fussent publics toutes les fois qu'ils ont une signification politique et même quand ils portent sur des questions de personnes. Vous voulez savoir comment votent vos élus par exemple lorsqu'ils nomment le président de la Chambre ou le président de la Commission du budget (Applaudissements). Mais vous avez certainement entendu limiter au Parlement cette obligation du scrutin public. Il ne peut pas entrer dans votre pensée d'obliger les délégués sénatoriaux. (Si ! si!) Non, les raisons qui ont amené le législateur à établir le secret du vote dans les scrutins ordinaires conservent toute leur force quand il s'agit des scrutins sénatoriaux (Non ! non !)

Je demande au président de mettre la motion aux voix par division.

M. Maujan modifie sa motion dans les termes suivants :

« *Dans les votes parlementaires ou par mandats le scrutin secret est interdit.* »

La représentation des Hautes-Pyrénées propose ce libellé :

« *Tout vote qui repose sur une délégation doit être public* ».

M. Castel se rallie à la motion Maujan qui obtient la priorité et qui est ensuite adoptée au fond.

Motion relative aux fonctionnaires

M. LEFORT, de Saint-Girons, ayant mis en cause les préfets et sous-préfets qui, dans certains cas, se font les complices des réactionnaires, demande que par l'intermédiaire du Comité exécutif on invite le gouvernement à sévir contre ceux qui se seront ainsi compromis.

M. RICHARD, conseiller général et maire de Châlon-sur-Saône. — On vient d'appeler votre attention sur une des conditions nécessaires de la réforme électorale. Vous aurez beau faire de bonnes lois, vous ne réussirez pas si vous n'avez pas une administration républicaine. Je me suis associé de tout cœur aux félicitations que nous avons votées au gouvernement. J'en avais fait voter dans mon département. Mais nous devons la vérité à nos amis. Notre président d'hier disait que, quand le gouvernement fait des fautes, notre devoir est de les lui signaler. Je prétends être l'ami dévoué du gouvernement, mais j'ai le devoir de lui signaler les fautes qu'il commet. Je dis que, dans les mouvements préfectoraux, il ne s'inspire pas uniquement du républicanisme des administrateurs qu'il nomme.

Il ne s'agit pas d'une question personnelle, je me place à un point de vue général. Pourtant, j'ai le droit de dire que dans le dernier mouvement, pour ne pas remonter plus haut, des préfets et sous-préfets ont reçu de l'avancement qui étaient les amis des réactionnaires et des cléricaux. C'est une faute non seulement de la part du ministre de l'intérieur mais aussi de la part de nos amis radicaux-socialistes qui ont appuyé de leur recommandation les bénéficiaires de ces avancements scandaleux. (*Vifs applaudissements.*)

Nous devons protester énergiquement contre de tels agissements. Il faut que nos administrateurs ne soient pas des hommes qui se convertissent au radicalisme quand les radicaux sont au pouvoir, (*Très bien ! très bien !*) mais des hommes qui servent constamment le parti républicain. C'est l'intérêt de la République. C'est aussi celui de la justice. Nos amis ne doivent pas recommander ces saltimbanques de la politique pendant que ceux de nos amis qui ont fait constamment leur devoir sont sacrifiés tout comme sous le ministère Méline. (*Nouveaux applaudissements.*)

A la demande d'un grand nombre de délégués, M. Richard dépose la motion suivante qui est adoptée par acclamations :

Le Congrès invite le Gouvernement à ne nommer désormais et les élus du peuple à ne recommander que des fonctionnaires sincèrement républicains.

LA SÉPARATION DES ÉGLISES ET DE L'ÉTAT

Rapport de M. Ferdinand Buisson, député de la Seine

M. Ferdinand Buisson. — Citoyens, je voudrais pouvoir espérer que le sujet, dont je suis chargé de vous entretenir, va ramener dans cette assemblée un peu de calme ; non pas que je m'étonne de la vivacité de vos impressions et de l'extrême ardeur avec laquelle vous défendez vos opinions de part et d'autre. Cela même est le propre d'une réunion républicaine et je ne mériterais pas de m'appeler démocrate si je reprochais à la démocratie l'âpreté de ses exigences ou le ton un peu rude de ses revendications. (*Très bien, Bravo*).

Mais je suis obligé d'avouer que le sujet, dont j'ai le périlleux honneur d'être le rapporteur devant vous, demande de votre part un effort d'attention et une certaine maîtrise de vous-mêmes. Il vous faudra entendre jusqu'au bout l'exposé que je dois vous faire et réserver la manifestation de vos approbations ou de vos improbations pour le moment où le président vous donnera à votre tour la parole. (*Très bien ! très bien*).

Que peut faire le Congrès ?

Avant tout, rappelons-nous bien comment la question se présente devant le Congrès. Pouvons-nous l'aborder avec la pensée de rédiger ici même un texte de loi ? Ou bien devons-nous l'envisager dans ses principes et dans ses grandes lignes, de manière à indiquer le sens général des solutions par nous recommandées ?

Vous n'hésiterez pas à répondre : nous ne sommes pas ici pour faire œuvre de législateurs, nous n'avons pas la prétention d'élaborer en quelques heures un texte définitif et complet en forme de projet de loi.

J'ai rapporté ici le texte proposé par le citoyen Briand, rapporteur de la commission à la chambre des députés. Ce texte, dont l'établissement a pris de longues séances, n'est même à l'heure présente ni complètement ni définitivement arrêté. Il contient plus de quarante articles ; il n'y en a pas un qui soit inutile, et si quelqu'un d'entre vous voulait mettre sur pied une loi organique sur la séparation, il lui faudrait avant tout répondre point par point à toutes les questions politiques et juridiques que soulèvent les 40 ou 46 articles.

Travail extrêmement long, œuvre impossible sans des débats techniques minutieusement approfondis, qu'un Congrès est dans l'impossibilité matérielle d'entreprendre.

Citoyens, que pouvons nous donc faire, et quel service pouvons-nous rendre à la cause de la séparation des Eglises et de l'Etat? Dépend-il du Congrès de contribuer en quelque mesure à hâter la solution de ce grand problème, qui nous passionne tous? Oui certes, le Congrès peut beaucoup, mais précisément en se maintenant résolument dans les attributions normales d'un Congrès qui ne sont pas celles du Parlement. C'est ce que je me suis efforcé d'indiquer, en traçant les grandes lignes de mon rapport, devant la commission qui, non sans de vives et ardentes discussions, l'a adopté. Notre seul rôle possible et le vrai service que nous pouvons rendre ici, c'est de faire œuvre de Congrès, en d'autres termes de nous prononcer nettement, modestement, j'ajoute : courageusement, sur la question générale posée devant le pays, en y apportant une réponse générale aussi. Cette réponse n'exprimera pas la pensée du législateur et des juristes, elle exprimera d'une manière à la fois aussi large et aussi exacte que possible un sentiment qui a la prétention d'être le sentiment national et républicain. (*Très bien! Très bien! Vifs applaudissements*).

C'est tout ce qu'on peut nous demander et il faut que nous ayons le courage de nous y tenir. Si par malheur, entraînés par le désir de trop bien faire, nous voulions aller jusqu'à la rédaction des articles mêmes de cette loi si difficile et si compliquée, nous risquons, que dis-je? nous sommes certains d'abord de nous diviser, certains ensuite de nous perdre dans l'infini détail ; pour l'aborder, le temps matériel nous manquerait. Et si nous ne l'abordons pas, par quel miracle arriverions-nous d'emblée à un texte qui, étreignant les contours variés et mouvants de la réalité, réponde à tous les besoins, prévoie tous les cas et résolve toutes les difficultés ? Nous ne pouvons songer à une œuvre de si longue haleine.

Mais celle que nous pouvons raisonnablement entreprendre n'a-t-elle pas encore sa valeur ? N'est-ce donc rien qu'une déclaration de principes émanant d'une assemblée comme celle ci ? dans laquelle le propre de nos Congrès est d'allier, de mêler heureusement les éléments parlementaires et ceux qui représentent la vie locale, l'opinion populaire prise à sa source. N'est-ce donc rien, si nous parvenons à lui donner une voix, que cette manifestation collective d'une volonté qui n'est pas seulement celle de quelques élus, mais celle d'une masse considérable de la nation parlant ici directement et spontanément ? Le pays ne s'y trompera pas, croyez-le bien : Une adhésion bien claire et bien précise et un vote catégorique et impératif du Congrès dans le sens de la séparation, ce sera pour le pays un fait nouveau et un grand fait.

La séparation des Eglises et de l'Etat présente encore beaucoup de points obscurs, nuageux. embarrassants, et qui inquiètent, non pas seulement les adversaires mais même les amis de l'émancipation radicale de la démocratie française.

Rôle de la Religion dans l'État

(Idée ancienne)

Le seul point bien clair, c'est que le Concordat n'a plus de défenseurs, ou du moins la théorie sur laquelle reposait le concordat, car c'est bien d'une théorie de philosophie politique, c'est d'une question de principe qu'il s'agit entre partisans et adversaires de la séparation. Où sont donc les partisans de la thèse fondamentale du Concordat ? Cherchez-les dans la presse, cherchez-les dans le Parlement, cherchez-les dans ces enquêtes que les grands journaux ont publiées, vous ne trouverez plus pour la soutenir que des membres du clergé. Hors de l'Eglise, personne ne se lève plus pour vous dire : il est bon, il est utile, il est nécessaire qu'un pays ait une religion.

C'était là la pierre angulaire du Concordat de 1802 et de tous les Concordats. Lorsque Portalis, lorsque les conseillers de Napoléon, lorsque les hommes de la Restauration ont proposé sous des formes diverses le Concordat, c'est-à dire la reconnaissance officielle du culte comme service public ils étaient tous d'accord sur cette idée : un peuple qui n'a pas de religion est un peuple sauvage ; il faut une religion au peuple, la religion est et doit être une institution officielle, publique, nationale, indispensable à une nation civilisée.

C'est cette habitude de se représenter la religion comme un des organes nécessaires de l'Etat qui est à la base du Concordat.

Que cette conception traditionnelle fût admise sans hésitation même par les hommes de la Révolution, de nombreux et savants travaux l'ont prouvé. Je ne rappellerai que ceux de mon collègue et ami, M. Aulard.

Il est facile de comprendre que les Constituants, que les Conventionnels eux-mêmes, n'aient pu réagir contre une manière de voir accréditée.

Mesurez donc le changement qui s'est fait de 1802 à 1904 : C'est cette idée même, l'idée inspiratrice du Concordat, qui n'a plus de défenseurs. (*Bravo*.)

Sans doute, il y a encore des hommes éminents, éloquents, habiles, qui demandent le maintien du Concordat ; mais, à l'exception de quelques évêques et de quelques publicistes ultramontains qui avouent toujours leur rêve de domination universelle pour l'Eglise, tous ceux qui aujourd'hui soutiennent le Concordat et combattent la séparation, le font par des raisons bonnes ou mauvaises, mais tout à fait étrangères à l'antique notion qui faisait de la religion une chose publique, la première des choses publiques.

Rôle de la Religion dans l'État

(Idée nouvelle)

Tous admettent le principe nouveau, principe qui, il y a cent ans, n'était émis que par des utopistes d'extrême gauche. Et le voilà aujourd'hui tellement acclimaté chez nous qu'il n'a plus d'adversaire. C'est le principe que la religion n'est pas, ne peut pas être une chose publique, attendu qu'elle est chose individuelle entre toutes, chose de conscience.

Il n'est plus possible qu'il y ait un Dieu de la cité, précisément, parce qu'il faut que chaque citoyen puisse se faire son Dieu suivant sa conscience. Les deux idées sont incompatibles. S'il y a une religion nationale, ou des religions nationales, la loi doit les protéger. Et quiconque ne s'y soumet pas, quiconque les attaque, va contre la loi du pays S'il y a une religion nationale, il est naturel qu'elle veuille avoir son action sur tous les services publics, depuis l'école jusqu'à l'hospice.

Tout ce qu'elle peut accorder au dissident, c'est la tolérance, mais non pas la plénitude de la liberté de conscience, l'égalité parfaite devant la loi entre croyants et incroyants.

Relisez, Messieurs, les discours dont a retenti la tribune de la Chambre des Pairs pendant toute la Restauration, relisez les longs débats de la loi sur le sacrilège, vous verrez combien étaient logiques, combien conséquents avec leurs principes ceux qui disaient : « Puisque nous reconnaissons un Dieu, nous devons le faire respecter. L'athée, le sacrilège, le blasphémateur commet le plus grand des crimes. Pouvez-vous en douter? Si le fait d'avoir porté atteinte à la majesté royale, par exemple, est puni d'une peine terrible, de quel châtiment plus grave encore ne faudra-t-il pas frapper le crime de lèse-majesté divine? »

Ces doctrines ont disparu. C'est de l'histoire, non seulement ancienne, mais tellement oubliée que je suis obligé de l'exhumer, de la ressusciter en quelque sorte pour prendre corps à corps l'adversaire qui a disparu.

Il n'y a plus qu'une doctrine que nous comprenions tous, non seulement tous les républicains, mais tous les libéraux, c'est celle de l'absolue liberté de conscience, égale pour toutes les formes de la pensée religieuse ou irreligieuse, sans limites et sans réserve. Il n'existe plus trace d'un minimum de doctrine déiste, spiritualiste ou autre, que la nation ait le droit d'imposer, il n'existe plus inversement de doctrine que la nation ait le droit d'interdire comme attentatoire à la conscience publique.

L'égale et pleine liberté d'affirmer ou de nier est l'air même que nous respirons, nous n'en pouvons pas respirer d'autre. Et c'est ce qui fait la force de la séparation. C'est ce qui fait que la séparation est mûre. (*Applaudissements.*)

La séparation est-elle une loi de combat ?

Comment peut-elle, comment doit-elle s'accomplir? Voilà la seule question que nous ayons à résoudre. Et voici dans quel esprit votre Commission vous propose de répondre.

La séparation ne doit pas être envisagée comme un

épisode accidentel de la lutte séculaire de l'Etat contre l'Eglise. Ce n'est pas un acte fait *ab irato*. Je ne veux pas dire que nous n'ayons pas de motifs de colère, ils ne nous manqueraient pas si nous voulions nous souvenir du mal qu'ont fait toutes les institutions théocratiques. Nous serions excusables de prendre même les mesures de combat pour les empêcher de recommencer.

Mais tel n'est pas le sentiment qui nous inspire. La loi que nous proposons de faire n'est pas, dans notre pensée, une loi de combat. Ce n'est ni un acte de représailles, ni une menace, ni une revanche.

La séparation, telle que la Commission, unanime sur ce point — elle ne l'a pas été sur tous — vous la propose, n'est qu'une mesure normale, naturelle, logique, c'est l'accomplissement, l'achèvement rationnel de l'œuvre de laïcité de l'Etat.

Il faut le reconnaître en effet, et on peut le dire sans chauvinisme, nous sommes le seul pays qui ait entrepris dans toute sa rigueur la laïcisation absolue de tous les services publics, celle de l'Etat tout entier.

Nos pères de 1789 avaient bien entrevu le principe, mais, se heurtant à des traditions, à des souvenirs, à des institutions qu'ils ne pouvaient balayer d'un seul coup, ils n'ont pu énoncer cette vérité avec toute la netteté que, cent ans après, nous y pouvons apporter.

Aujourd'hui, nous sommes dans le monde, nous Français, les représentants de cette thèse, disons, si vous voulez, de ce paradoxe qu'un peuple peut vivre sans religion, qu'il peut, qu'il doit être, en tant que nation, exclusivement laïque, laïque dans ses actes publics, laïque dans sa vie nationale, laïque dans toutes ses institutions civiles et politiques.

Elle est le dernier terme de la laïcisation de l'Etat.

La troisième République, pour ne pas remonter au delà, poursuit depuis trente ans, en dépit de nombreux retours en arrière, les diverses applications et les sanctions successives de cette grande et neuve théorie de l'absolue laïcité de l'Etat.

Nous avons laïcisé tour à tour les administrations,

puis l'école publique, puis l'assistance publique, et, peu
à peu, nous effaçons de tous les services nationaux
tout ce qui a pu rester de l'influence religieuse, de
l'influence confessionnelle. C'est cette même idée qui
nous a amenés, sous l'impulsion un peu rude mais utile
et bienfaisante du citoyen Combes, à cette loi qui, il y
a quelques années, nous eût paru incroyable, impossible, à la suppression de l'enseignement congréganiste :
la France ne reconnaît plus le droit d'enseigner à
aucune congrégation présente ou à venir. (*Vifs applaudissements.*)

Pourquoi nous sommes-nous sentis unis dans cette
pensée ? C'est que nous sommes, dans ce pays, les pro-
pagateurs, les propugnateurs d'un programme politique qui peut se définir ainsi : constituer un peuple qui
ne désespère pas de réaliser par lui-même, par la seule
force et à la seule lumière de la raison toutes les réformes, toutes les améliorations d'ordre matériel, d'ordre
intellectuel ou d'ordre moral nécessaires aux progrès
de la société humaine, en d'autres termes, tirer de la
nature humaine toute seule tous les principes d'organisation d'une société où règne la justice, sans avoir
besoin de demander à une autorité extérieure les bases
d'un nouveau décalogue. (*Applaudissements prolongés.*)

Telle est la vieille tradition nationale et républicaine.
Nous y sommes en plein, et nous avons le droit de le
dire au pays. Qu'on nous appelle Jacobins, s'il plaît à
nos adversaires d'employer ce mot pour désigner les
démocrates conséquents, les républicains radicaux et
radicaux-socialistes.

Qu'on nous appelle sectaires, comme si c'était avoir
l'esprit de secte que d'avoir l'esprit de suite. Nous
sommes tout simplement des Français qui suivent la
marche de l'esprit français, des républicains qui suivent la république jusqu'au bout de son évolution
naturelle, des Français et des républicains qui, forts
et fiers des progrès de la veille, demandent à la nation
de leur donner un lendemain. (*Nouveaux applaudissements*).

Le lendemain des laïcisations que ce pays a faites,
c'est la séparation de l'Eglise et de l'Etat.

La séparation c'est la paix

Mesure exceptionnelle, dites-vous, rupture grave avec le passé, élan de passion populaire? Non. C'est bien moins et bien plus que cela : C'est un essai d'organisation définitive du régime qui était logiquement contenu dans les prémisses de la Révolution française, que la seconde République n'a pu qu'entrevoir et que la troisième peut traduire en réalités. (*Assentiment unanime et applaudissements*).

Voilà pourquoi nous vous demandons d'aborder ce problème sans passion, sans fièvre, avec le seul parti pris de le résoudre clairement et méthodiquement.

Le pays attend de nous que nous lui disions ce qu'est la séparation, en quoi elle consiste, pourquoi et comment nous la voulons, quels en sont les principes, quelles en seront les conséquences.

Principes directeurs de la séparation

C'est pour répondre avec sang-froid à ces questions complexes que votre commission m'a chargé de vous présenter une suite de propositions très brèves, mais très étudiées qui diraient en substance comment le parti radical et radical-socialiste entend la séparation?

Comme nous sommes tous fixés sur le fond des idées, le plus simple est, semble-t-il, que je donne lecture de cette déclaration de principes. Je ne prétends pas que le Congrès puisse reprendre et discuter l'un après l'autre tous les termes de cette rédaction. Il est d'usage qu'une déclaration de principes exprime un ensemble de vues dont l'assemblée s'inspire si elle en approuve la tendance générale. A la suite de cet exposé, je lirai trois propositions qui en résument les conclusions : celles-là pourraient donner lieu, si on le veut, à un vote distinct.

Notre déclaration de principes se compose d'énoncés presque théoriques, d'un caractère nécessairement abstrait et général. Je répète que par la force des choses nous avons dû renoncer à les rédiger en forme d'articles de loi. Veuillez donc les prendre ainsi que nous vous les offrons comme un texte destiné à indiquer la direction, et si vous me permettez cette image, l'orientation, que notre parti voudrait donner aux travaux du législateur et au mouvement de l'opinion publique.

« *Le Congrès, considérant que la séparation des Eglises et de l'Etat est une réforme organique qui doit se faire en pleine lumière, dans un esprit d'équité, de paix et de liberté, avec l'assentiment unanime des républicains.*

« *Considérant que les principales ou les seules raisons de l'opposition que rencontre cette réforme viennent de l'incertitude qui existe encore sur les caractères qu'elle doit avoir et sur les conséquences qu'elle entraînera,*

« *Décide de fixer par les déclarations ci-dessous et dans un sens général les principes dont le parti s'inspire pour réclamer la séparation ainsi que la manière dont il en conçoit l'application.* »

1º Qu'est-ce que la séparation des Eglises et de l'Etat?

La loi portant séparation des Eglises et de l'Etat ne doit pas être envisagée comme une loi de combat, c'est l'organisation définitive d'un régime nouveau qui est le seul normal pour une démocratie. (Très bien, très bien!) Ce régime substitue à un partage d'autorité entre deux pouvoirs rivaux, la distinction entre deux fonctions qui n'ont pas lieu de se heurter, la fonction de l'Etat qui représente la souveraineté nationale, et la fonction des associations religieuses qui représente une des formes du droit de toute personne humaine à la liberté de ses opinions et de leur manifestation (Très bien! très bien!) Aucune de ces deux forces constitutives d'un peuple libre ne peut être sacrifiée à l'autre.

D'une part, il faut que l'Etat soit complètement indépendant de tout lien avec les idées et les pratiques religieuses. Pouvoir exclusivement civil, puisqu'il n'est que la nation se gouvernant elle-même et elle

4

seule, l'Etat est nécessairement laïque ; il ne doit à une église, pas plus qu'à toute autre association, ni soumission, ni adhésion, ni complaisance d'aucune sorte, ni a fortiori contribution sur les deniers publics.

D'autre part, l'opinion religieuse comme toute autre opinion est une expression non privilégiée, mais légitime, de l'esprit humain. Elle a le droit de s'énoncer, de s'affirmer, d'organiser son action au sein de la société, sans autre limite que le respect des lois qui garantissent le même droit à l'opinion contraire.

« Il existe donc entre l'Etat et les Eglises exactement le même rapport qu'entre le droit de la nation à la souveraineté et le droit de chacun de ses membres à la liberté de conscience ; l'un des deux n'excluant pas l'autre.

« La séparation n'est autre chose que la laïcité appliquée intégralement à l'Etat tout entier, comme elle l'est déjà en France à tous les services d'Etat. Le pays qui a soigneusement affranchi de toute influence religieuse ses divers services publics : administration, justice, instruction, assistance, ne peut pas ensuite, sans contradiction, reconnaître dans la religion un service public. Si la nation a voulu que tous ses établissements soient exclusivement laïques, c'est qu'elle l'est elle-même, c'est que, légalement et officiellement, la nation n'a ni Dieu ni maître. (Applaudissements répétés).

2o Dans quelles conditions doit se faire la séparation ?

« Ainsi définie quant à son principe, la séparation doit être réalisée dans les conditions que détermine la double formule suivante : d'une part, assurer aux Eglises toute liberté, mais rien que la liberté, d'autre part, assurer à l'Etat toute l'autorité civile, mais rien que l'autorité civile.

« *Toutes les opinions étant libres et leur manifestation licite, les associations religieuses, pas plus que les autres, ne doivent rencontrer aucun obstacle dans les lois de l'Etat. Mais si, de l'exercice de ce droit elles passent à l'organisation artificielle de moyens d'action abusifs tendant à leur créer une situation privilégiée et oppressive, c'est le droit et c'est le devoir de l'Etat de s'y opposer tant comme défenseur de la société laïque que comme défenseur de la liberté de la personne humaine quand celle-ci ne peut se défendre elle-même.* (Très bien ! très bien !)

« *Chargé, en particulier, de représenter au sein de la société laïque les droits de la raison, l'Etat ne peut renoncer sous aucun prétexte, même sous prétexte de neutralité, à les exprimer énergiquement dans l'enseignement à tous ses degrés, à l'encontre des prétentions de tous les dogmatismes autoritaires.* (Très bien ! très bien !)

« *Mais, sans abandonner sa fonction éducatrice, l'Etat s'abstient de toute immixtion dans la vie intérieure des associations religieuses; il ne limite leur liberté qu'au point précis où elle entreprendrait sur la liberté d'autrui. Il y aurait usurpation si l'Eglise, sous prétexte d'enseignement religieux, venait à s'emparer de tous les autres enseignements ; il y aurait usurpation si l'Etat, sous prétexte de donner les autres enseignements, venait à interdire l'enseignement religieux. Il n'appartient ni à l'Eglise de faire de la politique ni à l'Etat de faire de la théologie.* (Très bien ! très bien !)

« *En cas de conflit, le seul juge est la nation, c'est elle qui reconnaît à la fois l'inviolabilité de la conscience individuelle et la souveraineté nationale, c'est elle qui, par le régime de la séparation, garantit également ce double droit, base de toute démocratie.* (Applaudissements).

3º Quelles ? sont les mesures de transition que comporte le passage de l'ancien régime au nouveau ?

« Deux écueils sont à éviter, l'un de brusquer l'opération, ce qui ne permettrait pas de la faire comprendre et accepter par le pays, l'autre au contraire de donner à la transition les allures d'une transaction, ce qui empêcherait le pays de se faire une idée nette de la transformation radicale accomplie.

Il faut que l'installation du régime de la séparation donne immédiatement l'impression de l'entrée en vigueur d'un nouvel état de choses et non pas d'une série de demi-mesures laissant place à des retours en arrière.

Pour cela il faut que les dispositions concernant soit les personnes, soit les choses s'inspirent expressément du droit nouveau affirmé dans sa force et sa clarté et que les mesures de transition n'apparaissent que comme des actes d'équité donnant satisfaction, sinon à des droits acquis, du moins à des nécessités matérielles et morales résultant de l'ancienne législation et que la nouvelle ne peut supprimer instantanément.

« En ce qui concerne les personnes, la loi disposera qu'il sera accordé aux prêtres âgés ou infirmes une pension viagère à titre alimentaire.

En ce qui concerne les édifices servant au culte, la loi statuera qu'en principe l'Etat ou les communes propriétaires auront la libre disposition de ces édifices, et, sans pouvoir les aliéner, pourront les mettre à la disposition des diverses associations qui se fonderont. Toutefois, pour ne pas interrompre par la force l'exercice du culte, là où il n'existera qu'un seul local affecté au culte, cette affectation sera maintenue provisoirement et le local laissé à la disposition de l'association religieuse dans des conditions et sous des réserves que la loi déterminera.

En ce qui concerne la liquidation des biens, meu-

bles et immeubles appartenant aux fabriques, consistoires, etc., la loi s'en tiendra aux règles du droit commun sur la matière.

En ce qui concerne enfin les ressources que pourront se créer les associations religieuses, la loi comprendra des dispositions sur la police des cultes, s'opposant efficacement soit au rétablissement des biens de mainmorte, soit à la constitution clandestine des comités politiques déguisés sous des apparences cultuelles.

4° Quelle doit être la ligne de conduite du parti à l'égard de la séparation ?

La question de la séparation est mûre : telle est la conviction que le parti doit faire partager au pays.

Non seulement elle peut être immédiatement résolue, mais il faut qu'elle le soit. L'ajournement trahirait une hésitation que les ennemis de la République exploiteraient comme une défaillance.

Le régime du Concordat n'est plus défendu en principe. Ceux mêmes qui en proposent le maintien allèguent surtout l'inquiétude de l'esprit public mal informé de ce que sera le régime nouveau.

C'est à nous d'éclairer l'esprit public. Le Parti doit opposer au tableau des persécutions annoncées l'exposé véritable du régime sur la liberté des cultes sans privilèges officiels.

Pour faire ainsi la lumière il n'est pas nécessaire et il serait dangereux d'ajourner la séparation après les élections générales. Ce serait, en effet, inviter le pays à se prononcer sur une équivoque, sur un mot susceptible de tous les sens. Il faut faire voter en connaissance de cause et pour cela le mettre en présence du texte de loi précis et complet qui lui fera reconnaître dans la séparation les solutions rationnelles du problème des relations entre les droits de l'Etat et ceux de la conscience.

Voilà, messieurs, la partie que j'appelais tout à l'heure théorique et spéculative. Je n'ai pas besoin de dire qu'en particulier sur les mesures de transition — dont nous ne voulons pas faire des mesures de transactions — la discussion au sein de la commission a été très vive. Nous marchions à travers les épines, ou plutôt autant de mots autant d'épines. Je n'apprendrai rien à personne en convenant que personne n'en est tout à fait content, ni la majorité ni la minorité, ni votre rapporteur qui a essayé de résumer l'opinion moyenne ; c'est le propre de toutes les mesures de transition de constituer une sorte d'entre-deux qui ne satisfait personne, mais auquel tous se résignent comme à une contingence qu'il faut traverser.

Reproduire ici le détail des discussions intérieures de la commission, ce serait une tâche inutile. Nous ne faisons nul mystère des difficultés que nous avons rencontrées à nous mettre absolument d'accord. Nous n'y sommes parvenus que par un effort de raison et en suivant cette règle : ne pas mettre dans notre texte tout ce que la majorité aurait voulu pouvoir y insérer, mais n'y rien mettre que majorité et minorité ne puissent consciencieusement accepter, chacun de nous gardant son droit d'y ajouter pour sa part les développements qu'il juge nécessaires.

Voici maintenant les résolutions fermes sur lesquelles nous demandons le vote, ferme aussi, de l'assemblée. Elles représentent l'ensemble des conclusions sur lesquelles nous nous sommes trouvés, après discussion, unanimement d'accord. Notre espoir et notre récompense ce serait qu'elles obtinssent du Congrès tout entier la même unanimité (*Applaudissements*).

Résolutions du Congrès

En s'inspirant des principes généraux ci-dessous énoncés,

Le Congrès

se prononce à l'unanimité en faveur de la séparation des Eglises et de l'Etat. Et, sans arrêter aucun texte législatif, tâche qui n'est pas la sienne, accepte comme base de discussion le projet Briand, sous réserve qu'au lieu d'ajourner la solution au terme d'une période de dix ans, la loi réglera dès à présent, par des dispositions définitives dans le sens des droits imprescriptibles de la société laïque, les conditions d'usage des édifices cultuels, en prenant simplement des mesures provisoires pour que l'établissement du régime nouveau n'entraîne pas dans certaines communes l'interruption forcée du culte, par le retrait ou le refus des seuls locaux disponibles à cet effet.

« Le Congrès émet, en outre, le vœu que la question de la séparation ne soit pas renvoyée après les élections générales, mais que la majorité parlementaire fasse en sorte de la résoudre auparavant : qu'elle fasse, d'ailleurs, dénoncer dès à présent le Concordat et supprimer l'ambassade du Vatican. (Applaudissements)

« Enfin, le Congrès adresse un pressant appel à la presse républicaine pour que, tenant tête à la presse réactionnaire, elle s'applique, par une incessante et vigoureuse propagande de publications populaires, à faire voir enfin aux populations ce qu'est véritablement la séparation, c'est-à-dire l'achèvement pacifique de la laïcisation de la démocratie française. »

(Triple salve d'applaudissements; acclamations et bravos répétés et prolongés. Cris : « Vive Buisson ! Vive la République !)

M. LE PRÉSIDENT. — Vos longues acclamations disent suffisamment quel plaisir l'assemblée a éprouvé à entendre, sous cette forme vive et claire, le rapport de notre éminent collègue. Je le remercie en votre nom de son remarquable exposé et je vous demande d'en voter les conclusions à l'unanimité.

Les conclusions du rapport, mises aux voix, sont adoptées à l'unanimité. (*Applaudissements et bravos.*)

Sur la proposition de M. Ruau, le Congrès, à l'unanimité, décide l'impression et le tirage à part, pour la propagande, du rapport de M. F. Buisson.

Discours de M. Delpech.

Suppression de l'ambassade du Vatican. — Laïcisation des colonies.

M. Delpech. — Les républicains sincères et logiques sont enfin unanimes à déclarer que la séparation s'impose, qu'elle est inévitable et qu'elle doit être immédiate. Mais il est bon que nous rappelions, dans cette assemblée de radicaux et de radicaux-socialistes, que si nous en sommes arrivés là, ce résultat si longtemps poursuivi est dû à notre persevérante obstination. Les républicains de mon âge savent quels obstacles ils ont eu à surmonter. Pendant de longues années des citoyens qui étaient républicains mais des républicains trop timorés, nous ont vivement reproché de jeter le trouble dans les esprits en réclamant une réforme prématurée. Si nous sommes arrivés au résultat constaté, c'est aux républicains de notre tempérament, aux radicaux et aux radicaux-socialistes qu'on le doit : la séparation a toujours figuré en tête de nos programmes comme réforme primordiale, conséquence nécessaire des principes fondamentaux de la République.

Si nous avons obtenu le succès, nous avons le droit d'en revendiquer l'honneur devant le pays. Je tenais à faire cette constatation. (*Applaudissements.*)

Il ne faut pas oublier — le citoyen Buisson l'a signalé discrètement à la fin de son rapport — que la séparation des Eglises et de l'Etat une fois accomplie, reste la question de la suppression de l'ambassade au Vatican et la laïcisation dans les colonies. Vous n'ignorez pas que, à ce sujet, il y a des divergences profondes au sein du gouvernement. Il est des ministres — nous en connaissons — qui sont manifestement hostiles à la suppression des relations diplomatiques entre la République française et le Vatican. Il y a eu à cette occasion des luttes très vives au sein du Cabinet, l'accord n'y est pas encore fait, l'unité de vues n'y existe pas. Pour assurer le triomphe complet de la politique de M. Combes qui est la nôtre, nous vous demandons de donner à vos amis du Parlement des indications très nettes avec l'autorité dévolue aux délégués de la démocratie française. (*Applaudissements.*)

Ces questions ne doivent pas être séparées, elles sont connexes et forment un tout indissoluble. La séparation des Églises et de l'État doit s'opérer non seulement à l'intérieur, mais à l'extérieur, dans tout le domaine de l'État, même dans ces régions d'Orient où, par une anomalie et une contradiction singulières, la démocratie française, libérée chez elle, continue à donner des subventions aux Jésuites de Beyrouth, d'Alexandrie et du Caire. (*Très bien ! très bien !.*)

Nous avons ici des représentants de l'Indo-Chine ; ils peuvent nous dire de quelles faveurs scandaleuses, de quel crédit jouissent les Frères des écoles chrétiennes et autres congréganistes dans la France d'Extrême-Orient. Ils inspirent même des craintes à certains gouverneurs. Il est temps de mettre un terme à cette situation peu honorable pour notre gouvernement. (*Applaudissements.*)

Vous estimerez avec moi, citoyens, **que** toutes ces questions se tiennent et, qu'en vous prononçant comme vous venez de le faire, sur la séparation des Églises et de l'État, vous entendez manifester énergiquement votre volonté d'en finir avec une politique faite de contradictions et d'équivoques. (*Très bien ! très bien !*)

Vous affirmerez que la libération laïque doit être opérée en Orient et en Extrême-Orient comme en Occident.

Enfin il vous appartient d'exprimer le désir que la solution des questions économiques, en premier lieu les retraites ouvrières soit poursuivie parallèlement avec la question de la séparation de l'État et de l'Église. (*Applaudissements répétés.*)

Vœux

M. LE PRÉSIDENT. — J'ai reçu de M. Joubert-Peyrot, conseiller d'arrondissement de la Haute-Loire, un vœu ainsi conçu :

« *Le Congrès émet le vœu que les prêtres âgés ou infirmes ne puissent être l'objet d'aucune faveur et d'aucun privilège différent des autres classes déshéritées de la société, notamment en ce qui concerne l'attribution ou l'allocation de pensions alimentaires.* »

(Le vœu est renvoyé à la Commission d'études du Comité exécutif).

M. le Président. — J'ai reçu de M. Malvy, conseiller général du Lot, la motion suivante :

« Le Congrès exprime le désir que ce grand acte de libération des consciences ait pour conséquence une œuvre démocratique et invite le Gouvernement à affecter les économies réalisées par la suppression du budget des cultes au dégrèvement de l'impôt foncier et à l'amélioration du sort des populations rurales. »

(Le vœu est renvoyé au Comité exécutif).

(La séance, suspendue à 5 heures et demie, est reprise à 6 heures moins un quart).

M. le Président. — La parole est au citoyen Bonnet, au nom de la Commission de propagande et de tactique.

Motions relatives à la Séparation des Eglises et de l'Etat

M. Louis Bonnet. — Citoyens, nous avons tous applaudi le remarquable discours du citoyen Buisson. Nous avons adopté à l'unanimité le principe de la séparation des Eglises et de l'Etat. Votre Commission de propagande et de tactique a estimé qu'il y avait lieu de donner une suite logique et pratique à nos résolutions.

Si l'on veut sérieusement la séparation, il faut que la discussion commence au Parlement à l'ouverture de la session de janvier. Dans ces conditions votre Commission vous propose une motion sur laquelle vous êtes, d'avance, unanimes et qui est ainsi conçue :

« Le Congrès du Parti républicain radical et radical socialiste siégeant à Toulouse, considérant que le Congrès s'est prononcé à l'unanimité pour la séparation des Eglises et de l'Etat et qu'il est nécessaire de la faire discuter dans le plus bref délai possible si l'on veut aboutir avant la fin de la législature, invite le bureau du Comité exécutif à faire toutes les démarches utiles afin que le débat sur la séparation commence à la Chambre à l'ouverture de la session de janvier. »

(La motion mise aux voix est adoptée).

M. Louis Bonnet. — Vous avez tous décidé aujourd'hui, comme vous l'aviez fait à Paris en 1901, à Lyon en 1902, à Marseille en 1903, qu'il fallait faire la séparation et vous venez de décider à l'instant même qu'elle était indispensable dans le plus bref délai. Il ne s'agit pas de prononcer d'anathème contre qui que ce soit ni d'élever d'avance une suspicion contre ceux qui ne voteraient pas la séparation ; mais au point de vue de la tactique, il faut dégager votre sentiment ; il faut que les élus du parti radical et radical-socialiste sachent bien que le Congrès, c'est-à-dire l'assemblée plénière et souveraine du parti, s'étant prononcé sur la sépara-tion, on ne pourrait réellement pas être un représen-tant radical et radical-socialiste si sur cette question on se séparait de nous. (*Applaudissements*).

C'est ce qu'il convient de traduire dans une motion.

En second lieu, il y a des députés républicains non adhérents à notre parti, soit à notre gauche, soit à notre droite. Ils faut qu'ils sachent bien quelles sont nos intentions et nos volontés Je ne veux pas citer de noms ; mais il y a des députés républicains qui font le calcul suivant : Dans ma circonscription je suis l'élu des républicains ; mais j'ai environ 1.000 à 1.500 élec-teurs modérés et 7 à 8.000 radicaux et radicaux socia-listes. Si je vote la séparation, je risque de m'aliéner les modérés. Ce député ne songe pas qu'à côté de ce millier de modérés il y a 7 à 8 fois plus de radicaux-socialistes et que si, pour des motifs tout à faits loua-bles, en présence d'une candidature réactionnaire par exemple, les radicaux et radicaux-socialistes ont fait momentanément abstraction de leurs préférences, il leur est impossible dans une circonstance aussi grave d'abdiquer les principes essentiels de leur programme et ils ne pourraient plus à l'avenir accorder leurs voix à ces députés. (*Applaudissements*).

Ne vous y trompez pas, citoyens ; en même temps que vous avez à trancher une question primordiale pour notre parti, vous jouez le sort du cabinet. Le ca-binet est résolu à poser la question de confiance sur la séparation. Il s'agit de faire effort non pas sur notre parti, mais sur ceux qui s'en rapprochent pour obtenir une majorité qui vote la séparation. (*Très bien !*)

Ce sont ces intentions que nous exprimons dans le texte suivant que j'ai l'honneur de vous proposer. au nom de la commission de la propagande et de la tac-tique.

« *Le Congrès du parti radical et radical-socialiste, siégeant à Toulouse, considérant que les Congrès de Paris, de Lyon et de Marseille ont voté la séparation des Eglises et de l'Etat, décide :*

« *Art. 1er. — En votant contre la séparation, lorsqu'elle viendra en discution au Parlement, les députés et les sénateurs s'éloigneront et s'excluront eux-mêmes du parti radical et radical-socialiste.*

« *Art. 2. — Les électeurs radicaux et radicaux-socialistes auront le devoir de leur refuser leurs suffrages et de leur opposer des concurrents.* »

C'est dire qu'unanimes sur le principe, nous devons l'être sur les moyens. Nous ne pouvons pas être partisans de la séparation si nous sommes résolus à voter pour ceux qui la repoussent. Le Congrès doit être logique et ne pas s'exposer au reproche, qu'on a quelquefois adressé à des républicains, qui se disaient séparatistes dans leur circonscription, mais qui ne l'étaient plus à la Chambre. Il faut que l'unanimité des députés du bloc se retrouve sur la question de la séparation. Ainsi vous maintiendrez en fonctions le cabinet, qui posera la question de confiance sur ce point et à qui vous donnerez la force nécessaire pour faire la séparation ; si bien qu'avant la fin de la législature la question sera tranchée ; et aux élections de 1906, vous arriverez devant les électeurs, ayant fait aboutir le projet. Voilà le but de cette seconde motion. (*Très bien*).

(La motion, mise aux voix, est adoptée).

RÈGLEMENT

M. QUÉROY, *rapporteur*. — Votre commission m'a donné ce matin le mandat de rapporter à la séance de ce soir exclusivement les 11 premiers articles, qui ont fait l'objet de ses délibérations.

Deux articles seulement ont été modifiés par votre commission. C'est d'abord l'article premier. Cet article ne comporte qu'un changement de texte de pure forme ; vous l'adopterez sans aucun doute.

Votre commission a estimé qu'il fallait supprimer les mots « de Paris, de Lyon, etc... » après le mot « congrès » ; supprimer également les dates et dire purement et simplement « aux congrès annuels du parti » pour ne pas avoir à ajouter chaque année un nom à l'énumération. (Adopté).

M. Cazassus. — Je demande une autre modification à cet article.

Vous savez qu'il existe deux catégories de délégués : les délégués des comités et des groupements et les délégués de droit. Je demande que les maires et adjoints soient délégués de droit, au même titre que les sénateurs, députés, conseillers généraux et conseillers d'arrondissement. Je ne vois pas quelle objection on pourrait faire à ma proposition qui me paraît logique.

M, Quéroy, *rapporteur*. — La commission estime, et le Congrès estimera avec elle, qu'il y a déjà trop de délégués de droit. Par conséquent, il est complètement inutile d'en étendre le nombre. La commission maintient purement et simplement son texte.

M. Mouflier demande que l'on remplace dans le texte l'expression « municipalités » par les mots « conseils municipaux ».

La Commission accepte la modification.

M. Cazassus insistant pour sa proposition, M. Eugène Réveillaud la combat et la Commission la repousse.

Mise aux voix, la proposition est rejetée.

M. Cazassus propose alors la suppression de toutes les délégations de droit.

La motion est repoussée.

L'ensemble de l'article premier est adopté.

Les articles 2, 3, 4, 5, sont adoptés sans changement

Sur l'article 6, M. Bepmale a la parole.

M. Bepmale. — En mon nom personnel et au nom d'un très grand nombre de mes amis de la Haute-Garonne, de l'Ariège et des Hautes-Pyrénées, j'ai demandé hier à la commission du règlement la modification de cet article. Après une assez longue discussion, cette modification a été repoussée. Ce que la commission n'a pas voulu m'accorder, je viens demander au Congrès de le faire. Voici de quoi il est question : c'est l'organisation même du Comité qui est mise en cause. Il est bon à cet égard de vous expliquer comment fonctionne le Comité exécutif.

Il compte deux délégués par 200.000 habitants ou fraction de 200.000. Au Congrès de Lyon, la proportion était moindre ; c'était un délégué par 200.000 habitants

L'année dernière, sans qu'aucune discussion soit intervenue... (*Interruptions*), sans qu'aucune discussion, dis-je, soit intervenue en séance publique...

M. Emile MORLOT. — Pardon, j'ai contesté le chiffre.

M. BEPMALE. — Notre collègue Morlot déclare qu'il avait soulevé une discussion et que sa proposition a été rejetée. Mais, vous allez le voir, il importe peu qu'il y ait eu ou non discussion. Ce qui est certain, c'est que l'on a élevé le nombre des délégués à 2 par 200.000.

La conséquence en est que le Comité exécutif est composé de 475 membres. C'est-à-dire que si les membres du Comité exécutif se rendaient aux réunions, ce serait une assemblée beaucoup plus nombreuse que ne l'est ce Congrès à l'heure où je parle. D'ailleurs, le Comité exécutif siège dans une salle qui est comble dès qu'on est 80.

M. Gustave LEFÈVRE. — Vous n'y êtes jamais venu. Vous ne savez pas comment elle est.

M. BEPMALE. — J'y suis allé deux fois. (*Interruptions*).
Citoyens, vous voyez les protestations des délégués de Paris. C'est là que je veux en venir. (*Applaudissements sur divers bancs*).

M. Gustave LEFÈVRE. — C'est scandaleux de parler ainsi !

M. BEPMALE. — Alors, citoyens, voici comment, dans la pratique, les choses se passent au Comité exécutif. Le département de la Seine a 38 représentants.

Une voix. — C'est son droit.

M. BEPMALE. — Il y a en plus, délégués par les départements — nous verrons tout à l'heure comment ces délégations se font et comment elles sont proportionnelles — 58 Parisiens habitant Paris. Il en est qui représentent en même temps deux départements.

Et alors, citoyens, vous voyez dans quelles conditions fonctionne le Comité. Vous, représentants des provinces, vous ne pouvez pas aller à Paris aux séances du Comité exécutif...

Voix diverses. — Mais si ! Et les parlementaires ?

M. BEPMALE. — Je vous prierai de ne pas m'interpeller avec tant de véhémence. Vous m'obligeriez à mettre moi-même plus de violence dans mes paroles.

M. le Président. — Citoyens, la liberté de la parole sera assurée. C'est en interrompant que vous pourriez irriter les débats.

M. Bepmale. — Je répète que les représentants des départements éloignés de Paris ne peuvent pas se rendre aux séances du Comité exécutif. En réalité le Comité est entre les mains d'une représentation exclusivement parisienne. Et vous voyez, citoyens, comment les choses se passent. Lorsqu'on organise un Congrès, on arrive avec une masse considérable de questions sur lesquelles des rapports ont été préparés d'avance; et si nous voulons sur un point quelconque élever une discussion, si minime soit elle, on s'insurge immédiatement contre notre prétention.

Je dois vous signaler d'autre part ce fait bizarre que des départements, qui n'ont pas de représentants radicaux, ni comme députés, ni comme conseillers généraux, ni comme sénateurs, se trouvent représentés au Congrès par un nombre de délégués égal à celui des départements les plus républicains. Pour citer des noms et des faits, le département du Calvados, qui n'a pas un député ni un sénateur républicain, a au Comité exécutif un nombre de représentants égal à celui des représentants de la Haute-Garonne, qui a une représentation entièrement républicaine.

Une voix. — Il y a plus d'ouvrage à faire au Calvados qu'ici.

M. Bepmale. — Le département du Finistère est dans le même cas que le Calvados. Et cependant il s'est trouvé, par je ne sais quel phénomène, que l'on a choisi pour représenter ce département des délégués qui remplissent au Comité exécutif le rôle de représentants du département du Finistère.

Il nous a paru, à mes amis et à moi, qu'il fallait établir une proportion entre le nombre des voix radicales obtenues par les candidats dans les départements et le nombre de représentants au Comité exécutif. Il nous a paru ensuite qu'il fallait diminuer le nombre des délégués au Comité exécutif, qu'un Comité d'exécution ne pouvait pas être aussi nombreux, et j'ajoute qu'il nous a semblé excessif, alors que toutes les forces vives du parti radical et radical-socialiste sont dans la région du Midi et du Sud-Ouest, alors que nous fournissons une très forte proportion de députés et sénateurs radicaux et radicaux socialistes, il nous a paru excessif de n'avoir pas au Comité exécutif une part proportionnelle à nos forces démocratiques. Cela nous a paru d'autant plus excessif, citoyens, que dans ce pays il y a longtemps que nous luttons pour la République, et nous avons lutté sans défaillance, nous n'avons jamais été envahis par la lèpre boulangiste et par la lèpre nationaliste. (*Vifs applaudissements sur un certaiu nombre de bancs*). Nous avons résisté et nous n'avons jamais appelé au secours.

Du reste, si nous avions eu besoin de secours, nous aurions été bien embarrassés. On ne nous a jamais offert, on n'est jamais venu nous offrir aide et protection.

M. Féron. — Vous n'en aviez pas besoin, vous venez de le dire.

M Bepmale. — Je reconnais qu'heureusement pour nous, nous n'en avons pas eu besoin.

Mais vous reconnaîtrez avec moi aussi que vous avez dans les Conseils une part hors de proportion avec votre représentation numérique, avec les voix que vous groupez sur les candidats républicains. Et je dis qu'il y a là pour nous un péril grave. D'après les articles du règlement sur la discipline du parti, le Comité exécutif a pour mission d'être le régulateur, l'arbitre entre les diverses fractions du parti républicain et d'intervenir dans les conflits qui peuvent s'élever lors des élections. Quelle autorité voulez-vous qu'il ait, s'il est composé de gens qui n'ont avec la province, dont ils parlent avec un certain dédain..... (*Vives exclamations et bruit*).

M. le Président. — C'est toujours la même chose ! Pour la province, Paris, voilà l'ennemi ! Citoyens, je vous engage à apporter de la modération dans la forme de vos protestations. Il ne faut pas opposer des Français à des Français. Nous sommes en France et si les droits de la province ne sont pas suffisamment respectés, j'aime à croire que les Parisiens eux-mêmes ne nous excluront pas de la France et nous feront la part qu'il nous revient. Mais j'estime qu'il serait très mauvais de faire dégénérer en luttes de province ou de clocher les discussions d'un Congrès où la concorde, l'amitié, la communauté de sentiments et d'opinions politiques doivent nous unir tous fraternellement. La France a été unifiée par la Révolution et ce n'est pas un Congrès républicain qui la morcellera. (*Applaudissements*).

Néanmoins, il est bien entendu que nous sommes fondés à défendre les droits de la province lorsqu'il apparaît à un de ses représentants que la part qui lui revient ne lui a pas été attribuée. Je vous demande d'écouter le citoyen Bepmale comme nous écouterons les observations qui seront faites en réponse.

M. Bepmale. — Je n'ai pas l'intention d'opposer le nord au midi ou le midi au nord...

Plusieurs voix. — Vous l'avez fait.

M. Bepmale. — ... mais d'opposer la province à Paris, cela se fait par la force des choses et il est difficile d'exposer comment fonctionne le Comité exécutif sans signaler cette opposition latente et qui se manifeste bien souvent entre Paris et la province. (*Exclamations en sens divers*).

Un Délégué. — Nous demandons à M. Bepmale de préciser des faits : Il n'est pas possible de porter des accusations pareilles ! Un tel langage est scandaleux.

M. Bepmale. — Citoyens, on me dit de préciser des faits : Lorsqu'au Comité exécutif on procède au renouvellement du bureau, il est d'usage, — c'est pour cela qu'y étant allé une fois, je n'y suis pas revenu, — que l'on distribue aux délégués qui arrivent pour procéder à un vote, des bulletins imprimés ; de telle sorte que d'avance, dans un petit Comité, dans un petit coin, et je me suis laissé dire que c'était à la Fédération de la Seine...

M. Falot. — Cela ne se fait plus. (*Applaudissements ironiques sur un certain nombre de bancs*).

M. Lucien Le Foyer. — Les réunions officieuses et préparatoires étaient absolument publiques.

M. Bepmale. — Je retiens l'aveu et je n'insiste pas. Mais je dis : Prenez garde ! Vous avez tout à l'heure émis un vœu en faveur du scrutin de liste. Si le Parlement le vote, le Comité exécutif pourra jouer un rôle dans la désignation des délégués pour les départements. Il revendiquera le droit d'intervenir dans cette désignation. Prenez garde ! Si vous n'avez pas au Comité une représentation proportionnelle à votre force, vous serez vaincus.

M. Lucien Le Foyer. — Ce jour-là, vous y viendrez.

M. Bepmale. — En conséquence, j'ai l'honneur de proposer la rédaction suivante :

« Les membres du Comité exécutif seront élus pour un an par le Congrès, sur la désignation des délégués de chaque département, à raison de un délégué par 30.000 voix radicales ou radicales-socialistes obtenues aux élections législatives dernières ».

M. le Président. — La parole est à M. Janet, au nom du Comité exécutif.

M. Léon Janet, *vice-président du Comité exécutif*. — Je n'ai pas l'intention d'entrer dans le détail des questions qui viennent d'être soulevées par le citoyen Bepmale, mais il m'est impossible, à défaut de voix plus autorisée que la mienne, de laisser passer sans protestation ce qui vient d'être articulé contre le Comité exécutif. Le président, M. Maurice Faure, est absent, le vice-président qui le remplaçait, M. Gouzy, est absent aussi.

M. Steeg. — Ce ne sont pas des Parisiens !

M. Léon Janet. — Je ne puis pas ne pas m'élever en leur nom et au nom du bureau du Comité contre ce qui vient d'être dit. On a prétendu que dans le Comité exécutif la prédominance absolue est assurée à Paris. Vous permettrez à un provincial de contester absolument cette assertion. (*Vifs applaudissements sur de nombreux bancs*).

Ce ne seraient pas seulement des contestations en l'air qu'on pourrait apporter ici ; mais il suffirait de consulter la liste des bureaux successifs que le Comité exécutif a nommés. Si je me borne à citer quelques noms de mémoire, vous constaterez que parmi les parlementaires qui sont présidents et vice-présidents il y a MM. Maurice Faure, de la Drôme ; Leydet, des Bouches-du-Rhône ; Gouzy, du Tarn, et Janet, du Doubs. Voilà quels sont les parlementaires qui sont actuellement présidents et vice-présidents du Comité exécutif. (*Très bien ! très bien !*)

Si maintenant vous envisagez les non-parlementaires, vous trouverez en effet parmi eux un certain nombre de parisiens. Mais que fait-on, quand on choisit un bureau ? On choisit évidemment, en dehors du mérite, ceux qui sont des travailleurs, peut-être obscurs, mais qui viennent très souvent aux séances. Le citoyen Bepmale nous a dit tout à l'heure avec une grande franchise qu'il n'était venu que deux fois au Comité exécutif. Vous permettrez à un membre qui, lui, y est venu toutes les fois qu'il à pu, à moins d'empêchement majeur, de prétendre connaître plus en détail tout ce qui se passe au sein du Comité exécutif. (*Très bien ! très bien !*).

Voilà, citoyens, tout ce que j'avais à vous dire. Je crois qu'il est absolument néfaste de vouloir ainsi opposer les régions de la France les unes aux autres. (*Bravos*). En tout cas, cela n'a jamais été fait au sein du Comité exécutif et je suis certain que vous m'approuverez d'avoir, en l'absence de Maurice Faure et de Gouzy, apporté au nom du Comité exécutif dont les pouvoirs vont expirer demain, cette protestation contreles paroles du citoyen Bepmale. (*Vifs applaudissements sur de nombreux bancs.*)

M. Louis MARTIN (Var). — Citoyens, comme député de la province et de l'extrémité même de la France, je ne puis que regretter l'antagonisme que l'on a cherché à créé entre Paris et la province. (*Bravos.*)

J'ai trop d'affection pour Bepmale, je sais trop quels sont ses sentiments profondément républicains pour ne pas croire que l'expression a dépassé sa pensée. Nous sommes tous républicains ici et tous nous savons que la République qui existe, qui se développera dans le temps et dans l'espace, n'a pris naissance et ne peut grandir que par l'accord intime et absolu entre les éléments parisiens et provinciaux.

Oui, la province a fait son devoir républicain ; mais nous ne pouvons pas oublier que les trois grandes révolutions de l'histoire, 1789, 1848 et 1871, sont parties surtout de la grande ville de Paris. Quant aux défaillances de Paris, mes chers concitoyens, sans doute un jour Paris a élu un conseil municipal nationaliste, qui a voulu mettre la main sur la France. A la première épreuve qu'il a tentée — c'était dans mon département — il est venu se briser contre l'effort commun de tous les républicains. Ce jour-là, Paris ayant eu une défaillance, nous avons, nous, fait notre devoir.

Tel jour, nous pourrions manquer à notre devoir et Paris nous indiquerait la voie à suivre. En réalité, il n'y a aucune cause sérieuse d'antagonisme entre Paris et la province, qui doivent lutter d'accord et d'un effort commun pour attaquer tous les privilèges. L'ennemi, ce n'est pas Paris, ce n'est pas Toulouse, ce n'est pas Marseille. L'ennemi, c'est le cléricalisme, l'ennemi, c'est le haut capitalisme, c'est la faction prétorienne, voilà le véritable ennemi ! (*Vifs applaudissements*).

Quant à la composition du Comité, sans doute il peut être regrettable que des départements très républicains comme la Haute-Garonne, un des départements les plus fermement républicains que nous connaissions, ne soient pas mieux représentés que d'autres départements moins républicains, mais de population égale. Cependant, je considère qu'il faut faire momentanément ce sacrifice. Ce qui importe, en effet, c'est d'alimenter la propagande républicaine dans les régions précisément où la majorité n'est pas acquise à nos idées. Et, s'il m'était permis de pousser ma pensée jusqu'au bout, je vous dirais : Le devoir qui incombe aux députés et aux sénateurs, c'est, non pas de diminuer la représentation de ces départements, mais de se mettre pour la propagande à la disposition de leurs représentants. Je voudrais, pour ma part, que de ce Congrès sortît ce résultat que les élus des départements républicains se missent à des dates et à des lieux fixés par les délégations départementales, à la disposition de ces délégations pour aller porter la bonne parole dans les départements où manque encore une organisation puissante, dans les départements républicains où les délégations républicaines feraient appel à notre concours, aussi bien que dans les départements réactionnaires. (*Applaudissements*).

Quant aux paroles un peu fâcheuses qui viennent d'être prononcées, que le souvenir s'en efface et qu'il ne reste plus dans nos cœurs et dans nos mémoires que le sentiment profond de notre union et de notre fraternité. (*Applaudissements vifs et répétés*).

M. BILLÈS. — Citoyens, je ne veux retenir du discours du citoyen Bepmale que des chiffres. Il vous a dit tout à l'heure que les délégués au Comité exécutif devaient être nommés suivant le nombre de suffrages radicaux et radicaux-socialistes qui auraient été exprimés dans le département. Nous nous trouvons à Marseille en présence de ce fait, que, pour combattre la réaction, nous sommes obligés de faire alliance avec le parti socialiste. Je demande au citoyen Bepmale comment il fera pour désigner les électeurs radicaux qui ont voté pour les membres radicaux du Conseil municipal de Marseille. On arriverait à ce résultat de n'avoir qu'un représentant pour Marseille. puisque cette ville n'a qu'un seul député radical radical-socialiste, qui est le citoyen Brisson, alors qu'à Marseille il y a six circonscriptions.

Il est impossible que vous adoptiez la proposition du citoyen Bepmale et je vous demande de maintenir le *statu quo*, proposé par la Commission.

M. Louis BONNET. — Je vous prie, citoyens, de m'accorder quelques instants d'attention. Je viens prendre contre le citoyen Bepmale la défense, non pas de Paris, mais des départements républicains.

Le citoyen Bepmale est notre ami et nous permet de le traiter en ami c'est-à-dire de lui dire quelques vérités. Je vais successivement examiner ses arguments qui ont pu impressionner le Congrès. Il a prétendu d'abord que nous organisions le bureau à notre guise, en faisant imprimer d'avance des bulletins et en ne choisissant que des amis personnels. Voici une rectification de fait. (*Très bien !*)

La nomination du bureau du Comité exécutif est une chose tellement importante — il s'agit d'assurer l'exécution de vos décisions et d'empêcher tout truquage, — que le Comité exécutif a adopté le *modus vivendi* suivant : Toutes les fois qu'il y a lieu à renouvellement, huit jours d'avance une réunion préparatoire a lieu pour désigner les candidats ; la séance est annoncée par les journaux ; tous les membres du Comité exécutif y sont conviés. Pourquoi cette précaution ? Précisément pour permettre à nos amis de province d'exercer leurs droits. Nos amis de province peuvent, en effet, envoyer leurs pouvoirs et voter par procuration. C'est ce qu'ils font régulièrement. (*Très bien !*)

Quand cette réunion préparatoire a entendu les divers candidats, elle ordonne l'impression de la liste qui a été votée ; et c'est cette liste qui est soumise à la réunion plénière du Comité exécutif. C'est, il me semble, la seule façon d'empêcher tout escamotage, tout truquage et de faire respecter les droits de nos amis de province. (*Très bien! très bien!*)

Nous pouvons donc négliger complètement ce point et envisager les résultats pratiques de la proposition Bepmale. Elle offrirait d'abord cet inconvénient considérable que, pas plus que le Citoyen Bepmale, vous ne savez quelle serait par département la proportion des membres du Comité exécutif à nommer.

Quand on présente une proposition de cette importance, à la veille de la nomination du Comité exécutif, il ne suffit pas de faire une manifestation de sentiment, il faut apporter des chiffres.

Or, je défie le citoyen Bepmale d'indiquer quel serait le nombre des délégués à élire pour chaque département.

Il y aurait un tableau très minutieux à dresser, il serait nécessaire de prendre tous les résultats des dernières élections législatives et de les examiner circonscription par circonscription, candidat par candidat. Je me permets de dire sans fausse modestie que je suis très au courant de la situation électorale de la France; or, j'aurais besoin de longues heures pour établir le tableau à peu près exact qui serait indispensable pour appliquer la proposition Bepmale. (*Applaudissements*).

C'est vous dire que, même si vous votiez la proposition, il vous serait impossible de l'appliquer. Mais, sa conséquence la plus fâcheuse serait de condamner 15 à 20 départements à n'être plus représentés. Vous les auriez invités à se rendre à Toulouse pour les exclure! (*Exclamations*).

Je vais vous le prouver, citoyens.

Il ne suffit pas de penser aux élus des départements radicaux et radicaux-socialistes. Il faut songer aussi aux délégués des départements où nous n'avons que des minorités radicales et radicales socialistes, où nos majorités sont en formation. Malgré la protestation du citoyen Bepmale que son ordre du jour ne les frappe pas, je vais lui démontrer qu'il aura ce résultat.

Vous dites : seront seuls représentés les électeurs radicaux et radicaux-socialistes à raison de 1 par 30.000. Que direz-vous aux électeurs de la Loire-Inférieure, des Côtes-du-Nord, du Calvados, de l'Orne, de la Vendée, ou de Maine-et-Loire ? Que direz-vous au délégué de Nantes, notre ami Griveaud qui était tout à l'heure parmi vous ? (*Applaudissements*).

Il faut considérer les situations locales et savoir à quoi vous aboutiriez. Vous avez dans ces départements encore hostiles à la République des groupements radicaux et radicaux-socialistes dont le dévouement est d'autant plus admirable que ces hommes sont, tous les jours, outragés. Ceux-là sont véritablement à la peine! Dans la Loire-Inférieure à Nantes comme à Saint-Nazaire, c'est la lutte des bleus et des blancs ; nos amis, les bleus, vivent au milieu des blancs, dans une situation vraiment intolérable et qui devrait mériter plus d'égards de notre part. Allez-vous dire à ces braves gens, qui compromettent leurs intérêts, qui sont montrés du doigt chez eux, qui, il y a quatre ans, à Nantes étaient attaqués dans les rues par les antisémites, allez-vous leur dire : votre département ne sera plus représenté au Congrès? (*Applaudissements*).

Je vois ici mon ami Roland, de Saumur. Quelle est la situation en Maine-et-Loire? Elle est effrayante. La réaction y est peut-être plus violente, s'il est possible, qu'à Nantes. A Angers, nous avons un vaillant député républicain, M. Bichon, soutenu par de courageux citoyens. Les autres circonscriptions appartiennent aux royalistes. Nous espérons reconquérir la vieille circonscription républicaine de Baugé, qui a faibli aux dernières élections et dont le député, M. Cesbron, vous est bien connu comme un clérical de la plus belle eau. Nous entamerons la lutte à Saumur, contre M. de Grandmaison.

Notre ami Roland y a été admirable ; il a payé de sa personne et de son argent, fondé de nombreux Comités. Et c'est lui que la motion Bepmale écarterait ! Nous devons, au contraire, lui rendre hommage. (*Vifs applaudissements*).

Je constate que, dans plusieurs départements de l'Ouest, la République a reculé. Peut-être pourrions-nous en faire remonter la responsabilité un peu haut. Dans le Calvados notamment, où l'esprit césarien et clérical a persisté, une administration déplorable a découragé les républicains. (*Très bien !*)

Votre comité exécutif a fait plusieurs démarches pour demander le déplacement de l'ancien préfet. Là, la République a été desservie par les fonctionnaires républicains. (*Vifs applaudissements*).

M. Fabius de Champville. — Et l'Orne?

M. Louis Bonnet. — J'entends une voix amicale, celle de Fabius de Champville, qui dit : Et l'Orne ? Là aussi, en effet, nous avons été desservis et vous, citoyens du Midi, vous nous avez priés, à un certain moment, d'exprimer vos justes griefs. Il y a un préfet de sinistre mémoire, que l'Aveyron a trop connu, j'en causais dernièrement encore avec mon ami Balitrand, le vaillant député de Milhau. Ce préfet, M. Moussard, nommé dans la Savoie, puis dans l'Orne, a été maintenu en fonctions malgré nous. Il y a toujours, hélas ! des gens puissants pour soutenir les mauvais fonctionnaires. Dans l'Orne, la réaction est telle que ce département, qui a élu de tout temps des monarchistes comme M. de Mackau, et de sincères républicains comme M. Christophle, ne nomme plus de députés républicains, à plus forte raison de députés radicaux. Mais il y a un parti radical qui se forme, la loge d'Alençon est son centre de ralliement ; et comme partout, c'est la maçonnerie qui remplit merveilleusement son devoir. (*Vifs applaudissements*).

Ce parti radical est en train de s'organiser à Alençon, à Flers ; et vous voulez que nous disions aujourd'hui à nos amis de l'Orne : « Vous étiez, hier encore, du Parti ; réunis en Congrès, nous avons décidé que vous n'en seriez plus. Voilà ce que vous vaut votre courage, votre dévouement, votre désintéressement ! (*Vifs applaudissements*).

Citoyens, je vous propose, au contraire, d'envoyer le salut du Congrès à ceux qui, moins heureux que vous, mon cher Bepmale, continuent à combattre dans leur circonscription les Piou que vous avez renversés dans la vôtre, à tous ceux qui, dans l'Ouest et l'Est, ont en face d'eux les amis de Piou, les de Mun, les de l'Estourbeillon, les de Rohan, les de Broglie, contre lesquels nous espérons avoir des candidats la prochaine fois. Et nos camarades de l'Ouest, qui ne sont pas des radicaux ni des radicaux-socialistes d'étiquette, mais qui le sont de cœur, rivalisent avec ceux qui combattent dans l'Est le nationalisme et le mélinisme, avec nos braves amis de Nancy, de Remiremont, de Saint-Dié, de Rambervillers et de Bar-le-Duc. A tous ces admirables citoyens, loin de refuser une place parmi nous, nous disons au contraire : Le parti vous ouvre les bras. Venez collaborer avec nous ! (*Applaudissements prolongés. — Aux voix !*)

M. BEPMALE. — Citoyens, vous me permettrez bien de répondre. Il est très facile, en posant la question sur le terrain où l'a portée le citoyen Bonnet, d'avoir raison en apparence des arguments que j'ai donnés. Mais des motifs de sentiment ne sont pas des arguments. J'ajoute que le citoyen Bonnet m'a prêté une intention qui n'était pas la mienne, puisque j'ai eu le soin de stipuler dans mon texte que chaque département aurait au moins un représentant. Je m'associe aux éloges que le citoyen Bonnet a décernés aux militants qui, dans les pays où la lutte est la plus vive et la plus pénible, soutiennent le bon combat, que ce soit en Bretagne, dans le Calvados ou dans les Vosges. Mais là n'est pas la question : il s'agit de savoir si dans les départements où nous sommes en minorité partout, où les radicaux n'ont même pas osé présenter de candidat, pas osé s'affirmer, si dans ces départements, quel que soit le zèle des militants, leur ardeur au combat, ils doivent avoir dans les Conseils du parti une représentation égale à celle des départements dans lesquels on lutte depuis longtemps, et dans lesquels on est triomphant. (*Applaudissements sur un certain nombre de bancs.*)

Ce n'est pas le mérite des militants qui est en cause : et lorsque nous revendiquons ici pour nos départements du Midi une part plus large dans les Conseils du parti, nous n'entendons pas le moins du monde demander qu'on rende hommage à nos mérites, mais à notre force, et qu'on nous donne ce à quoi nous prétendons avoir droit. Voilà comment nous posons la question et les arguments de sentiment, je le répète, ne sont pas de mise ici.

Je répète que nous sommes à la veille d'une grande manifestation électorale, qui peut avoir lieu au scrutin de liste et que l'action du Comité exécutif pourra dans cette circonstance être prépondérante. Si vous estimez qu'il est actuellement recruté comme il doit l'être, — remarquez que je ne dis pas composé, je ne suis pas blessant comme vous m'auriez obligé de l'être, — vous le direz; si vous estimez que ce mode de recrutement est fâcheux, vous le changerez. En tout cas c'est à vous de voir si vous devez maintenir le *statu quo* et s'il est possible d'avoir un Comité exécutif délibérant de 475 membres. (*Applaudissements répétés sur un certain nombre de bancs.*)

Nombreuses voix : La clôture !

M. LE PRÉSIDENT. — La clôture étant réclamée depuis quelque temps et plusieurs orateurs ayant renoncé à leur tour de parole, je mets aux voix la proposition Bepmale.

M. LE RAPPORTEUR. — La commission, pour les raisons de sentiment et pour les motifs d'ordre pratique qui ont été indiqués, repousse énergiquement la proposition.

(La proposition Bepmale, mise aux voix, est repoussée.)

La séance est levée à sept heures.

QUATRIÈME SÉANCE — 8 OCTOBRE
(matin)

La séance est ouverte à neuf heures et demie par M. Ournac, sénateur, qui fait procéder à la constitution du Bureau.

Sont acclamés :

Président : M. Bienvenu-Martin, député.

Vice-Présidents : MM. Gervais, député de la Seine.
Messimy, député de la Seine.
Réveillaud, député de la Charente-Inférieure.
Godet, député de la Vienne.
Dalimier, Président de la Ligue de propagande républicaine, radicale et radicale-socialiste.
Dupeux, conseiller d'arrondissement à Bordeaux.
Mourmant, cons. municipal à Lille.
Carmignac, conseiller général de la Seine.

Secrétaires : MM. Debaune, député du Cher.
Simonet, député de la Creuse.
Ch. Fabiani, vice-président de la Ligue de propagande républicaine, radicale et radicale-socialiste.
Victor Jean, conseiller général des Bouches-du-Rhône.
Castel, maire de Lézignan.
Marini, délégué de l'Inde française.
Jullian, de la Ligue d'Action républicaine de Nice.
Gély, vice-président de la Ligue de propagande républicaine, radicale et radicale-socialiste.

Secrétaire permanent du Congrès : M. F. Bouffandeau, secrétaire général du Comité exécutif.

Allocution de M. Bienvenu-Martin.

Citoyens, je vous suis profondément reconnaissant de l'honneur que vous avez bien voulu me faire en m'appelant à diriger les délibérations de la troisième séance du Congrès. En faisant choix du président de la gauche radicale socialiste à la Chambre des députés, vous avez voulu affirmer votre approbation de la politique que nous avons suivie et de l'attitude que nous avons constamment observée en nous constituant l'un des plus fermes soutiens du cabinet. *(Applaudissements)*.

Citoyens, au nom de mes amis, je vous remercie. Nous puiserons dans votre confiance une force nouvelle pour persévérer dans notre ligne de conduite politique et pour maintenir aussi étroite que possible l'union entre les groupes de gauche. *(Très bien! Très bien!)*

C'est un des grands résultats de nos Congrès d'établir l'unité du parti et de maintenir entre vous et les élus qui siègent au Parlement une intime solidarité, pour mener à bien l'œuvre si difficile de la laïcisation intégrale, pour accomplir dans un sens conforme aux volontés du pays les réformes sociales qui se pressent devant nous. L'action ordonnée du parti radical et radical-socialiste, l'union entre ses représentants est plus que jamais nécessaire ; et vous, en contribuant par vos résolutions à rendre cette union plus étroite, vous rendez un inappréciable service à la République et à la cause des réformes sociales. *(Bravos répétés)*.

Citoyens, l'ordre du jour de cette séance est assez chargé. Il comporte d'abord les affaires militaires, ensuite, la discussion de la réforme fiscale ; en troisième lieu, les questions relatives à la politique extérieure et coloniale ; puis, la fin du règlement et la nomination du Comité exécutif. J'invite tous les membres du Congrès qui désireraient prendre la parole, à s'abstenir de développements inutiles, car nos instants sont courts, et à se maintenir dans les limites des questions qui seront en discussion. *(Très bien! Très bien!)*

LES RÉFORMES MILITAIRES

M. Gervais, *député*, président de la commission des affaires militaires. — Citoyens, votre commission des affaires militaires s'est préoccupé hier de rédiger les vœux qu'elle va soumettre au Congrès ce matin. Ses préoccupations ont été de deux ordres. La première a été de faire prononcer le Congrès sur la question, actuellement pendante devant le Parlement, du service militaire de deux ans.

Votre commission a pensé que notre première manifestation devait consister à exprimer le désir que cette loi soit votée dans le plus bref délai et qu'elle entre en application le plus tôt possible.

Vous savez qu'un certain nombre de points sont en ce moment en litige devant les deux Assemblées. Votre commission a pensé qu'il n'y avait pas lieu d'entrer dans un débat détaillé, mais simplement d'exprimer le désir que la Chambre et le Sénat se mettent le plus rapidement possible d'accord sur le texte définitif, pour que la loi du service militaire de deux ans, qui réalise un progrès si considérable et qui aura, je l'espère, introduit dans nos textes militaires l'égalité absolue, entre dès l'année prochaine en application et puisse porter ses fruits pour le contingent de 1904. (*Très bien ! Très bien !*)

Un second vœu, d'ordre plus général, a été émis, tendant à soumettre au Parlement les lois d'organisation qui doivent découler nécessairement de l'application du service militaire de deux ans. Il nous a paru que, les lois militaires devant être basées sur les mœurs et l'organisation sociale, il était indispensable que l'armée elle-même subît une transformation et qu'elle se mît d'une façon plus complète encore en harmonie avec les aspirations de la démocratie républicaine.

Sur ce point bien des questions doivent être traitées et méritent un sérieux examen. Je ne crois pas que ce soit le lieu ni l'instant de les aborder une par une ; mais le vœu, qui vous sera soumis tout à l'heure, comporte l'expression de ce désir que l'armée nouvelle, dans ses rapports avec tous les problèmes qui se posent, réalise aujourd'hui plus que jamais l'accord de l'armée avec la République, pour que l'on obtienne de cette force essentielle, qui est fonction de la démocratie, le respect de la loi et la pratique des institutions républicaines. (*Bravos*).

Nous vous demandons, citoyens, d'exprimer le désir que soient réglés dans un sens républicain l'ensemble des problèmes qui résultent des rapports de l'armée avec la nation. La réduction des cadres et des effectifs, pour mettre l'armée, par une limitation plus exacte, en rapport avec notre capacité financière, avec nos charges économiques et nos besoins sociaux. C'est aussi la loi sur l'avancement et le recrutement des officiers, loi qui aura pour objet de transformer la situation morale de l'officier, de faire apparaître son devoir social, de le lui faire pratiquer. Peut-être le meilleur moyen d'y parvenir sera-t-il d'adopter définitivement la disposition introduite dans la loi, que le Sénat voudra bien examiner avec attention, et qui tend à faire passer dans le rang aussi longtemps que leurs camarades ceux qui se destinent à la carrière d'officier et qui briguent l'honneur de commander les autres. C'est là, en effet, qu'ils puiseront les meilleures connaissances, qu'ils s'inspireront le mieux de leurs devoirs ; ayant appris à obéir, ils sauront mieux comment on doit commander.

C'est du mauvais commandement, en effet, que naît la mauvaise obéissance; et lorsque les officiers sauront comment on doit se comporter vis-à-vis des hommes, comment naissent les malentendus, comment peuvent, d'une mauvaise pratique du commandement, surgir les difficultés que nous connaissons, il y aura évidemment dans l'armée une discipline nouvelle qui sera la discipline consentie, au lieu d'être la discipline imposée. (*Bravos*).

Si vous ajoutez à cela la réforme du droit de punir, qui aura pour effet de ne pas permettre que l'on puisse, dans un moment de colère et d'emportement, prononcer une punition qui, par le jeu de la cascade automatique, arrive à frapper l'homme injustement, si vous voulez que le droit de punir soit limité et réduit pour le sous-officier à la proposition de punir, qui appelle la réflexion, la méditation de l'officier, vous aurez fait une réforme profonde qui, je l'espère, transformera radicalement les rapports des hommes avec leurs chefs et instituera dans l'armée cette discipline nouvelle, d'autant plus forte et plus solide qu'elle sera librement et volontairement consentie. (*Vifs applaudissements*).

C'est aussi, citoyens, la transformation de l'armée dans ses rapports avec la justice, en supprimant les judirictions exceptionnelles, en faisant rentrer l'armée dans le droit commun et en supprimant en temps de paix tous les Conseils de guerre, qui n'ont plus de raison d'être. (*Bravos répétés*).

C'est enfin, citoyens, l'armée dans ses rapports avec la Nation, avec la République, au point de vue même de la paix. L'armée n'est pas seulement une force militaire et l'instrument de défense nécessaire à notre pays, instrument que nous voulons aussi fort, aussi puissant qu'il sera possible, — mais elle est aussi une force sociale et à ce titre elle doit s'associer à toutes les manifestations généreuses de notre pays. Nous avons pratiqué pendant trop longtemps la formule un peu orgueilleuse et brutale que nous ont léguée les Romains, qu'il fallait préparer la guerre pour avoir la paix. Je crois pouvoir à cette devise substituer une formule meilleure, plus en rapport avec notre générosité naturelle, nos sentiments d'humanité et de concorde universelle, — c'est qu'il faut préparer la paix pour avoir la paix. (*Vifs applaudissements*).

C'est dans cet esprit que votre Commission a examiné les vœux qu'elle va vous soumettre et vous prier d'adopter, afin que dans ce pays nous ayons une armée nouvelle, autrement organisée, qui n'aura peut-être pas le poids ni le volume de l'armée actuelle, mais qui avec plus de souplesse, plus de légèreté, pourra donner les mêmes résultats et nous offrir les mêmes garanties. Nous pourrons, dans cette armée nouvelle, pratiquer d'autres dispositions intérieures, d'autres aménagements, qui nous amèneront à résoudre des problèmes qu'il faut nécessairement aborder; par exemple la suppression de certains appels inutiles, qui pèsent trop lourdement sur les citoyens français. Nous pourrons peut-être ainsi supprimer les treize jours qui, dans ce pays, apparaissent comme une institution inutile.

L'examen de ces questions est délicat. Il n'est pas possible de les traiter à fond maintenant; mais le Congrès, je crois, fera œuvre utile pour ce pays en émettant sur ce point un vœu d'ordre général, en exprimant le désir que le Parlement aborde et résolve ces problèmes d'organisation de telle façon que l'armée, transformée, rajeunie, républicanisée et laïcisée, trouve dans cette nouvelle formule un supplément de force matérielle et de grandeur morale, pour défendre à la fois la Patrie et la République. (*Applaudissements prolongés.*)

M. GAUSSEIN. — Citoyens, après l'éloquent discours que vient de prononcer notre sympathique président, M. Gervais, je n'aurai pas l'imprudence de vous en infliger un second. Je me bornerai donc à vous lire aussi rapidement que possible les vœux que votre commission m'a chargé de vous soumettre, et de vous prier d'adopter.

Le premier vœu a trait à la loi de deux ans. Il est ainsi conçu :

« 1° Que la loi sur le service de deux ans, actuellement en discussion devant les Chambres, soit votée dans le plus bref délai pour en permettre l'application immédiate.

« 2° Que la loi en discussion réalise de la façon la plus absolue l'égalité de tous devant le service militaire.

« 3° Que les périodes d'instruction soient réglées de façon à concilier les exigences de la défense nationale avec les intérêts matériels, sociaux et économiques du pays. »

J'insiste sur le second paragraphe de ce vœu : « Que la loi en discussion réalise de la façon la plus absolue l'égalité de tous devant le service militaire. ».

Quelques-uns pensent que le Sénat résistera à cette formule. Pour moi, je ne crois pas que le Sénat qui, depuis ces derniers temps, a donné tant de preuves de sa sagesse, de sa fermeté et de son attachement aux institutions républicaines, et de sa bienveillance pour la démocratie, hésitera un seul instant à suivre la Chambre des Députés dans la voie qu'elle a tracée. Je vous demanderai d'affirmer votre volonté d'une façon très nette, afin que les Sénateurs sachent quel est leur devoir et qu'ils ne faillissent pas à l'engagement qu'ils ont pris devant le pays ; et pour cela j'espère que vous voterez à l'unanimité le vœu que je viens de vous soumettre.

Il est une autre catégorie de citoyens que l'on entend soustraire pour un certain temps à cette obligation, que tous les Français doivent revendiquer hautement, parce qu'elle est la plus lourde sur les épaules de vos fils et de vos frères. Ce sont les citoyens qui sont établis en Algérie. Qu'est-ce donc que l'Algérie actuellement ? C'est le prolongement de la France ; et les Français d'Algérie ne s'expliqueraient pas qu'on fît une exception en leur faveur.

Voici le second vœu :

« *Que le Parlement vote le plus tôt possible une loi réglant l'avancement des officiers et assurant l'unité et la communauté d'origine dans le commandement.*

« *Que l'obligation, pour les officiers, de vivre en pension ou en mess soit supprimée.*

« *Que les conseils de guerre soient supprimés en temps de paix.* »

Les officiers sont astreints à vivre au restaurant comme à la caserne. C'est pour réagir contre cette situation que nous avons proposé ce vœu ; nous avons pensé qu'il était utile, qu'il était urgent de supprimer les coteries où les fils d'archevêques continuent à affirmer hautement leurs prétentions et leurs espérances monarchiques, alors qu'il est souvent défendu à un officier républicain d'exprimer ses opinions, même timidement.

Nous vous proposons ensuite de supprimer les conseils de guerre. Il n'est pas permis, dans une démocratie comme la nôtre, que des tribunaux d'exception subsistent en dehors de circonstances exceptionnelles. Leur nom, d'ailleurs, l'indique clairement. Conseil de guerre veut dire conseil du temps de guerre ; mais dans le temps de paix, pourquoi voulez-vous établir une différence entre un citoyen et un autre, parce que l'un sera sous les drapeaux alors que l'autre sera dans la vie civile ? Ces tribunaux ont fait leur temps. Il faut les supprimer.

Nous vous demandons d'adopter également le vœu suivant :

« *Que les ordonnances soient supprimées, qu'en retour on accorde aux officiers une indemnité qui leur permettra d'avoir recours aux services civils.* »

Je ne veux pas m'étendre sur ce vœu. Il est d'une nature et d'une complexité telles qu'il est bien difficile de traiter la question à fond ici ; cependant, il me sera bien permis de dire que lorsque vos fils et vos frères vont au régiment, c'est pour faire un autre métier que celui de cuisinier et de bonne d'enfant.

Nous vous proposons enfin le vœu suivant, relatif à l'organisation de l'armée :

8° Que, aussitôt après l'adoption de la loi sur le service de deux ans le Gouvernement et les Chambres abordent l'examen des lois d'organisation de l'armée pour mettre celle-ci de plus en plus en harmonie avec la Nation et la République.

« Qu'en conséquence, les Chambres mettent en délibération la loi sur les cadres et les effectifs pour, tout en constituant la force indispensable à la défense de notre honneur, de nos droits et de nos libertés, proportionner, par l'application d'une sage méthode réductrice, les dépenses militaires à nos ressources financières, à nos besoins sociaux et à nos exigences économiques et qu'ainsi, outre la force matérielle qu'elle retirera d'une organisation plus homogène et plus concentrée, l'armée acquière une autorité plus grande et une jouissance nouvelle résultant de l'équilibre mieux assuré de nos charges générales.

« Que dans cette organisation nouvelle les périodes d'appels — particulièrement celles de l'armée territoriale — soient complètement supprimées et, en attendant, que le pourcentage des dispenses aux nécessiteux — réservistes et territoriaux — soit augmenté ;

« Enfin, qu'en limitant à l'effort justement utile la prime d'assurance nationale que la nation doit payer on prépare l'avenir de travail et de paix que la démocratie s'efforce de réaliser. »

Je vous demanderai simplement d'être très nets et très catégoriques dans les vœux que vous allez émettre. Cela donnera une force considérable aux parlementaires qui sont ici, pour défendre les réformes républicaines que nous voulons enfin introduire dans l'armée afin de la rendre assez forte pour opposer à l'ennemi la pointe de ses baïonnettes mais assez républicaine aussi pour devenir enfin l'instrument de défense des libertés que nos ancêtres nous ont léguées. *(Applaudissements).*

M. ARMAND CHARPENTIER. — Citoyens, on vous a demandé la suppression des Conseils de guerre. Je n'ai pas besoin de vous dire avec quelle joie je voterai cette suppression ; mais, je vous prie de vouloir bien vous rappeler qu'on a déjà demandé et voté cette même suppression au Congrès de Paris, au Congrès de Lyon et au Congrès de Marseille. Nous allons la voter encore, — c'est entendu, — au Congrès de Toulouse. Mais il serait temps, j'imagine, que ce vœu se réalisât définitivement. C'est une honte pour le Parlement, qui en n'est pas à une honte près dans l'Affaire

Dreyfus, de maintenir les Conseils de guerre. *(Vifs applaudissements).*

Je ne me fais, d'ailleurs, aucune illusion sur la réalisation de ce vœu, — j'entends : la réalisation immédiate C'est pour cela que, tout en le votant, je vous prie d'y joindre celui-ci, plus modeste et par cela-même plus pratique et plus réalisable : « nous demandons que désormais les jugements émis par les Conseils de guerre soient motivés. » *(Très bien! très bien!)*

Vous sentez bien, citoyens, toute l'importance que ce vœu peut avoir dans les circonstances où nous allons nous trouver d'ici deux ou trois mois. Je prie donc les parlementaires ici présents, — c'est à eux spécialement que je m'adresse, — de vouloir bien obtenir du général André que, dans l'une des plus prochaines séances de la Chambre, il fasse voter cette légère adjonction. Il y en a pour dix minutes ; mais ce simple texte suffira et ce sera alors sûrement la fin de l'affaire Dreyfus, et, par conséquent, la fin du hideux nationalisme qui en est sorti. *(Bravos.)*

M. Arnaud. — Dans le dernier vœu qui nous est soumis figure le membre de phrase suivant : « tout en constituant la force indispensable à la défense de notre honneur, de nos droits et de nos libertés. ».

D'accord avec le président de la Commission, je demande que ces mots soient remplacés simplement par ceux-ci : «,tout en constituant la force indispensable à la défense de la nation. » En effet, en présence de l'organisation internationale qui commence, et notamment de la Cour d'arbitrage de La Haye, il est préférable de ne pas parler spécialement d'honneur national, étant donné que dans les divers pays on l'interprète d'une manière très différente et souvent contraire au véritable honneur national.

M. le Président. — Il n'y a pas d'opposition?...

Je mets aux voix le vœu ainsi modifié.

(Le vœu, mis aux voix, est adopté. — L'ensemble des vœux relatifs aux affaires militaires est adopté à l'unanimité.)

M. Louis Martin (Var). — Citoyens, au nom d'une délégation du Var, d'accord avec le président de notre commission de l'armée, notre excellent ami Gervais, j'ai l'honneur de soumettre au Congrès le vœu suivant :

« *Nous demandons qu'une légère pension soit accordée aux anciens soldats, ayant servi sous l'empire de la loi de sept ans.* »

Le service militaire actuel se réduit de plus en plus. L'honneur national, auquel pour ma part je crois fortement (*Applaudissements*) n'exige plus 7 ans de service militaire, mais seulement 2 ans. Il y a pourtant des citoyens qui, dans le passé, ont été arrachés à leur charrue, à leur atelier, pour faire sept années de service ; leur existence a été ainsi interrompue de telle sorte qu'ils se sont difficilement refait une situation ; beaucoup terminent péniblement leurs jours, manquant souvent de pain. D'ailleurs, le ministre de la guerre, la plupart des membres du Parlement sont d'accord avec nous. Nous demandons qu'à ces vieux serviteurs de la patrie on accorde un morceau de pain. (*Mouvements divers*).

Plusieurs voix — Le renvoi à la commission !

M. LE PRÉSIDENT. — C'est plutôt une question budgétaire qui relèverait de la Commission des finances.

Voix diverses. — Le rejet pur et simple !

M. LOUIS MARTIN (Var). — On ne peut pas rejeter une proposition sans la discuter. Je ne croyais pas, pour ma part, que dans une assemblée qui veut faire les retraites ouvrières... (*Bruit*).

M. FABIUS DE CHAMPVILLE. — Nous ne voulons pas faire les retraites césariennes.

M. LOUIS MARTIN (Var). — Pour ma part je me suis borné, afin de ménager les instants du Congrès, à exposer succinctement ma proposition ; mais on ne peut pas rejeter de *plano* une proposition sans avoir dit pour quelle raison on la rejette et sans avoir ouvert une discussion.

Je demande, par conséquent, ou que la proposition soie renvoyée à la commission, qui l'examinera à fond, ou bien que ceux qui veulent le rejet viennent ici l motiver.

M. GRUOT (Aube). — C'est moi qui, tout à l'heure proposé le rejet de cette motion. Parmi les anc militaires qui ont fait sept ans, il y en a un g nombre qui ont été des remplaçants, c'est-à-dir se sont vendus pour sept ans. Est-ce à dire que manière générale nous devions refuser de porter rêt à tous ces anciens militaires ? Nullement ; mais s'ils ont, depuis, été obligés de travailler pour vivre, ils rentreront naturellement dans le cadre des retraites ouvrières, sans qu'il soit besoin de faire pour eux une proposition spéciale.

, M. GAUSSEIN. — Citoyens, il n'est pas entré dans les intentions de la Commission de créer une source de dépenses nouvelles pour le pays. Il y en a suffisamment déjà. Nous voulions simplement demander au Congrès un témoignage de l'intérêt qu'il porte à toute une catégorie d'anciens serviteurs, qui n'ont pas démérité ; mais là se borne notre intervention ; nous ne voulons pas créer des charges nouvelles.

M. LE PRÉSIDENT. — Je mets aux voix la proposition de M. Louis Martin.

(La proposition, mise aux voix, n'est pas adoptée).

LES RÉFORMES FISCALES

M. LE PRÉSIDENT. — Trois rapports sont présentés relativement aux réformes fiscales ; le premier, par M. Paul Degouy concerne *l'impôt sur le revenu*, le second est relatif aux *droits de succession*, le troisième, relatif aux *droits de mutation*.

La parole est à M. Paul DEGOUY, rapporteur de la question de l'impôt sur le revenu.

L'impôt sur le revenu.

M. Paul DEGOUY. — Citoyens, j'ai été chargé par le Comité exécutif, au cours de l'an dernier, de préparer un projet de rapport sur l'impôt sur le revenu. J'ai soumis les grandes lignes de ce rapport à votre commission des réformes fiscales qui l'a adopté. Mais je tiens à vous dire qu'il est fort long, car il est aussi complet que possible. Aussi, n'ai-je pas la prétention de le lire en entier. Je vais vous en donner une sorte de sommaire, me contentant de me reporter de temps en temps au rapport lui-même pour en extraire quelques passages essentiels. (*Assentiment*).

Nous demandons l'impôt sur le revenu, parce que c'est la justice même et qu'en ces matières, comme en toutes autres, il faut que la justice ait enfin son heure. Nous demandons l'impôt sur le revenu, parce que c'est le seul moyen de réaliser la formule de la Déclaration des droits de l'homme et du citoyen : répartir la contribution commune à raison des facultés des contribuables. Nous demandons l'impôt sur le revenu, parce que nous espérons qu'une fois solidement établi, il nous permettra de réduire certaines contributions indirectes. Nous le demandons également parce que, seul, il peut réparer l'injustice qui résulte de l'improportionnabilité, je pourrais dire de la progressivité à rebours des taxes indirectes. Enfin, nous le demandons, parce que ce serait aggraver l'injustice des contributions directes actuelles que de leur demander par voie de centimes additionnels les ressources nouvelles qui nous seront nécessaires pour établir cette loi des retraites dont on vient de parler. Il est temps que dans ce pays nous organisions le budget de la démocratie, le budget de la solidarité nationale. Ce n'est pas sur des contributions directes injustes que nous pourrons l'établir. (*Applaudissements*).

Je désire faire, en quelques mots, le procès du système fiscal actuel et justifier ainsi l'impôt sur le revenu. Je prêche assurément des convertis. Vous savez tous ce qu'il faut penser des contributions indirectes : douanes, régie, octroi ; vous savez qu'elles frappent à l'aveugle et pèsent d'autant plus lourdement sur le citoyen que sa famille est plus nombreuse ; l'injustice de ces impôts se multiplie en quelque sorte par le nombre des bouches que le contribuable doit nourrir.

Pour trouver une compensation nous adresserons-nous à d'autres contributions comme les droits de timbre ou d'enregistrement ? Non. Ces taxes ne sont même pas proportionnelles. Grâce à la multiplication des droits fixes, il en coûte davantage — toute proportion gardée, bien entendu — pour acheter un lopin de terre que pour acheter un château. Que serait-ce si je je vous parlais de notre fiscalité en matière de ventes judiciaires ? Oh ! il ne s'agit pas là seulement de progression à rebours ! Ce sont de véritables crimes qui se commettent chaque jour... Oui, chaque jour le fisc dévore en France une multitude de petits patrimoines ! (*Nouveaux applaudissements*).

Trouverons-nous dans les contributions directes une compensation à l'injustice de tous les autres impôts? On peut dire de l'impôt foncier qu'il frappe le fait de la possession de la terre plutôt qu'il ne frappe les revenus de cette terre. Il y a dans la répartition des contingents des inégalités choquantes de commune à commune et plus encore de contribuable à contribuable. C'est que la contribution foncière est basée, en ce qui touche la répartition entre contribuables, sur un cadastre qui a pu être excellent, mais qui a vieilli, qui, malheureusement, n'a pas été tenu à jour. Je ne vous parlerai pas des portes et fenêtres, qui est en quelque sorte un impôt de consommation sur l'oxygène. Vous savez combien il est inégalement réparti : une malheureuse barrière de bois qui donne accès à la cour d'une ferme paye tout autant que la grille en fer forgé du château voisin.

Quant à la personnelle mobilière, on peut dire qu'il n'y a pas toujours relation entre le revenu du contribuable et la somme qu'il consacre à son loyer. Dans les villes, le contribuable très aisé, se loge, toutes proportions gardées, à meilleur compte que le contribuable peu aisé. A la campagne, nous rencontrons des inégalités d'un autre ordre. Très fréquemment, il n'existe aucun rapport entre les ressources du contribuable et la façon dont il est logé. C'est tellement vrai que les répartiteurs se refusent à appliquer strictement la loi qui leur ordonne de proportionner la contribution personnelle mobilière à la valeur locative de l'habitation. Ils demandent partout qu'il soit tenu compte des facultés du contribuable, ce qui prouve, je me permets de le dire en passant! que l'impôt sur le revenu est très populaire dans nos campagnes. (*Très bien ! très bien ! Applaudissements*).

Allons-nous trouver plus de proportionnalité dans les patentes? Pas davantage. Il existe bien un droit qui est dit proportionnel, mais il est tout simplement proportionnel au loyer et non au bénéfice du patentable. Et je tiens à signaler, en passant, une injustice criante : ce droit dit proportionnel est basé non seulement sur les locaux affectés au commerce, mais encore sur les locaux d'habitation ; si bien que le patentable voit son impôt augmenter à mesure qu'augmentent ses charges de famille, à mesure qu'il se trouve dans la nécessité de se loger plus grandement. Voilà comment

le fisc protège, en France, les nombreuses familles !
(*Applaudissements*),

Je pourrais, si nous en avions le temps, passer en
revue les taxes assimilées et vous signaler bien d'autres
inégalités. Mais tout ce que je viens de rappeler ne
suffit-il pas à vous faire comprendre pourquoi certains
modérés eux-mêmes — M. Deschanel, par exemple —
en arrive à réclamer une « certaine progression » dans
l'impôt direct ?

Pour justifier la progression est-il donc nécessaire,
d'ailleurs, d'invoquer l'injustice des contributions indirectes ? Non, la progression se justifie en soi. Comparons un petit rentier qui a 2.000 francs de rente et
un multimillionnaire qui a 200.000 francs de revenu.
Supposons qu'il n'y ait plus en France qu'un seul
impôt, l'impôt sur le revenu. Allons-nous demander
10 0/0 à ces deux contribuables ? Mais celui qui a
2.000 francs de revenu fera un sacrifice considérable le
jour où il portera ses deux billets de 100 francs chez le
percepteur, car il se privera sur le nécessaire. Les
20.000 francs que nous demanderons à celui qui a
200.000 francs de revenu constituent certes, un joli
denier, mais enfin il reste encore à ce contribuable
180.000 francs à dépenser par an. Il ne se privera pas
sur le nécessaire, celui-là ! Nous n'entamerons que son
superflu...

Nous allons nous mettre tout de suite d'accord sur
la discrimination — ne vous effrayez pas de ce mot
qui appartient au jargon fiscal — c'est-à-dire sur la
nécessité de frapper de taux différents des revenus
d'origine différente.

Voici deux hommes qui jouissent d'un revenu égal,
3.000 francs par an. L'un est ouvrier d'art, l'autre un
fonctionnaire à la retraite. Faut-il les imposer au même
taux ? Non, car le revenu du premier est aléatoire, la
moindre maladie peut le faire disparaître, et de plus,
il est nécessaire, au point de vue social, de permettre
à ce travailleur de se faire une petite pension de retraite *(Applaudissements)*. Je vois que nous sommes d'accord et je n'insiste pas... Donc après avoir demandé
le taux le plus faible au revenu du travail, et le taux
le plus élevé au revenu consolidé, vous me permettrez,
en toute logique, de demander un taux intermédiaire
au commerçant, à l'agriculteur, à l'industriel. (*Applaudissements*).

Je n'insiste pas, également, sur ce fait que l'impôt doit frapper non pas le revenu brut, mais seulement le revenu net. Je constate d'ailleurs avec empressement que tous les projets en présence prévoient des dispositions plus ou moins libérales en ce qui touche le passif authentique et surtout les charges de famille.

Vous avez souvent entendu parler de l'impôt sur le capital. Est-il inconciliable avec l'impôt sur le revenu? Maujan a prouvé le contraire dans son excellent projet. Voici une propriété princière qui ne donne pas de revenu et qui constitue même une charge pour son propriétaire... Allons nous l'exempter d'impôt? Non, car il y a là un revenu moral, un revenu de jouissance. Inversement les partisans de l'impôt sur le capital souffriront-ils qu'on exempte d'impôts un grand artiste qui gagne beaucoup d'argent mais qui, ne thésaurisant pas, n'a d'autre capital que son encrier ou sa boîte à couleurs? Nous disons, nous, que l'impôt doit être basé tantôt sur le revenu tantôt sur le capital. (*Assentiment*).

Querelle aussi, quelquefois, entre partisans de l'impôt sur le revenu, à propos des cédules... Querelle de mots!... Maujan, par exemple — je vous demande pardon de vous citer une fois encore, mon cher ami, mais vous vous êtes tant occupé de la question de l'impôt sur le revenu qu'il est bien difficile de ne pas prononcer à tout instant votre nom — Maujan, dis-je, est partisan du système des cédules. Je le lui reprocherais si, dans sa pensée, le système cédulaire ne permettait pas la totalisation finale. Mais il n'en est rien. Son système des cédules a surtout pour but et pour effet de faciliter la discrimination. Quant aux procédés de totalisation, il y en a plusieurs. En voici un, par exemple : Après avoir réparti entre diverses cédules, les revenus d'origines différentes dont jouit un citoyen, nous compterons pour moitié le revenu du travail; pour deux tiers le revenu mixte du travail et du capital et pour la totalité le revenu du capital consolidé. Nous ferons ensuite la totalisation et nous appliquerons notre tarif au total ainsi obtenu. (*Applaudissements*).

Taxation d'office ou déclaration? Quel est le procédé le meilleur? Le meilleur serait assurément la taxation d'office, mais j'affirme quelle n'est pas possible... Si l'on avait suivi le conseil que quelques-uns — et je suis de ceux là — donnaient depuis de longues années, si l'on avait établi le casier fiscal du contribuable, on pourrait aujourd'hui recourir à la taxation d'office en ce qui concerne une très notable fraction de la fortune publique, car l'administration serait suffisamment armée. Mais elle ne l'est pas. Il n'est pas une de nos grandes administrations fiscales qui puisse se dire que tel contribuable est à la fois propriétaire dans tels et tels départements. A plus forte raison ignore-t-on que c'est ce même contribuable qui a pris hypothèque sur tel immeuble situé dans telle commune, qu'il est possesseur de telles valeurs nominatives, qu'il possède une usine ou une maison de commerce dans telle autre localité, etc., etc... Ces rattachements ne sont pas faits. En outre il est des revenus, comme les valeurs au porteur, qui échappent actuellement aux investigations du fisc. Nous sommes donc amenés à la déclaration au moins pour une partie du revenu. A tant faire je me demande s'il ne vaut pas mieux exiger la déclaration totale et détaillée. Les expériences qui se poursuivent dans un certain nombre de communes prouveront, je le crains du moins, que les agents des contributions directes sont dans l'impossibilité d'appliquer les projets d'impôt sur le revenu du Gouvernement ou de la Commission. Qui veut la fin veut les moyens. Si nous voulons l'impôt sur le revenu il faut aussi vouloir la déclaration, sauf peut-être à la limiter à des revenus d'un certain chiffre.

Evidemment c'est à la fortune acquise que nous entendons surtout nous adresser. Nous voulons demander beaucoup à ceux qui ont beaucoup pour demander peu à ceux qui ont peu et rien, si c'est possible, à ceux qui n'ont rien. Les plus grandes résistances viendront des classes les plus fortunées. Permettez-moi de lire l'appel que j'adresse, au nom de votre commission, à ces privilégiés de la fortune.

Les privilégiés de la fortune sont-ils bien inspirés quand ils se raidissent contre l'impôt sur le revenu, à l'instar des privilégiés de la monarchie qui se raidissaient naguère contre les réformes fiscales reconnues nécessaires par le monarque lui-même ? La vraie sagesse consiste-t-elle à opposer aveuglément un veto aux revendications légitimes ou à les satisfaire peu à peu dans la limite du possible ? Et, quand nous réclamons l'impôt sur le revenu pour faire face surtout à des dépenses de solidarité ; quand nous voulons faire faire, de ce supplément de ressources demandé aux classes les plus avisées, le gage définitif de la paix sociale, n'est-ce pas aussi bien en faveur des riches que des pauvres que nous travaillons ?

Louis Blanc disait : « Pour chaque indigent qui pâlit de faim, il y a un riche qui pâlit de peur ».

Nous ne supportons, nous, ni l'idée de cette faim, ni l'idée de cette peur.

Et c'est pour réconcilier prolétaires et possédants que nous répétons avec Turgot, nous pourrions dire avec l'Evangile : « Le pauvre a des droits incontestables sur l'abondance du riche ».

Dans le large impôt réclamé aux privilégiés de la fortune, n'y a-t-il pas, d'ailleurs, une part qui pourrait s'appeler la part de la restitution ?

Pour combien de grosses fortunes est-il permis de dire que, sinon leur origine, du moins leur développement a pour cause, soit une concession de l'Etat, soit un monopole, soit un privilège, soit un tarif protecteur, soit cette manne budgétaire qui s'appelle adjudications, fournitures, primes à la production ou à l'importation ? Est-ce que ce ne sont pas surtout les possédants qui tirent le plus de profits des services publics et de notre outillage national ? N'est-ce pas pour leur assurer la libre disposition de leur bien que la force publique est chaque jour en éveil ? Et que ne pourrions-nous pas ajouter, à propos de ce mot de restitution, si après avoir considéré les grosses fortunes industrielles, nous considérions celles qui n'ont pour origine que la spéculation ! Mais, non ! Ce ne sont pas des récriminations que nous voulons faire entendre ici. C'est un conseil, c'est même une prière... A tous ceux à qui la fortune a souri, nous demandons de nous aider à établir la justice dans l'impôt d'abord, et, par l'impôt, dans l'ordre social. (*Vifs applaudissements*).

Quelles exemptions, quelles atténuations devons-nous admettre en matière d'impôt sur le revenu ?

Si, comme nous le voudrions tous, l'impôt sur le revenu remplaçait non seulement les quatre contributions directes, mais encore l'impôt de 4 0/0 déjà établi sur le revenu des valeurs mobilières, si nous étions en présence d'un projet intégral d'impôt sur le revenu comme le projet Maujan, je voudrais qu'il n'y eût pas d'exemption à labase, je voudrais un parallélisme absolu entre la liste électorale et le rôle de l'impôt. Il n'est pas bon

que dans une commune un citoyen puisse dire à un autre :
« Toi, tu ne paies pas ! ». Ce serait une sorte de guerre
civile morale. (*Très bien! Très bien!*). En outre, pour la
dignité du citoyen et pour qu'il soit intéressé à la
chose publique, il est nécessaire, si peu qu'il paie,
qu'il paie l'impôt direct, celui qui permet aux citoyens
de se rendre compte de la façon dont les affaires du
pays sont gérées. J'ai presque envie de dire, en passant, que l'impôt direct est l'impôt des peuples ma-
jeurs, tandis que l'impôt indirect, qui dissimule les
dépenses, est l'impôt des peuples en tutelle. (*Applaudissements*). Donc, pas d'exemptions à la base si l'impôt
sur le revenu était tel que nous le souhaitons. Mais
dans les projets bâtards que nous allons avoir devant
nous, il faut bien accepter des exemptions à la base.

Faut-il qu'elles soient uniformes d'un bout à l'autre
de la France ? C'est très dangereux, car trop de contribuables échapperaient dans les campagnes, tandis que
la presque totalité de la population ouvrière des villes
pourrait être soumise à l'impôt. Il faut donc appliquer
une sorte de tarif proportionné à la population. On
suppose que, à mesure que la population s'accroît, la
cherté de la vie augmente. Et pourtant, avec ce système, on se heurte à certaines difficultés... Je citais
cet exemple à la commission : voici deux employés
d'administration, deux employés de chemin de fer, par
exemple, qui ont le même revenu ; ils habitent tous
deux aux portes de Toulouse, mais l'un en deçà de la
barrière, l'autre au-delà. Si l'on fixe le minimum non
imposable à 1.500 francs pour Toulouse et à 500 francs
pour Balma, celui qui habite Toulouse n'aura rien à
payer tandis que celui de Balma paiera sur un revenu
de 1.000 francs.

Ces difficultés ne sont pas insurmontables, on les a
surmontées dans tous les pays d'Europe où l'impôt sur
le revenu existe. Il serait extraordinaire que le seul
Parlement européen qui ne pût établir l'impôt sur le
revenu fût le Parlement français. (*Applaudissements*).

L'impôt sur le revenu doit-il être un impôt de remplacement ou un impôt de superposition ? Doit-il être
pendant quelque temps, comme Maujan en a eu l'idée,
un simple impôt de statistique ? Nous souhaitons tous
ici qu'il parvienne à remplacer toutes les contributions
directes dont je faisais le procès. Mais vous entendez
l'objection ; on nous dit : « Nous savons, à très peu

près, ce que rapportent les contributions directes actuelles; pouvez-vous dire exactement ce que rapportera votre impôt sur le revenu? » C'est la crainte de cet aléa qui a donné naissance à tous les projets qui prévoient seulement le remplacement de deux ou trois contributions directes.

L'impôt de superposition a été soutenu : il est soutenable. Quelques-uns ont parlé de n'établir l'impôt sur le revenu qu'à partir d'un certain chiffre — 10 ou 15.000 francs de revenu par exemple — de maintenir les contributions directes en les améliorant, de façon à demander aux gros revenus de quoi adoucir la situation des petits contribuables. D'une façon générale, cependant, nous préférons ici la même loi pour tous. C'est, assurément, l'avis de Maujan.

Mais nous sommes surtout en présence du projet du gouvernement qui remplace la contribution des portes et fenêtres et la personnelle mobilière par une taxe personnelle graduée qui serait proportionnelle à l'ensemble des revenus du contribuable et par une taxe d'habitation qui n'est qu'une sorte de contrefaçon de la mobilière actuelle... Contrefaçon?... Le mot est trop sévère... Je reconnais, en effet, que le ministre introduit des améliorations dans le calcul de cette taxe d'habitation : il tient compte, en effet, des charges de famille et d'un minimum non imposable gradué suivant la population.

Il est grand dommage que nous n'ayons pas le loisir d'entrer dans le détail du projet gouvernemental. Je l'ai analysé dans mon rapport. J'ai analysé également le projet de la commission... Disons-en quelques mots .. Ce projet est plus étendu que celui du gouvernement en ce sens qu'il fait abandon aux départements et aux communes de la totalité de l'impôt foncier sur la propriété non bâtie, alors que M. Rouvier n'accorde aux départements et aux communes qu'un cinquième de ce contingent. Mais il résulte de cette réforme — d'ailleurs contestable à plusieurs points de vue qu'il serait trop long d'examiner ici — un nouveau trou dans le budget. Pour le combler, la Commission de la Chambre propose de surélever le taux de l'impôt sur le revenu, de surtaxer la propriété bâtie de 80 centimes pour cent et de créer un impôt nouveau sur les créances hypothécaires et chirographaires. Assurément il est regrettable que certaines créances privilégiées échappent encore à l'impôt. Mais n'est-ce pas justement grâce au nouveau système, que nous pouvons, sans établir une taxe spéciale sur ces créances, les soumettre cependant à l'impôt sur le revenu ? Qui ne voit les inconvénients de ces taxes spéciales ? Qui ne sait notamment, en matière d'hypothèques, que la plupart des contrats contiennent une clause mettant éventuellement à la charge de l'emprunteur, la taxe spéciale en question. Dans d'autres contrats c'est même la résiliation qui est prévue en cas d'établissement d'impôt. Jugez du trouble que produirait dans le pays l'adoption de cette partie du projet de la Commission.

Certes nous devons insister pour que le Parlement nous dote du véritable impôt sur le revenu et sur les capitaux improductifs que réclame notre ami Maujan.

Mais Maujan, lui-même, espère-t-il le triomphe de son projet ? Nous aurons donc, peut-être, à nous rabattre sur le projet du Gouvernement, sauf, bien entendu, à l'améliorer et à en rendre l'application possible par la déclaration.

Permettez-moi, en terminant cette rapide analyse de mon rapport, de vous en lire ces deux pages :

Les adversaires d'une réforme profonde de nos taxes directes, ont dénoncé le projet de M. Rouvier comme un danger, par cela même qu'il constitue un acheminement vers le véritable impôt sur le revenu

Beaucoup de nos amis, par contre, le condamnent comme insuffisant, parce qu'il ne comporte que le remplacement de deux contributions directes. Ce n'est pas ainsi, disent-ils, que doit apparaître, aux yeux de la démocratie, la réforme qu'elle attend de nous. Ce serait une trop grande désillusion. Ce serait déconsidérer l'impôt sur le revenu.

A cela, il a été répondu par des considérations tirées des nécessités de la politique.

Est-il possible de faire voter par le Parlement un projet qui n'aurait pas l'approbation gouvernementale ? En admettant que ce projet triomphe au Palais-Bourbon, ne serait-il pas arrêté au Luxembourg ?

D'autres ont invoqué, en faveur d'une réforme limitée, l'aléa pouvant résulter de la substitution immédiate d'un nouvel impôt à la totalité de nos taxes directes. Un bon impôt sur le revenu, disent-ils, n'est pas l'œuvre d'un jour. C'est seulement quand nous lui aurons donné une solide assiette que nous pourrons en faire l'unique base de notre système d'impôts directs. C'est un essai qu'il faut tenter, assurément, mais que la prudence nous oblige à limiter.

D'autres enfin ont insisté sur les heureuses innovations que consacre le projet gouvernemental ; la quotité remplaçant la répartition ; l'établissement d'un tarif gradué ; la déduction du passif, notamment en ce qui touche les charges de famille ; l'embryon d'un casier fiscal, etc., etc.

M'adressant, enfin, aux membres du Parlement qui siègent dans ce Congrès, je termine ainsi :

Faut-il dire en ces matières : « Tout ou rien ? »

Oui, s'il est entendu par là que vous ne vous arrêterez que le jour où vous aurez accompli la réforme que nous préconisons ici, la réforme totale de nos impôts directs.

Mais pouvons-nous vous conseiller de repousser une amélioration partielle qui rend plus facile, plus prochaine, plus inévitable, cette réforme totale que nous souhaitons tous ?

Croyez-le, messieurs : nous aussi dans la commission du congrès nous aurions préféré qu'il fût possible d'accomplir tout le chemin d'un coup. Mais on vous offre seulement d'entrer dans ce chemin et d'y couvrir une première étape. Acceptez, messieurs ! Sauf, naturellement, à pousser l'étape le plus loin possible.

Certes, le projet qui servira probablement de base à la discussion n'est ni à la hauteur des espérances que nous concevons tous ici, ni à la hauteur de la bonne volonté de la majorité républicaine du Parlement. Mais c'est un acheminement vers le but final. Il vous appartiendra plus tard, messieurs, de parachever votre œuvre de justice fiscale ! (*Applaudissements prolongés*).

M. Tissier. — Depuis longtemps le parti radical et radical-socialiste réclame l'impôt sur le revenu. Je me souviens, pour avoir lutté dans toute la France avec nos amis. que notre programme comportait l'impôt progressif sur le revenu global. Vous venez aujourd'hui nous demander d'accepter pour programme du parti radical et radical-socialiste l'impôt avec cédules. Je demande à l'assemblée de ne se prononcer que sur le principe de l'impôt progressif sur le revenu global, laissant au Parlement le soin d'opérer par cédules ou sur l'ensemble du revenu et je demande que la lettre adressée au Parlement par Degouy soit modifiée en conséquence.

M. DEGOUY, rapporteur. — Vous ne sauriez croire combien je me félicite de l'intervention du citoyen Tissier. Elle me prouve avec quelle attention il m'a écouté et je l'en remercie. Mais il s'est produit une confusion. Je suis partisan de l'impôt sur le revenu total, mais je crois qu'il est plus facile de procéder par cédules pour arriver à la totalisation et surtout pour faciliter la discrimination.

Voici qui n'a pas été fait pour les besoins de la cause. C'est un passage de mon rapport écrit :

« Faut-il attacher une trop grande importance aux querelles qui se sont élevées entre les partisans des cédules et les partisans de la globalité ? Ah ! — Si par système cédulaire, on entend un impôt qui a été appelé l'impôt sur *les* revenus, c'est-à-dire un mode de taxation qui ne permettrait pas la totalisation finale des divers revenus et l'application à ce total d'un tarif progressif ou dégressif, je comprends que nous nous élévions tous contre le système des cédules, car, nous tous, partisans de l'impôt sur le revenu, nous entendons nous adresser directement au contribuable et lui dire : « Voilà le montant total de vos revenus !

« Mais si c'est seulement pour le bon ordre et la clarté de nos écritures fiscales et si c'est pour appliquer plus aisément des taux d'impôt différents à des revenus d'origines différentes que nous répartissons ces revenus en cédules, pourquoi donc les partisans de la globalité repousseraient-ils cette façon de procéder ? Qui donc les empêche de totaliser les ressources du contribuable, après avoir évalué ses ressources successivement et séparément ? Qui donc les empêchera ensuite d'appliquer au total ainsi obtenu un tarif progressif ou dégressif ? (*Applaudissements*).

M. TISSIER. — Ce n'est pas la question. Mais je n'ai pas l'intention de discuter. Et c'est parce que nous ne pouvons pas être d'accord que je demande simplement que dans la déclaration lue par le citoyen Degouy, on supprime les mots qui permettraient de laisser croire que l'impôt par cédules fait partie du programme du parti radical et radical socialiste.

M. Maujan. --Citoyens, nous serons très facilement d'accord ; c'est une question de mots et non pas une question d'idées ; et vous savez que c'est avec les mots qu'on a quelquefois l'habitude d'étrangler les idées. Voilà pourquoi nous devons préciser.

Dans le projet que j'ai déposé à la Chambre des députés, qui a été étudié par la Commission de législation fiscale, j'ai indiqué de la façon la plus nette que nous étions partisans d'un impôt progressif, — c'est un principe, — et global sur le revenu.

Mais pour arriver à globaliser l'impôt, précisément, nous nous gardons bien de nous priver des indications qui ont été fournies par mon ami Degouy, c'est-à-dire que nous adoptons la discrimination des revenus. Nous estimons, en effet, et nous regardons comme un second principe, qu'en matière d'impôt les revenus doivent être frappés différemment en raison de leur nature et de leur caractère. Nous estimons qu'on ne peut pas frapper les revenus du travail comme on frappe les revenus du capital. (*Applaudissements*).

Citoyens, c'est cet idéal que le parti radical-socialiste a toujours proposé, c'est cette thèse que nous défendrons de nouveau à la rentrée de la Chambre au moment de la discussion de l'impôt sur le revenu. Oui, comme l'a très bien dit Degouy, nous aurons le devoir d'essayer de faire triompher d'abord nos idées. Et si nous sommes battus, — mais il ne faut jamais dire d'avance qu'on sera battu — nous nous replierons en bon ordre sur le projet du Gouvernement qui a à nos yeux le petit mérite, appréciable cependant, d'introduire le principe de l'impôt sur le revenu dans la législation fiscale.

Je demande au Congrès de vouloir bien approuver la déclaration que le citoyen Degouy a apportée à la tribune au nom de la commission fiscale du Congrès et je puis rassurer complètement mon ami Tissier; nous n'avons pas failli, ni à la lettre, ni à l'esprit du programme radical.

M. Tissier. — Citoyens, je ne veux pas entrer dans les détails; il est probable que, si nous voulions discuter ici la question de la cédule, nous ne nous entendrions pas. Quand on parle des revenus du travail, je vous demande si les revenus du Creusot, des grandes agglomérations industrielles ne méritent pas d'être

taxés au moins autant que les revenus du petit propriétaire qui a reçu en héritage la terre de ses parents.
Mais la discussion s'égare. Ce que j'ai demandé tout à
l'heure au citoyen Degouy, c'est de supprimer du texte
qu'il a lu une phrase qui engage le parti dans la question des cédules. Je voudrais, pour que l'accord
s'établît complètement sur cette question de l'impôt
sur le revenu comme sur celle de la séparation, qu'on
se bornât à un vote très ferme et très énergique en
faveur du principe de l'impôt global et progressif,
laissant à chacun le soin de choisir entre le système
de la globalité absolue et celui des cédules. Je demande
que, par conséquent, dans le texte des décisions de la
commission, on supprime cette phrase prononcée par
mon ami Degouy, que le principe de l'impôt par cédule
était le principe du parti radical et radical-socialiste.
(Applaudissements sur un certain nombre de bancs).

Citoyens, j'accepte dans leur ensemble les déclarations du citoyen Degouy. Je demande, seulement, pour
établir une union absolue et puissante entre nous tous
sur cette question essentielle, que nous émettions un
vote de principe qui nous unisse, sans entrer dans des
détails qui nous diviseraient. *(Bravos)*.

M. DENJEAN. — Je ne suis pas tout à fait de l'avis du
citoyen Tissier. J'estime qu'un des points les plus
importants est de ne pas taxer à la même valeur le
revenu d'un homme qui a travaillé et celui d'un homme
qui a hérité de ses parents. J'estime qu'il y a là une
question de justice sociale aussi grosse que celle de la
progression et que nous devrions fixer là-dessus le
programme du parti.

M. MALVY. — N'employez pas le mot « cédule ».

M. DENJEAN. — Nous ne discutons pas sur le mot,
mais sur l'idée. L'idée de Degouy nous paraît absolument juste. Il faut que le parti soit d'accord sur cette
question de justice.

M. LE PRÉSIDENT. — Citoyens, nous ne faisons pas
ici un projet d'impôt sur le revenu.

M. MAUJAN. — Citoyens, je demande au Congrès de
se prononcer sur la résolution suivante :

*« Le Congrès se déclare partisan de l'impôt progressif
et global sur le revenu. »*

Cela donne satisfaction, je crois, à mon ami Tissier.

Je ne crois nullement que la question des cédules soit une question de principe. Les deux grands principes en matière d'impôt sur le revenu sont la progression, parce que c'est le principe même de la justice fiscale et ensuite cet autre principe que j'ai indiqué tout à l'heure, à savoir que les revenus doivent être frappés de façon différente en raison de leur nature et de leur caractère. Autrement vous ne ferez pas de justice sociale. Mais pour arriver précisément à réaliser cette justice fiscale, pour arriver à globaliser le revenu en vue de l'impôt, il est nécessaire d'en établir les parts constitutives, et à cet effet d'employer le système cédulaire, qui n'est pas un principe, mais un moyen d'appréciation. Voilà tout ce que nous avons dit, et pas autre chose. (*Très bien ! Très bien !*)

M. LE PRÉSIDENT. — Je mets aux voix les conclusions de la commission, telles que le citoyen Maujan vient de les formuler :

« *Le Congrès se déclare partisan de l'impôt progressif et global sur le revenu.* »

(Cette motion, mise aux voix, est adoptée).

L'Impôt sur les successions

M. DENJEAN, rapporteur, après avoir rappelé les diverses réformes fiscales attendues par la démocratie, conclut ainsi :

Mais votre commission, tout en estimant que ces réformes sont mûres dans l'esprit public et en invitant le Parlement à en hâter la réalisation, a pensé cependant qu'il était une réforme plus immédiate et réalisable de suite, c'est celle de l'impôt sur les successions. La Chambre et le Sénat lui-même, malgré toutes les craintes que la démocratie avait sur la Chambre haute, ont déjà admis les principes dans une loi récente. Nous venons simplement leur demander de continuer l'œuvre commencée.

Le projet déposé par le citoyen Maujan en 1904, projet qui est actuellement soumis à la Commission de législation fiscale, a paru à votre Commission réaliser entièrement les principes de la réforme.

Suppression de tout droit de succession après le 6ᵉ degré (cousins issus de germains); n'est il pas évident qu'à ces degrés la famille moderne, disséminée par les nécessités de la vie peut être considérée comme définitivement éteinte et s'il en est autrement le droit de tester ne vient-il pas permettre aux parents de témoigner ces liens de famille qui les rattachent encore.

Droit fixe, dans le projet 25 0/0, pour tout acte testamentaire. Ce droit n'est il pas nécessaire et juste, celui qui bénéficie de cet avantage n'est-il pas redevable à la société qui le protège et lui permet de profiter d'un bien que la loi naturelle semblait lui interdire?

Progression plus forte que celle existant déjà pour les gros héritages et d'autre part diminution pour les petits héritages en ligne directe.

N'est-il pas juste en effet que les fils du paysan, de l'ouvrier, du commis, qui ont péniblement amassé le pain du lendemain, héritent sans droit sensible de ce faible pécule et qu'au contraire le fils du millionaire spéculateur, voit réduire sensiblement ce bien trop souvent même mal acquis et que la Nation profite de la part qui lui est due pour les forces publiques qui protégeront ce bien et les services publics dont jouira ce favorisé de la fortune.

Tels sont, citoyens, les principes sur lesquels votre Commission estime que doit être basée la réforme, elle propose au Congès d'inviter le Parlement et en particulier la Commission de législation fiscale, à la mettre en tête de l'ordre du jour, réforme qui à elle seule, dans le projet Maujan, donnerait plus de 300 millions de ressources nouvelles, qui ne pourraient qu'augmenter avec le développement des grosses fortunes modernes.

M. Maujan. — Citoyens, nous sommes en présence d'une proposition qui est peut-être en matière fiscale la plus importante de toutes, comme vous l'a indiqué d'une façon si remarquable tout à l'heure notre ami Degouy, l'impôt sur le revenu ne peut être et ne sera qu'un impôt de remplacement, c'est à dire qu'au système défectueux, improportionnel, injuste de nos impôts actuels, vous allez substituer un autre système d'impôt qui sera mieux réparti et plus équitable.

Mais vous ne trouverez pas, entendez-vous bien, un

centime de ressources nouvelles, et cependant nous avons besoin de ces ressources nouvelles pour réaliser le programme de la démocratie. Nous en avons besoin pour la caisse des retraites, pour l'enseignement, pour toutes les grandes institutions sociales.

Où trouvera-t-on ces ressources nouvelles? C'est le gros problème qui va se poser et qui doit se poser le plus tôt possible devant le Parlement. Il est certain que, pour nous, nous ne pouvons que présenter le cadre de ces réformes sociales ; mais nous n'avons rien à mettre dedans.

Pour nous procurer ces ressources, nous avons pensé qu'il conviendrait de les demander à l'impôt sur les successions. J'ai déposé un projet en ce sens devant la Commission de législation fiscale de la Chambre des Députés ; j'ai demandé que l'impôt sur le revenu fût établi d'une façon plus large et plus productrice qu'il ne l'est actuellement, j'ai demandé la suppression de l'héritage en ligne collatérale à partir du 6e degré, c'est-à-dire à partir du degré « issus de germains ». Je dis que c'est là une réforme de notre parti ; car véritablement il ne faut pas nous laisser prendre le bénéfice de toutes nos réformes par un parti avec lequel nous avons fait une alliance entièrement loyale, le parti socialiste. (*Bravos*).

Déjà, à propos de la séparation des Eglises et de l'Etat, qui est une réforme du parti radical, il a fallu rétablir les choses. Il fut un temps où les collectivistes combattaient la séparation des Eglises et de l'Etat. Certes, je n'ai nullement l'intention d'attaquer nos alliés d'extrême-gauche. Si quelqu'un au Parlement a maintenu énergiquement l'alliance constante avec le parti socialiste, c'est bien l'homme qui a l'honneur de parler devant vous. Je considère en effet que cette alliance a été le gage des grandes réformes sociales. Cette alliance nous la maintiendrons de tous nos efforts avec la plus grande loyauté, mais aussi avec clairvoyance ; et on ne pourra trouver mauvais que nous revendiquions de temps en temps les droits et les titres de propriété du parti radical. (*Très bien ! Très bien !*)

De même que la séparation des Eglises et de l'Etat est partie intégrante de notre programme, du vieux programme radical, de même l'impôt sur le revenu, l'impôt sur les successions en sont une partie essentielle.

Je dis que l'impôt sur les successions est la plus légitime des contributions. Dans une démocratie où la grande loi est la loi du travail, où pour être quelque-chose, il faut être quelqu'un, c'est-à-dire le fils de ses œuvres, ne nous semble-t-il pas que l'héritage en ligne collatérale surtout, est un privilège inqualifiable, une injustice d'ordre social?

Je demande au Congrès d'inviter le Parlement et spécialement la commission de législation fiscale de la Chambre des Députés à mettre le plus tôt possible à son ordre du jour le projet d'impôt sur les successions dont elle est saisie. Nous ne voulons pas que dans ce pays comme en Angleterre la terre soit possédée par quelques privilégiés. La terre de France appartient à tous et ne doit pas être possédée seulement par quelques-uns (*Bravos*).

C'est là une réforme profonde et primordiale, qui nous permettra de réaliser le programme de la démocratie en nous donnant les ressources financière qu'il exige. (*Applaudissements*).

(Les conclusions de la Commission sont adoptées.)

Droits de mutation

M. VAYSSE, au nom de la Commission, présente un vœu sur les droits des mutations. Ce vœu pris en considération est renvoyé à l'examen du Comité exécutif.

Protestation du *Rappel de l'Aisne*

LE PRÉSIDENT donne lecture du télégramme de protestations ci-après :

« Nous soussignés, Rédacteur en Chef *Rappel de l'Aisne* et Administrateur gérant, membre Association, Presse républicaine départementale appuyons déclarations directeur politique Morlot, protestons avec indignation contre exclusion de notre représentant dont nous portons absolument garants républicanisme sincère et convainu. Défions quiconque prouver que défendons pas au *Rappel* programme essientiellement radical. Adressons Président Congrès, expression sentiments fraternité républicaine ».

Charles WESTERCAMP, MENEY-DARGIS.

[Bruit prolongé.]

Sur proposition Arnaud, le Congrès passe à l'ordre du jour.

Impression du discours Couderc

LE PRÉSIDENT donne lecture d'une proposition signée d'un grand nombre de Congressistes demandant l'impression du discours du citoyen·Couderc.

A l'unanimité, il est décidé que ce discours sera imprimé au *Bulletin du Parti*.

Nomination du Comité exécutif

LE PRÉSIDENT, après avoir fait renvoyer à la prochaine séance les questions à l'ordre du jour, fait connaître à l'assemblée que toutes les propositions pour la nomination du Comité exécutif sont arrivées au Bureau. Il y a donc lieu de délibérer sur ces propositions.

M. GÉRAULT-CARION. — Comme le Bureau du Comité exécutif doit être nommé ce soir, il importe que les membres de ce Comité soient désignés sans tarder.

M. CARPOT fait remarquer que beaucoup de Congressistes sont absents. Dans ces conditions, on ne pourrait discuter les propositions contestées sans risquer de soulever des protestations.

M. BOUFFANDEAU. — Citoyens, il n'y a que cinq départements qui peuvent donner lieu à des contestations. Je vous propose de ratifier immédiatement les propositions non contestées et de renvoyer au début de la séance prochaine la discussion pour les autres départements. (*Très bien ! Très bien !*)

Il en est ainsi ordonné.

Lecture est donnée des noms des délégués proposés pour le Comité exécutif par les délégations départementales, sauf pour les départements de l'Ain, du Cher. de la Dordogne, de la Haute-Garonne et de la Seine, qui sont réservés, les propositions ayant donné lieu à des contestations.

Les propositions sont adoptées.

La séance est levée à midi.

CINQUIÈME SÉANCE. — 8 OCTOBRE
(Soir).

La séance est ouverte par M. Bienvenu-Martin qui lit un télégramme de remerciements de M. Léon Bourgeois et quelques lettres d'excuses. Il fait connaître que M. Maujan, dont le nom avait été prononcé pour la présidence de cette séance, a dû quitter Toulouse.

Les noms de MM. Dubief, Lafferre, Buisson et Delpech sont donnés au Bureau. MM. Dubief et Lafferre déclinent successivement l'honneur qui leur est fait pour la présidence. Le nom de M. Buisson est acclamé.

Président : M. Ferdinand Buisson, député de la Seine.

Vices-Présidents : MM. Morlot, député de l'Aisne.
Dujardin-Beaumetz, dép. de l'Aude.
Iriart d'Etchepare, député des Basses-Pyrénées.
Girod, député de Seine-et-Marne.
Bourrat, député des Pyrénées-Orientales.
Poisson, député du Gard.
Defumade, député de la Creuse.
Tavé, député de la Corrèze.
Malesset, membre du Conseil supérieur des Colonies.
Bourceret, ancien vice-président du Comité Exécutif.
Billès, conseiller municipal de Marseille.

Secrétaires : MM. Charles, conseiller général de l'Ariége ;
Victor Chaussier, de Saône-et-Loire.
Marcel Bernard, délégué de la Loire.
Girard, délégué de Meurthe-et-Moselle.
Roret, conférencier du Comité Exécutif.
Plauchud, conseiller municipal de Barjols.
le Dr Aubin, conseiller général du Var.
Gérault-Carion, docteur en Droit.
Georges Coulon, publiciste.
Edmond Strauss, publiciste.

Secrétaire permanent du Congrès : M. Bouffandeau, secrétaire général du Comité Exécutif.

M. Morlot, *vice-président*. — Je n'ai pas l'intention
d'usurper la place qui m'est échue incidemment et je
vous propose en attendant l'arrivée du citoyen Buisson
de commencer votre ordre du jour. Quand notre président sera arrivé j'aurai l'honneur et le plaisir de lui
céder le fauteuil et il prononcera l'allocution que vous
attendez avec autant d'impatience que le président
provisoire de cette séance.

Je donne la parole au citoyen Jean Lépine sur la
question de la laïcisation des hôpitaux.

La laïcisation des services d'Assistance publique et le recrutement des infirmières laïques.

M. le Dr Jean Lépine. — J'ai reçu mandat de vous
parler de la laïcisation des services d'assistance publique ; question secondaire en apparence, question vitale
en réalité car c'est sur elle que repose d'une part la
suppression des congrégations hospitalières, et, de
l'autre, l'accomplissement même de notre devoir social
d'assistance.

Pour s'en convaincre il suffit d'examiner la situation
actuelle.

En France, la majorité des établissements d'assistance est actuellement desservie par des religieuses.
Elles sont 18.000. Ce ne sont pas, tant s'en faut,
18.000 personnes effectivement occupées aux soins des
malades. Les services généraux et surtout les devoirs
religieux en absorbent le plus grand nombre. Mais ces
18.000 religieuses suffisent à occuper les établissements d'assistance comme un pays conquis; c'est leur
domaine, leur chose. Elles font effectuer la part principale de leur besogne par des laïques sous leurs
ordres, laïques sans instruction et sans direction. Nous
disons que cette situation ne peut se prolonger, que
nous n'en voulons plus.

Est-ce en vertu de nos principes politiques ? En
faisons-nous une question dogmatique ? Non. Qui de
nous ne préférerait guérir par les soins des religieuses
plutôt que de mourir entre des mains laïques ? La
question n'est pas là. Nous disons que si nous ne voulons plus des religieuses, c'est qu'en réalité elles remplissent mal leur devoir d'assistance. Elles ont des

défauts évidents : elles sont ignorantes, indisciplinées ; elles échappent à l'autorité du corps médical : elles sont rebelles à toutes les règles d'hygiène moderne.

Leurs défenseurs leur attribuent deux sortes de qualités. La première, c'est qu'elles coûtent moins cher. Je le déclare à tous ceux d'entre vous qui ont une responsabilité quelconque, soit comme élus, soit comme membres des commissions administratives : il y a là une erreur que notre devoir est de dissiper. Très souvent, les congréganistes coûtent plus cher que ne coûteraient les laïques. Elles sont moins payées, mais elles sont beaucoup trop nombreuses. Je suis en ce moment médecin d'un asile départemental public d'aliénés dans lequel il y a 24 religieuses de Saint-Vincent-de-Paul, dont 10 seulement sont affectées au service des malades. On pourrait les remplacer par 8 ou 10 laïques qui coûteraient plus cher individuellement, mais qui n'entraîneraient pas une dépense totale égale.

De plus, on sait à quel gaspillage des ressources hospitaliers se livrent trop souvent les religieuses au profit de leur congrégation, nul ne peut le nier ; je n'insiste pas

Le deuxième argument, c'est l'esprit de charité des congréganistes. Les médecins ne me démentiront pas si j'affirme que dans cet esprit il faut faire deux parts ; d'abord l'esprit de dévouement, de sacrifice qui existe chez l'immense majorité des femmes et que nous avons bien le droit d'espérer développer chez les laïques. Puis, l'esprit professionnel, mais celui-là, c'est l'esprit de la congrégation. Dans l'assistance comme partout l'Eglise a suivi sa doctrine éternelle, et il est fort édifiant de lire les instructions des fondateurs d'ordres religieux hospitaliers, à l'exception de Saint-Vincent-de-Paul, dont les successeurs ont oublié les conseils. En même temps que se créaient des ordres prédicants et actifs se créaient des ordres hospitaliers, d'après les mêmes principes et dans le même dessein. L'Eglise adapte ses moyens d'action aux circonstances présentes, mais elle entend poursuivre son but et en demeurer maîtresse. Après avoir été guerrière, commerçante, colonisatrice, elle a été hospitalière, enseignante et industrielle. Mais elle est toujours l'Eglise agissante et militante.

C'est pour cette raison, c'est parce que l'esprit des congrégations hospitalières n'est pas, et ne peut pas être un esprit de désintéressement absolu et d'assistance sans compensation, qu'il faut perdre l'espoir de faire de ces congrégations les agents disciplinés et conscients du devoir social de solidarité.

C'est pour cette raison que, en dehors de toute considération métaphysique ou confessionnelle, l'Etat moderne ne peut pas confier à des religieuses le soin de ses hospitalisés.

Il faut donc laïciser. Comment opérerons-nous ? Allons-nous purement et simplement renvoyer les religieuses et élever, pour ainsi dire, d'un cran les laïques qui sont en ce moment sous leurs ordres ? Mais je vous ai dit que ce personnel laïque n'est pas instruit, qu'il est grossier, que les religieuses traitent ces laïques comme des esclaves. Nous aboutirons donc à un échec.

Eh bien, alors, pensez-vous, il faut instruire le personnel laïque ! Alors il se passera dans toute la France ce qui s'est passé à Paris. L'œuvre d'instruction du personnel laïque a été accomplie par un de nos amis dont on ne dira jamais assez de bien, par Bourneville (*Applaudissements*). Il a rencontré une hostilité systématique non seulement de la part de nos adversaires politiques ainsi qu'en témoignent les discussions du conseil municipal pendant les 4 années de nationalisme qu'a subies Paris, mais encore de la part de l'administration.

Bourneville n'a pas pu obtenir que les infirmières qu'il s'était donné tant de mal à instruire eussent la situation à laquelle elles avaient droit, et son entreprise a relativement échoué; si bien qu'un autre de nos amis l'a reprise sur d'autres bases, je veux parler de Mesureur. (*Très bien*).

Il faut une éducation première, il faut des diplômes. Alors, peut-on dire, ce sera une carrière réservée aux filles de bourgeois qui auront de l'argent ? Nullement. La situation actuelle nous suffit. On a créé déjà des bourses auprès des facultés de médecine et, chose étrange, ces bourses restent sans titulaires pendant que nous autres médecins nous luttons en désespérés contre l'armée congréganiste.

Ce qu'il faut surtout c'est assurer au personnel une carrière honorable et digne, une situation convenable. Ce qui est essentiel c'est moins de gros traitements qu'une position indépendante, des chambres particulières, passez-moi ce détail qui paraît infime. Actuellement nos infirmières sont en casernes dans d'immenses dortoirs, alors qu'elles ont besoin de qualités de sang-froid, de décision, de réflexion que le régime de la chambrée ne peut que détruire.

Nous demandons qu'on organise une carrière nouvelle analogue à celle des nurses anglaises. Et qu'on ne dise pas que c'est impossible. A Paris, quelques médecins républicains ont organisé l'Assistance aux malades dans un véritable esprit laïque. Qu'on ne dise pas qu'une œuvre privée seule peut réussir : notre ami Mesureur est entré également dans cette voie.

De telles œuvres, il faut se le dire, sont une force pour un pays. Je me souviendrai toujours d'une visite que j'ai faite il y a une dizaine d'années dans les hôpitaux d'Alexandrie d'Egypte. A ce moment l'Egypte n'était pas encore fixée sur le régime définitif auquel elle serait soumise. Les amis de la France résistaient de toutes leurs forces à l'influence anglaise. L'hôpital français d'Alexandrie était et est encore tenu par des sœurs de Saint-Vincent-de-Paul. Il était relativement mal tenu. L'hôpital grec au contraire était merveilleusement installé, gai, clair, conforme aux exigences de l'hygiène moderne. Le personnel qui s'était ingénié à rendre le séjour de l'hôpital supportable et utile était composé de nurses anglaises. Le chirurgien en chef de cet hôpital, ancien interne des hôpitaux de Paris, l'un des plus sûrs amis de la France, nous disait avec l'accent de quelqu'un qui a lutté en vain : J'ai bien fait ce que j'ai pu pour ne pas avoir ces infirmières anglaises, mais vous n'avez pas en France d'infirmières laïques que je puisse prendre, et quant à vos religieuses, ce n'est pas pour nous question de religion, mais nos malades en auraient trop souffert.

N'en déplaise à M. Georges Leygues, qu'il s'agisse d'établissements enseignants ou d'établissements hospitaliers, c'est par des exemples comme celui-là que se juge le rôle des congrégations dans l'influence française en Orient. (*Applaudissements*).

Pourquoi vous apporter ces faits ? Parce que c'est de vous et non de l'autorité supérieure que dépend la solution. Notre assistance est départementale et communale Le ministère, lui, a fait tout ce qu'il fallait ; un républicain, Henri Monod, s'est attelé à cette tâche et a préparé la besogne. Les ministères Waldeck-

Rousseau et Combes ont envoyé circulaires sur circulaires. Mais les commissions administratives font en général la sourde oreille. C'est de votre action sur les commissions administratives et sur les préfets que nous attendons le remède.

Il suffit d'organiser un petit nombre d'écoles régionales. La dépense ne sera pas excessive. Il faut environ mille infirmières par an, deux mille si nous voulons que la réforme soit achevée en 10 ans. Il suffit de créer une dizaine d'écoles, en développant les cours déjà existants près des facultés de médecine. Quant aux améliorations de carrière du personnel des infirmières, la dépense est minime. Faites cette dépense, l'exemple des administrations hospitalières qui ont déjà réalisé la réforme est là pour vous dire que ce n'est pas une dépense, mais un placement.

Vous avez devant vous deux alternatives. Si vous voulez procéder à la laïcisation sans préparation, vous ferez faillite, et, comme vous le savez vous ne laïciserez pas, et alors les congréganistes exploiteront la situation comme ils ont exploité les aveux du président du Conseil, lorsqu'à la tribune a été traitée, incidemment, la question de laïcisation des hôpitaux. Chaque jour de répit que vous leur laisserez sera mis à profit par eux pour fortifier cette dernière ligne de retraite. Dès maintenant, pour essayer de nous persuader que leur personnel sera supérieur à celui que nous pourrons créer, ils donnent des cours aux sœurs. Faites-y attention, la situation est grave. Déjà, sous couleur de bienfaisance, se renouvellent le recrutement et le trésor de guerre de la congrégation. (*Applaudissements*).

L'effort que je vous demande est bien moindre que celui qui a été fait pour l'instruction publique. Si vous le faites, cet effort nécessaire, vous pourrez disperser les derniers débris de l'armée congréganiste qui aura ainsi perdu tout prétexte à l'existence, et de plus, vous aurez réalisé ce que je place plus haut, notre idéal social. (*Très bien ! Très bien !*).

Les partis politiques n'ont pas tous un idéal. Les partis réactionnaires ne peuvent en avoir, puisqu'ils sont liés pour la défense égoïste d'intérêts de caste et de personnes. Le parti socialiste a un idéal, mais il n'en peut espérer la réalisation prochaine. Nous avons nous, un idéal qui est la solidarité de Léon Bourgeois.

Je vous offre un moyen immédiat et pratique d'en assurer pour une faible partie la réalisation.

Si vous faites cet effort, si vous montrez à ce peuple, qui ne le sait pas assez, qu'avec nos seuls principes, sans cornette et sans rosaire à l'aide de la seule morale laïque, on peut faire le bien, consoler, rassurer, et guérir, vous aurez rompu le charme mystérieux qui, depuis des siècles, ramène vers l'Eglise la foule immense de tous ceux dont la souffrance a endormi la raison. *(Applaudissements)*.

C'est une œuvre morale à laquelle je vous convie, comparable à celle de l'instruction publique; il lui faudra des Buisson, des Steeg et des Pécaut. Mais si vous l'accomplissez vous aurez travaillé pour notre idéal par le meilleur des procédés, la persuasion, par le meilleur des arguments, l'action. (*Vifs applaudissements*).

Voici mes conclusions :

Le Congrès adresse aux assemblées départementales et communales qui se réclament des principes du parti, un pressant appel pour que, se conformant à l'esprit de la circulaire ministérielle du 28 octobre 1902, elles organisent cette carrière nouvelle d'infirmière laïque, sans laquelle sont impossibles, d'une part l'accomplissement du devoir social d'assistance, et de l'autre la libération du pays.

(Ces conclusions, mises aux voix, sont adoptées à l'unanimité).

SUITE DE LA NOMINATION DES DÉLÉGUÉS AU COMITÉ EXÉCUTIF. — DÉLÉGATIONS CONTESTÉES.

Département de l'Ain

M. le Président. — Deux listes sont en présence : la première comprend les noms de MM. Chanal, Authier, Bizot, députés, Edouard, conseiller général, elle est signée des comités de Châtillon, plus 4 signatures individuelles.

La seconde comprend les noms de MM. Authier, Baudin, Chanal, députés et Pierre Goujon, conseiller général de Pont d'Ain. Elle est signée des citoyens Masson et Péret.

M. Masson. -- Je désirerais savoir si les délégués qui ont signé la première liste sont des mandataires réguliers des groupes républicains de l'Ain.

M. le Président. — Cette question ne peut être posée, tous les pouvoirs sont validés.

M. Masson. — Si ces pouvoirs sont validés, je me borne à déclarer que nous n'étions pas présents, ne pouvant être ici du soir au matin. Nous voudrions demander si ceux qui ont déposé la liste, sont des républicains inscrits dans les groupes républicains de l'Ain.

M. le Président rappelle une fois encore que les pouvoirs des délégués sont validés.

M. Masson fait observer que les candidats figurant sur les deux listes sont tous des républicains, mais il tenait à présenter son observation.

M. Pierre Robert affirme son droit de représenter les Comités qui lui ont confié leurs mandats. Il fait remarquer que la liste qu'il a déposée, a réuni huit signatures sur les onze membres que comprend la délégation de l'Ain. Cette liste comporte les noms des vieux républicains de l'Ain. Il ne méconnaît pas les services que M. Pierre Baudin a pu rendre, mais il est obligé de constater qu'en ce moment, il ne fait pas la politique des républicains qui sont en majorité dans l'Ain.

M. le Président met aux voix la liste présentée par la majorité des délégués et qui comprend les noms de MM. Authier, Chanal, Bizot, députés et Edouard, conseiller général.

Cette liste est adoptée.

Acte est donné à M. Masson du dépôt d'un dossier qui sera renvoyé au Comité exécutif.

Entrée de M. Ferdinand Buisson

M. Buisson entre dans la salle des séances (Vifs applaudissements. — Ovation prolongée. — Cris de : Vive Buisson !).

M. Buisson prend place au fauteuil de la présidence.

M. Buisson, président. — Votre accueil me touche profondément et me confondrait si je ne comprenais que vos applaudissements et vos acclamations s'adressent non à un homme mais à une idée. Nous n'en sommes plus à nous attacher aux personnes, nous nous attachons à celui quel qu'il soit qui représente par le hasard des circonstances les idées qui nous sont chères. En ma personne vous saluez comme vous l'avez fait hier, l'idée laïque, l'idée laïque appliquée à tout dans l'Etat, à tous les services de l'Etat, à l'Etat même, à la vie publique, à la vie sociale et à la vie privée.

Je vous remercie de votre accueil chaleureux, de l'honneur que vous me faites et auquel j'étais loin de m'attendre. Je viens d'apprendre en passant que vous m'aviez désigné pour la présidence de cette séance, car je le confesse, je m'étais attardé à visiter le musée de Toulouse; c'est après tout un péché véniel (*Rires et applaudissements*).

Puisque vous avez commencé l'ordre du jour, voulez-vous me permettre de laisser le vice-président qui s'acquitte si bien de ses fonctions continuer à présider (*Non! non!*). La première des vertus républicaines c'est l'obéissance aux ordres de la démocratie (*Nouveaux applaudissements*).

Département du Cher

M. Debaune, député du Cher, vient expliquer pourquoi il y a deux listes :

« Des républicains sincères qui se dévouent à la cause de la démocratie depuis plus de 30 ans, dans le Cher, ont été désignés membres du Comité exécutif, à Lyon et à Marseille. Ils n'ont pas démérité, la Fédération du Cher propose leur maintien.

Mon ami, le citoyen Robin, désire être du Comité exécutif, mais, comme nous n'avons droit qu'à quatre délégués, nous ne pouvons que maintenir purement et simplement les anciens.

M. Robin. — La Fédération du Cher a désigné quatre délégués pour la représenter au Congrès, je fais partie de cette délégation, mais nous ne sommes que deux présents, mon ami Debaune et moi. Le citoyen Debaune, par suite d'une fausse interprétation — car je sais qu'il n'a pas voulu me désobliger — croit qu'il faut maintenir les anciens délégués. On ne peut admettre que quand on est nommé délégué au Comité exécutif, c'est à perpétuité.

M. BUSSIÈRE pose quelques questions au citoyen Robin. Est-il exact : 1º qu'il ait été candidat nationaliste aux dernières élections municipales à Paris ; 2º qu'il ait été candidat réactionnaire à Vierzon en 1902 ; 3º qu'il ait été candidat révolutionnaire dans le Cher.

M. ROBIN. — Je réponds très nettement : Je suis si peu nationaliste, contrairement à ce qu'on vient de dire, qu'aux dernières élections municipales de Paris — et je fais appel à mon ami Desplas, président du Conseil municipal de Paris — je me suis désisté, en faveur du candidat républicain, le citoyen Lampué, contre le candidat nationaliste Chérot, et qu'à nous deux nous avons obtenu le succès.

M. J.-B. MORIN. — Je viens appuyer la proposition du citoyen Debaune. Originaire du Cher, très mêlé à la politique active, ayant pris part aux dernières élections cantonales, je connais parfaitement l'opinion du département et de nos amis.

Je dois à la vérité de déclarer, sans porter atteinte à la personne du citoyen Robin, qu'il ne représente pas intégralement l'opinion du parti radical-socialiste.

Ceux qui sont présentés, non pas par le citoyen Debaune, mais par la Fédération départementale, représentent d'une façon pure et indiscutable nos principes, nos idées, notre programme, notre tactique.

Je ne veux pas insister, mais j'ai le devoir de rappeler que la candidature du citoyen Robin a été contestée par des organisations et des groupements dans lesquels nous pouvons avoir une absolue confiance car car ils n'ont jamais varié.

Citoyen Robin, vous êtes peut-être un homme d'avenir pour notre parti, mais pour le moment, vous n'avez peut-être pas assez fait vos preuves. (*Vifs applaudissements*).

Le citoyen ROBIN voit là une animosité personnnelle et se plaint qu'on propose des délégués qui ne figurent pas dans la délégation au Congrès.

(La liste présentée par la Fédération et comprenant les noms deMM. Debaune, Mitterand, Cannier et Gérard-Ducreux est adoptée.)

Haute-Garonne

M. Honoré Leygue vient dire à la tribune que les délégués de la Haute-Garonne se sont mis d'accord. « Ce que les délégués ont entendu faire. C'est une liste d'entente large entre les républicains favorables au Congrès radical socialiste et au gouvernement Combes. »

Cette liste comprend les citoyens Ruau et Raymond Leygue, députés; Feuga et Sarraute, adjoints au maire de Toulouse; Cazassus, adjoint au maire de Saint-Gaudens; Gasc, maire de Muret.

(Elle est adoptée).

Basses-Pyrénées

M. POUYAU. — Je n'avais d'abord l'intention de ne parler que sur la question des délégués des Basses-Pyrénées, mais après la discussion qui vient d'avoir lieu pour le Cher, je demande que les dissidents que nous avons blâmés ne puissent faire partie du Comité.

M. Pouyau explique que les Basses-Pyrénées étant représentées par 26 délégués, il y a deux listes de présentation. L'une de ces listes a été signée par 18 délégués et l'autre par 8.

Il demande au Congrès de ratifier celle de la majorité.

M. TOUFLANS proteste parce que sur les 18 signataires de la première liste, il y en a 11 qui appartiennent à un seul canton n'ayant que 500 électeurs.

Il demande que les pouvoirs de ces onze délégués soient examinés par le Comité exécutif.

M. DUFAURE (de Montereau) estime qu'il est regrettable que les délégués des départements ne soient pas d'accord entre eux avant de se présenter au Congrès. Nous ne pouvons juger ici de la valeur des uns et des autres.

M. le Président. — Il serait en effet extrêmement désirable que de tous les départements, il ne vînt que des mandataires parfaitement mandatés, mais la Commission de vérification des pouvoirs a fait son œuvre, il n'y a plus à y revenir.

(La liste présentée par la majorité est adoptée).

Seine

M. Cazassus. — L'Assemblée me permettra de lui rappeler le vote qu'elle a émis dans sa première séance. Ce vote a été très significatif. Le Congrès a voté un blâme à ces républicains dissidents, à ces pêcheurs de portefeuille. Il s'agit aujourd'hui, à propos de la délégation de la Seine, d'appliquer en fait ce que le Congrès a décidé en principe. Dans la liste qui a été proposée figure le nom de M. Lockroy (*Exclamations et bruit sur de nombreux bancs. — Cris de : Vive Pelletan !*).

Il est certain que nous sommes obligés de nommer les personnes, puisqu'il s'agit de passer à l'application d'un principe. Je dis que la délégation de la Seine, à une infime majorité de trois voix, vous propose de porter M. Lockroy au Comité exécutif. (*Non ! Non !!*)

Je viens ici, au nom d'un groupe d'amis de la région du Midi, demander au Congrès de ratifier purement et simplement ce vote énergique qu'il a émis dans sa première séance et d'écarter le nom de M. Lockroy. (*Bravos sur de nombreux bancs*).

M. le Président. — Citoyens, je vais donner la parole à ceux qui la demanderont ; mais puisque vous m'avez fait l'honneur imprévu et immérité de me porter pour quelques instants à votre présidence, permettez-moi d'exercer comme je le comprends la fonction que vous m'avez imposée.

Il me semble que le président ne doit jamais intervenir dans les débats, mais qu'il doit prévenir l'Assemblée, si, par une déviation quelconque, elle sortait du droit régime parlementaire. Dans la proposition qui vient d'être faite et dans celle que tout à l'heure on avait déjà esquissée à la tribune, il y a une confusion, que je soumets à l'Assemblée. Je commence par déclarer et par reconnaître qu'une Assemblée est toujours souveraine et qu'elle a le droit même de confondre des choses qui par nature se distinguent ; mais c'est le devoir du président de lui rappeler les distinctions naturelles des choses.

Or, il y a un vote que le Congrès a émis, que je comprends parfaitement, que tous comprendront, même ceux qui ne l'approuveraient pas. C'est un vote politique ; vous avez émis un vote principal, à savoir que vous blâmiez la politique de ceux qu'on a appelés, sans les désigner autrement, les dissidents ; c'est-à-dire que vous avez blâmé une politique ; c'est votre droit et c'est votre rôle ; vous êtes ici pour faire des manifestations politiques. Celle-là en est une. Vous avez déclaré que, sous aucun prétexte, vous n'approuvez les tentatives, les essais, les ébauches, les esquisses de division introduites dans le bloc. Vous avez blâmé cela d'une manière énergique (*Oui ! oui !*) et vous l'avez blâmé avec une franchise telle que, sans indiquer par des termes savants ce que vous vouliez dire, vous avez désigné ceux que la langue populaire du Parlement appelle les dissidents. (*C'est cela ! Bravos*).

Ayant fait cela, citoyens, dans la plénitude de votre droit et de votre pouvoir, il me semble que vous avez épuisé votre droit et votre pouvoir... (*Non ! non !*) attendu qu'à présent il n'y a plus que des questions de noms propres et sur des questions de noms vous n'avez pas autre chose à faire qu'à voter oui ou non, absolument comme vous l'entendrez.

Une voix. — On a expulsé le secrétaire de Doumer ! On peut expulser Lockroy.

M. le Président. — Veuillez me permettre de poursuivre, — ce qui n'est pas de ma part un parti pris ni une ingérence dans votre vote, — l'explication de la règle qu'à mon avis une assemblée doit suivre pour observer les principes essentiels du régime parlementaire. Quand une Assemblée a émis un vote général, un vote de principe, elle a dit ce qu'elle avait à dire en cette matière ; mais que ferez-vous si ensuite on vient vous dire, citoyens : Vous avez émis un blâme général contre la politique dissidente. Or, le citoyen un tel s'est trouvé tel jour, à telle heure, avoir participé à cette politique. Donc il est *a priori* et par une simple conséquence, exclu ? Citoyens, on n'a pas le droit de parler ainsi. (*Mouvements divers*).

Citoyens, je vous en prie, veuillez étudier avec calme la question. Vous avez un règlement, vous devez vous y conformer. Ayant émis un vote général, vous n'avez pas à y revenir ; il est acquis. Le jour où vous avez émis ce vote général, vous n'avez pas dressé la liste des personnes à qui vous l'appliquiez. Il est dans votre droit de demander l'exclusion de qui vous voudrez, mais..... (*Bruit*).

Vous avez un règlement. Oui ou non voulez-vous l'observer ? (*Bruit prolongé*).

M. Tissier *s'avance vers la tribune.* — Cris : Vive Tissier ! A bas Lockroy !

M. le Président. — Citoyens, il est tout à fait superflu de vous agiter, puisque vous êtes souverains et que vous allez décider. Je vous demande simplement de procéder régulièrement, c'est-à-dire conformément à votre règlement. Ce n'est pas moi qui l'ai rédigé ; je suis ici pour vous le rappeler.

Voici l'article 6 de ce règlement :

« Les membres du Comité exécutif seront élus pour un an par le Congrès, sur la désignation des délégués de chaque département ».

Dès lors il y a deux questions distinctes à poser.

La première : Y a-t-il pour le département de la Seine, qui a 38 noms à vous proposer, une désignation régulière faite, comme le veut le règlement, par les délégués du département de la Seine ? (*Oui ! oui !*). Cela est incontestable. J'ai entre les mains la liste de ces 38 noms.

Ces noms vous sont-ils imposés et devez-vous les accepter les yeux fermés ? (*Non ! Non !*). Evidemment non. Par conséquent sur chacun de ces noms votre droit de vote est entier et incontesté. (*Bravos*). Seulement je vous prie de ne pas faire cette faute d'orthographe, — passez-moi le mot — qui consisterait à dire : Nous éliminons *a priori* le citoyen Lockroy parce que nous l'avons déjà éliminé en principe. Ce serait, à mes yeux, une incorrection manifeste. En effet, il y a bien d'autres dissidents que le citoyen Lockroy ; il y en a plusieurs dans cette assemblée.

Une voix. — Désignez-les !

M. LE PRÉSIDENT. — Pour qui me prenez-vous, s'il vous plait, vous qui me demandez de désigner à l'animadversion publique tel ou tel de nos collègues ? (*Vifs applaudissements*).

A chacun de vous, citoyens, de voir ce qu'il a à faire. J'ai le droit de constater que votre vote de blâme pour la politique dissidente ne vous a pas empêchés d'admettre et de conserver au milieu de vous un certain nombre de nos collègues qui ont plus ou moins, à des degrès quelconques, participé à ce que vous blâmez sous le nom de politique dissidente. Avez-vous eu tort ou raison ? Ce n'est pas la question. Je vous dis simplement que vous ne pouvez pas, en bonne équité, appliquer à un citoyen tout seul ce que vous n'avez pas appliqué à tous les autres ; par conséquent je vous demande de procéder au vote nominatif. (*Bravos*).

Je n'ai nullement l'intention de soustraire un nom quelconque, pas plus celui de M. Lockroy que le mien ou tout autre, à votre jugement souverain ; mais je dis que vous n'avez pas le droit de conclure du vote général que vous avez émis contre la politique dissidente, qu'il s'ensuit nécessairement l'exclusion du citoyen Lockroy.

Je donne maintenant la parole au citoyen Jeanbin.

M. JEANBIN. — Je suis délégué de la Seine, par conséquent un des électeurs d'hier soir ; je vous prie de m'écouter avec bienveillance, je ne serai pas long. Le citoyen Lockroy a été aux trois quarts débarqué hier par les électeurs de la fédération de la Seine. Il vous appartient de compléter la besogne. (*Applaudissements sur de nombreux bancs.*)

Oui, je suis un de ces vieux électeurs, qui pendant longtemps, très longtemps, ont voté pour le citoyen Lockroy, tant qu'il a fait son devoir. (*Bravos.*)

Ecoutez moi ; je n'ai pas besoin d'applaudissements, je sais ce que j'ai à dire et je le dirai en très peu de mots. (*Très bien !*)

La camaraderie a poussé certains de nos amis à ne vouloir tenir compte que du passé du citoyen Lockroy ; je rends justice à son passé ; mais j'estime qu'il faut tenir compte des besoins du présent et je suis de ceux qui viennent ici, en appel, demander au Congrès tout entier de compléter notre protestation en rejetant la candidature du citoyen Lockroy (*Bravos*), comme il devra le faire pour tous ceux qui ne font pas leur devoir. (*Nouveaux applaudissements.*)

Et, comme il faut un nom, nous ne sommes pas embarrassés pour remplacer le citoyen Lockroy; nous vous demandons, mes amis et moi, de remplacer son nom par celui d'un vieux républicain, d'un conseiller municipal qui depuis longtemps soutient des luttes énergiques, celui du citoyen Patenne. (*Applaudissements.*)

M. LE PRÉSIDENT. — La parole est à M. Ignace. (*Mouvements divers.*)

M. IGNACE. — Ayant fait partie hier de la majorité de la délégation de la Seine, vous me reconnaîtrez, je l'espère, le droit de présenter quelques observations très calmes dans le débat qui vient de s'ouvrir devant vous. Je serai bref, comme il convient dans ces sortes de questions.

Pour ma part, j'ai assisté tout à l'heure, comme vous tous, à un incident qui, s'il ne s'est pas produit à la tribune, s'est produit à côté même de la tribune. (*Bruit.*)

Ne voyez dans mes paroles aucune question personnelle; mais je crois qu'à l'heure actuelle nous avons le devoir... (*Interruptions et bruit.*)

VOIX DIVERSES. — La clôture !

M. IGNACE. — Nous avons tous le devoir, par respect pour la netteté de nos délibérations et pour dégager complètement la question, de connaître toute la vérité.

Or, il n'y a qu'un instant, un incident se produisait, à côté même de cette tribune. Un de nos collègues, le citoyen Tissier a demandé la parole. (*Vive Tissier !*)

Vous pouvez être certains, citoyens, que je ne veux faire ici aucune espèce de personnalité; mais je revendique le droit, qui nous appartient à tous, de m'expliquer dans un Congrès républicain en toute liberté. (*Applaudissements. — Pr lez ! Parlez !*)

Je disais tout à l'heure que le citoyen Tissier, chef du cabinet de M. le Ministre de la Marine... (*Bruit. — Cris de : Vive Pelletan !*)

M. GAUSSEIN. — Laissez parler le chef de cabinet de Lockroy !

M. Ignace. — Soyez persuadés que rien ne me fera départir du calme et de la modération que je suis décidé à observer. Le citoyen Tissier, je le répète, a demandé tout à l'heure la parole.. (*Interruptions et bruit prolongé.*)

M. le Président. — Le citoyen Ignace n'en a que pour quelques instants. Veuillez l'écouter. (*Agitation*).

M. Ignace. — Je veux seulement dégager de cet incident la conséquence qu'il comporte et il ne me déplaît pas quant à moi de l'avoir vu se produire ; car la présence du citoyen Tissier au Congrès et son intervention dans cette question spéciale suffisent à en démontrer la signification et la moralité. Voilà tout ce que je veux dire. (*Bruit*).

Quant à moi citoyens... (*Bruit continu*).

M. le Président. — Citoyens, il n'est pas digne de vous de faire ce bruit quand un orateur est à la tribune

Le citoyen Pélisse monte à la tribune et demande au citoyen Ignace de lui laisser un instant la parole :

M. Pélisse. — Citoyens, je ne suis pas suspect. Je vais voter l'exclusion du citoyen Lockroy ; mais j'estime, dans l'intérêt de la République et des principes républicains, que nous devons faire respecter la liberté absolue de la tribune. (*Bravos*).

M. Ignace. — Le citoyen Lockroy n'a pas posé sa candidature hier soir à la délégation de la Seine. Il était venu hier au Congrès et il n'a pas assisté le soir à la séance de la délégation. Sa candidature a été posée et son nom figurait sur la liste qui a été votée. (*Nouvelles interruptions*).

Permettez-moi de m'expliquer. Je réclame la liberté de la tribune dans une assemblée républicaine et je veux m'expliquer librement. (*Bravos sur plusieurs bancs*).

Citoyens, vous ne permettrez pas qu'au Congrès de Toulouse la voix d'un congressiste ne puisse se faire entendre. (*Bruit*).

Pourquoi la majorité absolue des suffrages de la délégation de la Seine a-t-elle maintenu sur la liste le nom du citoyen Lockroy...

Voix diverses. — Elle a eu tort... Le Congrès est souverain.

M. Ignace... qui est aujourd'hui mis en discussion devant vous ? Elle a pensé que le vaillant lutteur, qui n'a jamais démérité, et est toujours resté sans aucune défaillance à l'avant-garde de son parti... (*Interruptions*).

Si le Congrès décide de ne pas m'entendre, je me retirerai de le tribune ; mais si vous pensez que j'ai la droit de m'expliquer sur une question aussi grave, vous me laisserez parler en toute liberté. (*Bruit prolongé*).

M. Ignace se retire de la tribune. (Applaudissements sur divers bancs).

M. le Président. — Ces applaudissements, citoyens, sont indignes d'un Congrès républicain. Le premier de tous les devoirs, la première des leçons que vous devez à la démocratie, c'est l'exemple de la tolérance entre nous. (*Bravos*).

La parole est au citoyen Lafferre pour une motion d'ordre.

M. Lafferre. — Citoyens, j'ai demandé la parole pour une motion d'ordre ; et j'espère de la sagesse de l'Assemblee qu'elle voudra bien se ranger à l'avis que je me permets de lui soumettre. Je crois que le Congrès a deux questions très distinctes à envisager ; il s'est déjà prononcé sur la question générale qui a été posée hier par le vote des ordres du jour. Il a envoyé une adresse de confiance et de félicitations au citoyen Pelletan.

Aujourd'hui vous avez à vous prononcer sur une élection. Il n'est pas d'usage, citoyens, dans nos assemblées parlementaires, ni même dans les assemblées du parti, qui observent les règles nécessaires de la fraternité républicaine (*Bravos*), de laisser discuter à la tribune les actes, ou le passé, ou l'attitude politique des hommes qu'on présente à nos suffrages.

La motion d'ordre que je vous présente aura pour conséquence de ne permettre ni au citoyen Ignace, ni au citoyen Tissier, dont on a prononcé les noms tout à l'heure et qui ne devaient pas intervenir dans ce débat, de le transformer en une question trop personnelle. Elle écartera, au contraire, de ce débat, les questions de personnes, qui ne doivent pas occuper ce Congrès.

Je demande au Président du Congrès, conformément à la lettre et à l'esprit du règlement, de prendre la liste proposée par les délégués de la Seine, et de mettre

individuellement et successivement aux voix les noms
proposés. L'Assemblée, selon son droit, selon son
devoir, et en ne consultant que sa conscience, votera
sans commentaires pour ou contre les noms qui lui
seront proposés.

(Cette proposition, mise aux voix, est adoptée).

En conséquence il est procédé à l'appel des 38 noms,
dont M. Bouffandeau, secrétaire permanent, donne
lecture successivement et que M. le président met aux
voix.

Sont adoptés les noms de :

MM. Buisson (*Bravos*), Gervais, Messimy, Steeg,
Puech, Maujan, Féron.

Le nom de M. Lockroy n'est pas adopté. (*Applaudissements sur divers bancs*).

M. LE PRÉSIDENT. — Croyez-vous qu'il soit nécessaire de se livrer à cette manifestation? Ne devriez-
vous pas être les premiers affligés d'être obligés de
prendre cette décision, au lieu de vous en réjouir
ainsi? (*Bravo! Bravo!*).

Les noms suivants sont adoptés successivement :

MM. Desplas, Blanchon, Ranson, Chérioux, Brenot,
Rousselle, Chautard, Jaunet, Mascuraud, Depasse,
Ferdinand Cahen, Chabanne, Franck, Morel, Morin,
Bergougnan, Quéroy, Chesseron, Bellanger, Bonnet,
Balans, Leboucq, Brulport, Le Foyer, Dalimier, Gély,
Charpentier, Reneux, Verglas.

M. LE PRÉSIDENT. — Il manque un nom à cette liste.
On propose celui du citoyen Patenne, conseiller municipal de Paris.

M. MESSIMY. — Comme député de la Seine, je présente également à l'assemblée le nom du citoyen
Pannelier, conseiller municipal radical-socialiste de
Paris. Le citoyen Pannelier est secrétaire du Conseil
municipal.

M. LE PRÉSIDENT. — On me demande en troisième
lieu de proposer au Congrès le nom du citoyen Ranc,
sénateur. Mais d'autre part on m'a fait observer que le
citoyen Ranc rentrant dans la catégorie des parlementaires, son nom ne peut pas être prononcé.

M. Jeanbin. — Je soutiens la candidature du citoyen Patenne parce qu'elle émane de la fédération.

M. Lucien Le Foyer. — C'est lui qui a obtenu le plus de voix après les 38 premiers.

M. le Président. — Vous avez décidé de ne pas entrer dans la discussion sur des noms de personnes.

Le nom du citoyen Patenne vient le 39e sur la liste. Nous suivons purement et simplement l'ordre des désignations faites par la fédération de la Seine. Il n'y a pas d'autre règle possible.

Je mets aux voix la candidature du citoyen Patenne.

(Le nom du citoyen Patenne est adopté.)

M. le Président donne lecture des noms composant la délégation du département de la Seine au Comité exécutif.

M. Tissier. — Je demande la parole pour un fait personnel. (*Mouvements divers et vive agitation*).

M. le Président. — Citoyens, ne compliquez pas notre tâche. Il n'y a pas lieu à un nouveau débat. Je me charge de dire ce que voulait vous dire le citoyen Tissier. Du reste, vous l'ayez déjà deviné. Il tenait à faire observer qu'il n'est pas ici comme chef de cabinet du ministre de la marine, mais comme simple délégué. Il n'y a nullement nécessité de rouvrir le débat. *(Applaudissements)*.

Le Congrès désigne ensuite les délégations au comité exécutif des départements suivants :

Maine-et-Loire ; Savoie ; Dordogne ; Pas-de-Calais.

(La séance est suspendue à 4 heures et demie et reprise à 5 heures moins cinq minutes.)

RÈGLEMENT DU PARTI

(Suite de la discussion.)

M. Quéroy, rapporteur. — Je propose au Congrès de réserver l'article 9 jusqu'à l'arrivée de M. Dauzon, qui se propose de développer un amendement sur cet article. (*Assentiment*).

L'article 10 comporte une modification de pure forme. Le texte actuel est ainsi conçu : « Le Comité désignera dans son sein des commissions de 11 membres pour étudier les rapports et questions qui lui seront renvoyés ». Nous vous proposons de supprimer les mots *de 11 membres*, et de ne fixer aucune limitation au nombre des membres des commissions. Dans son règlement intérieur, le Comité exécutif a porté avec raison le nombre des membres des commissions à 15.

(La suppression est adoptée.)

L'article 12 ne comporte également qu'une modification qui n'entraînera pas, je l'espère, de discussion. Il est relatif à la discipline électorale. Il porte : « Dans tous les cas où le Comité exécutif sera appelé à délibérer sur une question relative à la discipline électorale, il devra être saisi soit par les comités ou groupements ayant adhéré au parti, soit par les intéressés directs ».

Ce paragraphe ne serait pas changé. Mais au paragraphe suivant, nous vous proposons d'ajouter après les mots : « Toutefois, le Comité devra intervenir quand les circonstances l'exigeront auprès des comités ou groupements républicains », les mots « la fédération du département intéressé préalablement consultée ».

Un Délégué. — Il ne faudrait pas que la fédération étouffât la plainte portée par le comité local.

M. le Rapporteur. — Il s'agit d'une simple consultation. Le comité exécutif, après s'être entouré de tous les renseignements possibles et avoir reçu les explications orales ou écrites des représentants des groupements locaux, prononcera en toute connaissance de cause. Comme nous cherchons à constituer le plus grand nombre de fédérations départementales, il nous semble tout naturel de les consulter dans tous les cas possibles.

M. Feron. — Je voudrais donner quelques explications sur une question de tactique afin que nous ne retombions pas dans la situation fâcheuse où nous nous sommes trouvés. J'ai abandonné le Conseil général de la Seine à la suite de mon élection à la Chambre. Après, aux élections au Conseil général, 4 candidats radicaux se sont mis en ligne et ont obtenu environ 3.100 voix au total, en face d'un candidat socialiste unique qui obtint 2.700 voix. Je ne sais quelle convention a été faite, mais on n'a pas additionné les voix radicales et tous les candidats radicaux ont été obligés par décision du Comité exécutif de se désister devant le candidat socialiste.

Je crois qu'il y aurait un très grand danger à persévérer dans cette tactique. La doctrine socialiste est fondée sur la lutte des classes, sur l'antagonisme entre les citoyens ce qui rend difficile la paix et la concorde. Nous, nous voulons au contraire l'union de tous les citoyens et nous n'entendons pas exciter à la haine contre les bourgeois. Que nous nous unissions aux socialistes en présence des réactionnaires, je suis de cet avis, mais quand il n'y a aucun danger, nous devons défendre nos principes. Notre coin du département de la Seine fut un moment au pouvoir du guesdisme, mais nous nous sommes ressaisis, et nous aurions grand peine à lutter si nous devions continuer la tactique qui vient d'être inaugurée, car vous savez que les socialistes ne suivent pas toujours la règle que nous nous imposons, et la bonne volonté que nous montrons envers eux.

Sans doute les radicaux ne sont pas toujours unis, la discipline n'est pas aussi parfaite dans notre parti que dans le parti socialiste où les dissidents sont bien vite balayés. Mais si le comité exécutif décide de soutenir le candidat socialiste au second tour quand bien même le total des voix radicales obtenues au premier tour serait supérieur au nombre de voix socialistes, que fera-t-on ? c'est bien simple ! On nous opposera des candidats radicaux à faux nez, on recueillera moyennant peu de dépense 2 ou 300 voix d'électeurs égarés et se souciant peu de leur droit de souveraineté et l'on viendra dire ensuite : Vous voyez, le socialiste arrive en tête, inclinez-vous. Il faut y veiller d'autant plus que dans nos comités radicaux les socialistes se glissent avec une ingéniosité à laquelle je suis le premier à rendre hommage, car j'ai parmi mes comités radicaux socialistes, de purs socialistes Il faut renoncer à cette tactique et éviter cette faute.

Nous devons lutter drapeau contre drapeau, ne jamais abandonner notre programme, ne pas nous incliner devant la minorité socialiste, si turbulente soitelle, quelle que soit son opiniâtreté dans la lutte. Je dis que quand il n'y a aucun danger, quel que soit le nombre des candidats radicaux, nous devons faire le total des voix obtenues par eux et ne nous désister en faveur des socialistes que si nous avons eu moins de voix.

Pendant que dans ma circonscription se passaient les faits que je vous signale, à côté un des nos amis radicaux arrivait en tête, il y avait deux socialistes, dont l'un a refusé de se désister. C'est la tactique de certains guesdistes qui font tout pour empêcher les radicaux d'arriver dussent-ils faire passer des réactionnaires... (*Mouvements divers*). Oui, il y a chez eux des hommes qui se moquent de leur programme républicain et qui se soucient peu de faire arriver un réactionnaire, parce qn'ils mettent sur le même pied tous les candidats non socialistes.

Notre accord avec les socialistes peut être très étroit, je n'ai jamais pour ma part manqué au pacte qui nous unit, je n'ai jamais été un dissident et je ne le serai pas. Mais je demande que toutes les fois que notre programme sera défendu et qu'il aura recueilli le plus grand nombre de voix, le plus favorisé de nos candidats reste en ligne, excepté bien entendu dans le cas où il y aurait danger au point de vue républicain. (*Applaudissements sur divers bancs.*)

M. Penin. — J'appuie les observations du citoyen Féron. Aux dernières élections, dans le canton de Puteaux les radicaux socialistes avaient réuni au premier tour 3.100 voix contre 2.700 échues au candidat socialiste. On prétendit que le candidat socialiste ayant eu le plus de voix parmi les candidats du bloc, les autres devaient se désister. C'est ce qui fut fait et le candidat socialiste fut nommé.

Nous prétendons que cette jurisprudence est mauvaise, il ne s'agit pas de l'intérêt de telle ou telle personnalité, mais de l'intérêt du parti. C'est donc le rombre de voix obtenues par le parti sur son programme et non le nombre de voix données à tel ou tel candidat qui doit décider du désistement. Dans l'espèce, les radicaux avaient obtenu plus de voix que le candidat socialiste, c'est donc le candidat radical le plus favorisé qui devait seul porter le drapeau contre la réaction. Nous devons respecter scrupuleusement l'alliance avec nos amis de l'extrême gauche, mais nous ne devons pas aller jusqu'à leur sacrifier notre programme, à moins qu'il n'y ait péril à droite et que nos amis socialistes n'aient plus de chances que nous de triompher des réactionnaires.

Nous estimons que cette méthode est aussi juste que claire. Aussi, comme délégué de la fédération de la sixième circonscription de Saint-Denis, je propose la motion suivante :

« *Le parti radical et radical-socialiste ne connaît pas d'ennemis à gauche. A défaut de candidats radicaux et radicaux-socialistes il doit soutenir les candidats socialistes.*

« *Dans le cas où des candidats de notre parti se trouveraient en concurrence avec un ou plusieurs candidats socialistes et un ou plusieurs candidats réactionnaires, le parti radical et radical-socialiste doit maintenir la condidature de celui de ses candidats qui aura obtenu le plus grand nombre de voix :*

1º Lorsque le nombre total des suffrages obtenus par les radicaux ou radicaux-socialistes est supérieur au total des suffrages donnés aax socialistes.

2º Lorsqu'il n'y a pas de candidat réactionnaire.

3º Lorsque les candidats réactionnaires n'ont réuni qu'un nombre de voix inférieur à celui des candidats de notre parti. »

M. Armand Charpentier. — La question qui vient d'être soulevée est des plus intéressantes et personnellement je me rallierais volontiers aux idées qui viennent d'être exprimées. Mais n'oublions pas qu'un pacte a été conclu entre le parti radical et radical-socialiste dont vous êtes ici les représentants et le parti socialiste qui n'a aucun représentant dans cette assemblée.

On vous demande de substituer les désistements sur les majorités de programme aux désistements sur les majorités de personnes. Rien n'est plus rationnel. Mais avant que nous prenions une décision, il faut que les membres du comité exécutif que vous venez de nommer s'entendent avec les représentants du parti socialiste. Si nous rompions le pacte qui a été loyalement tenu de part et d'autre, nous ne savons pas vers quel péril nous irions et si ce ne serait pas la dissolution du bloc auquel nous tenons par-dessus tout. Si Lafferre était ici il vous demanderait, dans l'intérêt de notre parti, de nos futurs candidats, de ne pas soulever cette question grosse de conséquences alors qui nous avons besoin de faire l'union plus intimement que jamais. Quand nous venons de ramener au bercail quelques brebis égarées, ce n'est pas le moment de

nous séparer de nos amis d'avant-garde les socialistes.
(*Applaudissements*).

M. Féron. — Je ne voudrais pas qu'il s'établît une
confusion. Nous ne vous demandons de rompre aucun
pacte. J'ai saisi le comité exécutif d'une question qu'on
a décidé de soumettre au congrès.

Le citoyen Charpentier a été candidat contre moi…

M. Armand Charpentier. — Concurremment avec
vous.

M. Féron. — Si vous voulez, mon cher ami.

Nous avons additionné nos voix et nous avons dit :
Nous avons plus de voix que les socialistes, c'est aux
socialistes de se désister.

M. Armand Charpentier. — Parce que vous arriviez
en tête, c'était tout indiqué.

M. Féron. — Quand le parti socialiste avec un candidat unique ou avec plusieurs candidats arrivera en
tête nous agirons de même. Je me suis désisté pour le
guesdiste Chauvin, respectant ainsi la majorité. Mais
je demande que quand nous radicaux, nous avons la
majorité on ne méprise pas cette majorité au bénéfice
de la minorité socialiste. Le comité exécutif doit donner son appui au drapeau qui a eu le plus de voix,
que ce drapeau soit porté par un radical ou par un
socialiste.

M. le Président. — Je vous prie de vous rappeler :
1º que nous discutons l'article 12 du règlement ; 2º que
vous avez déjà renvoyé au comité exécutif l'examen de
la question considérable qui se trouve introduite en
ce moment un peu incidemment ; 3º que l'auteur de la
proposition, le citoyen Pénin, n'en demande pas l'in-
corporation dans le texte de l'article 12, sentant très
bien que c'est impossible, il en demande simplement
la prise en considération et le renvoi au prochain
congrès. (*Assentiment*). S'il en est ainsi, je supplie-
rai les auteurs des observations très intéressantes
que nous avons entendues et ceux, ils sont nombreux, qui se proposeraient d'en présenter d'autres,
de surseoir à l'examen de cette question qui n'est pas
à l'ordre du jour. Nous ne pouvons pas, accessoire-
ment, à propos d'une phrase du règlement que personne ne conteste, régler tous les détails de la très

grosse question de tactique que vous avez décidé de trancher avant les élections de 1906. Il n'y a pas d'élections l'année prochaine. Cette question sera mûrie toute l'année et les résolutions seront abordées en connaissance de cause par le prochain congrès.

Je vous demande de maintenir votre vote et d'ajourner pour plus ample discussion cette question très intéressante et je vous prie de passer au vote de l'article 12 sur lequel il n'y a pas de contestation (*Applaudissements*).

(La modification proposée à l'article 12 est adoptée).

M. le RAPPORTEUR. — Nous revenons à l'art. 9 qui est ainsi conçu :

« Le comité exécutif a pour mission de délibérer sur toutes les questions relatives à l'intérêt du parti républicain radical et radical socialiste et de décider de toutes les mesures que commande cet intérêt. Il règle notamment les questions d'organisation, d'administration, de propagande et de discipline du parti. Il contribue par tous les moyens et de toutes ses forces à la création et au développement sur tout le territoire de la République de groupes et comités locaux destinés à propager les idées et les doctrines du parti. L'autonomie de ces groupes est absolue et sous aucun prétexte il ne peut y être porté atteinte.

« Le comité exécutif décidera de toutes les questions de discipline qui pourront être soulevées soit par la situation particulière des adhérents soit par là situation électorale dans les circonscriptions.

« Pour toute affaire disciplinaire il ne sera statué qu'après convocation régulière permettant aux intéressés de fournir leurs explications. Les décisions du comité exécutif en matière disciplinaire seront toujours susceptibles d'être portées devant le Congrès par voie de recours ouvert à tout intéressé. »

Sur cet article M. Bernay, secrétaire général de la fédération de Nérac, a déposé l'amendement additif suivant :

« Les Fédérations, Comités et groupements adhérents au parti radical et radical socialiste qui auraient à se plaindre des agissements des députés et sénateurs du bloc, mettant leur influence au service des candidats condamnant la poli-

tique du bloc ; en informant le Comité Exécutif, et en moti-
vant leur plainte.

« *Après enquête, si ladite plainte est justifiée, le Comité*
devra signaler l'attitude anormale de ces députés, sénateurs,
aux élus, et aux journaux politiques du bloc. »

.La commission a adopté cet amendement et a décidé de l'incorporer au § 5. Comme j'y suis personnellement hostile j'éprouverais quelque embarras à le défendre et préfère laisser ce soin à l'auteur de cet amendement ou à l'un de ceux qui l'ont appuyé devant la Commission.

·M. LEFORT. — Je n'ai pas à défendre cette motion qui a été adoptée à une énorme majorité. Je propose qu'elle soit complétée par l'addition suivante : « et s'employer de tout son pouvoir à mettre les parlementaires coupables dans l'impossibilité de nuire désormais au parti républicain dans leur département et de frapper les meilleurs militants de la démocratie. »

Dans certaines circonscriptions — je ne veux citer aucun nom — il s'est produit des actes qui, s'ils étaient signalés, soulèveraient l'indignation publique. On a vu des municipalités républicaines, des militants, de bons républicains qui s'étaient toujours signalés par leur dévouement, traités par des parlementaires faisant partie du bloc, d'une façon que nous ne pouvons tolérer. La discussion en commission a été des plus intéressantes et conduite avec beaucoup de loyauté. Les exemples qui ont été donnés ont convaincu nos amis que mon addition est de nature à défendre les droits de tous les républicains persécutés.

Nous n'avons nullement voulu blâmer l'attitude du comité exécutif, nous avons entendu lui donner une arme lui permettant de nous défendre plus énergiquement. Le rapporteur disait hier que le comité exécutif a fait tous ses efforts. Nous le savons puisque nos plaintes ont été enregistrées, nous savons que le comité exécutif a fait des démarches auprès du président du conseil, mais nous voulons qu'à l'avenir le comité soit obligé d'intervenir et puisse répondre à ceux qui comprenant mal la discipline républicaine l'engageraient à ne rien faire. Nous avons reçu un ordre formel du congrès, nous sommes obligés de l'exécuter.

Je vous demande donc de voter la proposition de

notre excellent camarade Bernay et de la compléter par mon addition.

M. le Président. — Je vous demande la permission de vous présenter une observation de forme. Nous faisons un règlement général, il n'est pas possible d'y mettre des allusions à des faits particuliers.

M. Dauzon. — Citoyens, lorsqu'hier matin le projet de résolution qui vous est proposé, a été incorporé à l'article 9 par la commission, il avait été entendu que le rapporteur se ralliait à la proposition, non pas personnellement, puisque lui-même il y est opposé, mais au nom de la commission.

M. Queroy, *rapporteur*. — C'est ce que j'ai fait.

M. Dauzon. — C'est ce que vient de faire le rapporteur, — en oubliant de faire connaître les motifs que nous avions invoqués à la commission. Nos camarades Lefort et Bernay en ont développé une partie. On demande, — et je ne comprends pas comment M. le président n'a pas compris le sens de notre résolution, qu'elle soit expliquée davantage et de dire quels pourraient être les agissements dont on aurait à se plaindre. Il faudrait, à ce compte, rédiger tout un Code pénal; or, je me souviens des excellents arguments dont se servait notre président lorsqu'il nous a présenté la séparation des Eglises et de l'Etat, nous disant que nous n'étions pas une Chambre législative, que nous n'avions pas à rédiger un Code pénal, mais à émettre un vote général et de principe dont nous saurions nous inspirer et qui serait une arme aux mains du Comité exécutif. (*Bravos.*)

Citoyens, je ne parle pas en mon nom personnel et je n'ai quant à moi aucun fait à citer dont j'aie à me plaindre; mais il ne faut pas croire que ceux-là mêmes qui ont des raisons personnelles de vous demander ce vote et qui auraient à se plaindre des agissements de telle ou telle personnalité dirigent cette arme contre les personnes mêmes dont ils auraient eu à se plaindre. Ce serait peut-être aussi utile pour les députés et sénateurs visés que cela peut leur sembler nuisible, puisque, accusés parfois à tort, ils auront des juges pour se défendre et que la plainte ne sera examinée qu'après enquête.

Or, citoyens, j'estime que toutes les fois qu'une

plainte de ce genre se produit, une enquête est nécessaire. Nous sommes fatigués de voir notre parti sans
cesse frappé dans ses meilleurs, dans ses plus fidèles
soldats, sans qu'ils aient même été entendus. (*Bravos*).
Si nous avons mis notre confiance et notre amitié dans
tous les citoyens qui défendent la politique du bloc,
ils doivent nous rendre la pareille. C'est de la fraternité républicaine. (*Nouveaux applaudissements.*)

M. LEFORT. — Citoyens, j'ai demandé la parole pour
un fait personnel, pour ma défense personnelle. Je
suis bien obligé de me justifier. Je ne peux pas rester
sous le coup d'un soupçon. (*Aux voix !*)

Je dis simplement ceci : si je n'ai pas cité de noms
de personnes, c'est parce que je ne croyais pas devoir
le faire à cette tribune; mais je me tiens à la disposition du Congrès s'il veut nommer un jury d'honneur
pour connaître des faits que j'ai signalés. (*Mouvements
divers*).

M. LE PRÉSIDENT. — Voici le texte qui est proposé
comme addition à l'article 9 :

« *Les fédérations, comités et groupements adhérents au
Parti républicain radical et radical-socialiste, qui auraient à
se plaindre des agissements des députés et des sénateurs du
bloc, mettant leur influence au service des candidats condamnant la politique du bloc...*

— C'est sur ce point que l'observation a été présentée
et la contestation ne porte que sur ces derniers mots :

*... en informeront immédiatement le Comité exécutif, en
motivant leur plainte.* »

Si on disait simplement : « ...qui auraient à se plaindre des agissements des députés et des sénateurs; en
informeront immédiatement, etc... », c'est-à-dire si on
se bornait à énoncer d'une manière générale les agissements dont on aurait à se plaindre, cette rédaction
serait aussi générale que possible et personne n'aurait
d'explications à demander, puisque tous les motifs de
plainte seraient, d'une manière indéterminée, compris
dans cet énoncé. Mais si vous voulez commencer à
préciser par allusions dans ce texte des cas particuliers,
vous ouvrez la porte aux demandes d'explication, on
voudra que vous précisiez jusqu'au bout et il n'y aura
plus moyen de s'entendre. (*Mouvements divers*).

Je mets aux voix ce texte par division. (*Bruit.*)

(L'addition, mise aux voix par division, après une courte discussion sur la division, est adoptée successivement dans toutes ses parties et dans son ensemble.)

L'ensemble de l'article 9 est adopté.

M. LE RAPPORTEUR. — Nous passons à l'article 13 sur lequel nous vous demandons une simple modification de syntaxe.

(L'article 13, mis aux voix, est adopté.)

M. LE RAPPORTEUR. — L'article 14 comprend toute une série de modifications sur lesquelles j'appelle toute votre attention. Je vais vous lire l'ancien texte de manière à vous permettre de vous prononcer en toute connaissance de cause.

L'article 14, ainsi que l'article 15, sont relatifs aux sanctions disciplinaires.

Voici l'article 14 :

« En cas d'infraction de la part d'un des adhérents à ses devoirs envers le parti... » Votre commission vous propose d'ajouter : « ... ou aux décisions du Comité exécutif ».

Des faits récents nous ont montré qu'il est nécessaire de renforcer l'ancien texte. Certains incidents, sur lesquels je ne veux pas revenir, ont prouvé qu'avec l'ancienne rédaction on pouvait trouver une échappatoire en alléguant que le Comité exécutif qui ne se conformait pas aux devoirs envers le Parti. Nous avons pensé qu'il était nécessaire de rendre ce texte plus explicite et plus formel.

(La modification, mise aux voix, est adoptée.)

M. LE RAPPORTEUR. — L'ancien texte poursuivait ainsi :

« ... *Celui-ci, statuant disciplinairement, les intéressés entendus ou eux dûment appelés, après rapport de la Commission spéciale et communication préalable aux intéressés de ce rapport, pourra émettre un blâme.* »

L'ancienne sanction consistait en un seul et unique blâme. Il a paru à votre commission que cette unique sanction était trop sévère puisque, comme vous le verrez plus bas, à l'article 15, le blâme entraînaît l'exclusion.

Votre Comité, au cours de cette dernière année, a eu malheureusement à connaître d'un certain nombre d'affaires disciplinaires, et il ne lui a pas paru possible, sauf dans une circonstance où il a dû prononcer l'exclusion de trois membres du Comité exécutif pour le département de la Gironde, de prononcer la peine très sévère du blâme. Il a donc dû se borner, dans tous les autres cas, à émettre de simples regrets.

Il a semblé que, si le blâme était trop grave par ses conséquences, le regret était, d'autre part, insuffisant. Aussi, votre commission vous propose-t-elle un deuxième échelon de pénalité : l'avertissement ; et elle vous demande de modifier ainsi l'ancien texte : « ... pourra prononcer un avertissement ou émettre un blâme ».

« Le blâme seul, une fois prononcé, sera rendu public, tant par la voie du bulletin du Parti que par celle des journaux adhérents. »

Il nous a paru qu'il était nécessaire de rendre public le blâme, — et le blâme seul. L'avertissement constituant une sorte d'application de la loi Bérenger.

Le troisième paragraphe enfin, disait : « *La décision du Comité exécutif sera motivée* ».

Nous avons ajouté ces mots : « *La décision du Comité exécutif, qui devra être prise à la majorité des deux tiers au moins des membres présents... »*

Nous avons cru nécessaire d'introduire cette nouvelle garantie pour l'inculpé.

(L'article 14, mis aux voix dans son ensemble avec les modifications de texte proposées, est adopté.)

M. LE RAPPORTEUR. — Nous passons à l'article 15.

M. GAUSSIN. — Je demande que l'avertissement ne puisse être prononcé qu'une fois et que la seconde fois ce soit toujours le blâme.

Voix nombreuses. — Le vote est acquis.

M. le RAPPORTEUR. — Art. 15. — *Tout blâme emportera de plein droit contre celui qui en aura été l'objet l'exclusion du parti, sous réserve du recours devant le Congrès. »*

Il a semblé à votre commission que ce texte n'était pas assez clair et qu'on ne s'entendait pas suffisamment sur les mots « Sous réserve du recours devant le Congrès. » Une fois la peine prononcée, la personne frappée conservait-elle tous ses droits, avait-elle le droit de se réclamer du Parti, de se dire membre adhérent ou de continuer à faire partie du comité exécutif jusqu'au jour de ladécision souveraine du Congrès? Il est bien évident que dans la pensée des rédacteurs de l'article 15 la question ne faisait pas de doute et que ces mots signifiaient que le recours était suspensif.

Voici ce que je lis en effet dans le compte-rendu de la discussion qui eut lieu à ce sujet l'année dernière, au Congrès de Marseille :

M. RICHARD. — « Du moment où l'on admet que l'intéressé peut faire appel devant le Congrès de la décision du Comité exécutif, il serait utile de dire que le recours sera suspensif. On ne pourra prononcer l'exclusion immédiate. Puisqu'au-dessus du Comité exécutif vous reconnaissez qu'il y a une sorte de Cour de Cassation, ce recours doit être suspensif, etc... etc... »

M. MAURICE FAURE, de son côté, ajoutait :

« On ne saurait prendre trop de garanties. J'appuie la proposition du citoyen Richard... »

M. EDOUARD IGNACE, rapporteur, bien qu'abondant dans le même sens répondait qu'à son avis le texte lui semblait suffisamment clair.

Il n'a pas semblé à votre Commission qu'il en fût ainsi et elle vous demande de modifier le texte de la manière suivante :

« Tout blâme prononcé par le Comite exécutif, etc.

. . . .

sous réserve du recours devant le Congrès, qui ne sera suspensif, que si, dans le délai d'un mois à dater du jour de la notification à lui faite du blâme prononcé, l'intéressé fait connaître son intention de se pourvoir devant le Congrès. ».

Il a paru indispensable de dire deux choses : d'une part que le recours était suspensif; mais d'autre part qu'il ne le serait que, si dans le délai d'un mois l'intéressé faisait connaître sa décision de se pourvoir devant le Congrès. Il a semblé que l'intéressé qui ne donnerait pas signe de vie, qui, une fois blâmé, ne prendrait même pas la peine de réclamer et d'annoncer son intention de faire appel, pouvait sans inconvénient être frappé immédiatement.

Un congressiste. — A qui adressera-t-il la notification du recours ?

M. le RAPPORTEUR. — A qui adresse-t-on les lettres officielles ? Au président du Comité exécutif.

Le même congressiste. — Si on l'adresse au secrétaire on vous répondra par une exception de non-recevabilité, de nullité de recours.

M. le RAPPORTEUR. — Nous ne sommes pas au Palais. Nous n'avons pas l'habitude, au Comité, d'invoquer de pareilles exceptions de chicane.

M. le PRÉSIDENT. — Je mets aux voix l'ensemble de l'article 15, avec les modifications proposées par la Commission.

(L'article 15 ainsi modifié, est adopté).

(L'ensemble du règlement, avec les modifications précédemment adoptées, est mis aux voix et adopté).

COMPTE RENDU FINANCIER

M. COUDERCHET, au nom de la Commission des finances, présente le compte rendu financier et demande des félicitations pour le trésorier, le sympathique M. Gustave Lefèvre. (*Applaudissements répétés, approbations unanimes*).

M. Gustave Lefèvre prie le Congrès de lui adjoindre dans ses félicitations ses collaborateurs MM. Ravey et Reynard.

Projet de Budget. — Le projet de budget est adopté.

POLITIQUE EXTÉRIEURE ET AFFAIRES COLONIALES

(11° Commission)

M. EUGÈNE RÉVEILLAUD. — Au nom de la Commission des affaires extérieures et coloniales, qui m'a fait l'honneur de me nommer son président, j'ai été chargé du rapport général sur ces questions. Je sais que l'ordre

du jour est très chargé, que nos instants sont comptés ;
je serai extrêmement bref.

7 questions nous ont été proposées. De ces 7 questions il en est deux qui ont été, non pas écartées
quant au fond, — car la Commission a décidé au contraire de les prendre en considération, — mais réservées et que nous nous proposons de renvoyer au
Comité exécutif, parce qu'il s'agit de questions de détail,
trop délicates pour que le Congrès puisse se prononcer sur elles et aussi parce qu'elles entraîneraient, si
nous entrions dans le détail, une discussion qui serait
trop longue.

C'est d'abord un vœu du citoyen Bouzanguet, délégué de plusieurs comités de la Guadeloupe, sur les
différends qui se sont élevés à la Guadeloupe, même
entre les radicaux et radicaux-socialistes d'une part,
et les socialistes de l'autre. Ce vœu tend à demander
que le Gouverneur de la Guadeloupe reste neutre et
impartial dans ces débats. C'est une question très délicate ; nous nous proposons de la renvoyer au Comité
exécutif qui saisira, s'il y a lieu, le Ministre compétent.

Un second vœu est également d'une nature délicate,
car il touche à des questions diplomatiques. Il s'agit
d'un vœu de M. Bessar sur la prise de possession qu'il
réclame du territoire de Cheik-Saïd dans la mer Rouge.
Vous pensez que nous ne pouvons pas entrer dans le
détail, — j'allais dire dans le dédale de cette question.
Nous vous demandons de la renvoyer au Comité exécutif qui appréciera.

Nous restons en présence de 5 propositions, que la
Commission a faites siennes et qu'elle nous apporte
sous formes de vœux. Je vous apporte seulement citoyens, la rédaction d'un premier vœu qui nous est
apparu, dans la Commission, comme devant se présenter en quelque sorte au seuil de cette délibération. C'est
un vœu qui tend à affirmer, en présence des attaques
et des calomnies dont nous sommes l'objet de la part
des nationalistes et de la presse qu'ils stipendient, nos
sentiments patriotiques. Quand on s'occupe des questions coloniales et de politique extérieure, on sent plus
vivement et plus spécialement vibrer en soi la fibre
nationale et patriotique. C'est pour cela qu'au nom de
la Commission et à l'unanimité nous vous demandons,
comme une sorte de déclaration de principe et en
rappelant, d'ailleurs, des décisions antérieurement

prises dans d'autres Congrès, de voter la motion suivante :

« *Le Congrès, en présence de la campagne de calomnie des nationalistes qui prétendent monopoliser à leur profit le patriotisme, rappelle les déclarations de ses sessions antérieures et, en se déclarant fidèle aux idées qu'évoque le nom du grand patriote Gambetta, s'engage à soutenir et à faire triompher une politique nationale extérieure sage, pacifique et fondée sur le droit.* » (Vifs applaudissements).

Je demande à M. le président de vouloir bien mettre tout de suite aux voix cette proposition qui réunira, j'en suis sûr, l'unanimité de vos suffrages.

(La proposition, mise aux voix, est adoptée à l'unanimité.)

M. RÉVEILLAUD. — Je m'empresse d'ajouter, citoyens, que notre patriotisme n'est pas un patriotisme étroit et hostile aux autres nationalités. La meilleure preuve que notre commission puisse en donner, c'est que je vais céder la parole au citoyen Lucien Le Foyer, bien connu comme un propagateur et un propugnateur des idées pacifiques, des idées d'arbitrage international, et qui sera chargé de vous lire et de vous rapporter deux vœux que notre commission a acceptés.

Ensuite vous entendrez le citoyen Marini vous faire un rapport et vous proposer l'adoption d'un vœu sur l'enseignement colonial, et le citoyen Carpot, député du Sénégal, rapporter une proposition sur le recrutement du personnel colonial.

Le citoyen Arnaud ajoutera à cette proposition une motion, sur laquelle vous aurez à vous prononcer ; et enfin, si nous en avons le temps, le citoyen Maurice Robin développera un vœu relatif à l'exploitation de nos colonies. (*Applaudissements*).

Je vous ai promis d'être court ; j'ai tenu ma parole ; je cède maintenant la place au citoyen Le Foyer.

M. LUCIEN LE FOYER. — Citoyens, j'ai à rapporter devant vous, comme vient de le dire notre président, trois vœux.

Le premier a trait à la guerre russo-japonaise.

Evidemment nous n'avons pas la prétention que la simple manifestation de nos sentiments d'humanité puisse arrêter cette guerre horrible qui ensanglante l'Extrême-Orient ; mais nous avons pensé, reprenant d'ailleurs la tradition inaugurée par les Congrès antérieurs, qu'il convenait que le parti radical et radical-socialiste, qui incarne (nous le croyons, du moins), l'esprit même de la France, qui a aussi bien dans son origine révolutionnaire, aussi bien dans ses traditions que dans son idéal, des motifs puissants d'être toujours le porte-parole et l'interprète de l'esprit humanitaire, fît hautement connaître son sentiment. (*Bravos*).

Le vœu que nous vous présentons est précédé de quelques considérants qui me dispenseront de tout commentaire. Je me borne à vous en donner lecture :

Quatrième congrès du parti républicain radical et radical-socialiste. (Toulouse)

11ᵉ COMMISSION

Le Congrès,

Réprouvant, au nom de l'humanité, le conflit armé qui met aux prises la Russie et le Japon et ensanglante l'Extrême-Orient ;

Redoutant, pour les deux pays, et pour les neutres eux-mêmes, les conséquences économiques et financières que ne manquerait pas d'entraîner la prolongation d'une guerre dont on ne voit pas l'issue ;

Appelant l'attention du monde civilisé sur les occasions de conflit que l'état de la guerre amène inévitablement entre les belligérants et les neutres, et, en particulier, sur le caractère précaire de la neutralité de la Chine, qui voit se poursuivre les hostilités sur son propre territoire, et donne, en s'abstenant de prendre part à la lutte, un rare exemple de réserve et de modération ;

Constatant les essais faits de divers côtés en vue d'une médiation des puissances civilisées ;

Estimant que le fait par les belligérants d'avoir jusqu'ici mené les hostilités en territoire neutre constitue une condition favorable pour la cessation des hostilités ;

Rappelant que la médiation et les bons offices institués par la « Convention de la Haye pour le règlement pacifique des conflits internationaux » constitue une procédure nouvelle, qui ne soulève pas les mêmes difficultés que l'intervention proprement dite, et que l'article 3 de la Convention susnommée, dont les deux puissances belligérantes sont également signataires, précise « que le droit d'offrir les bons offices ou la médiation... ne peut jamais être considéré par l'une ou l'autre des parties en litige comme un acte peu amical »;

Emet le vœu que le gouvernement fasse tous ses efforts, d'accord, s'il se peut, avec d'autres puissances, pour amener entre la Russie et le Japon l'intervention des bons offices, de la médiation ou de l'arbitrage prévus par les articles 3 (§ 2 et 3), 7 et 20 de la « Convention pour le règlement pacifique des conflits internationaux », dont voici les termes :

« Article 3 (§ 2 et 3) : « Le droit d'offrir les bons offices ou la médiation appartient aux puissances étrangères au conflit, même pendant le cours des hostilités.

« L'exercice de ce droit ne peut jamais être considéré par l'une ou l'autre des parties en litige comme un acte peu amical. »

« Article 7 : « L'acceptation de la médiation ne peut avoir pour effet, sauf convention contraire, d'interrompre, de retarder ou d'entraver la mobilisation et autres mesures préparatoires à la guerre.

« Si elle intervient après l'ouverture des hostilités, elle n'interrompt pas, sauf convention contraire, les opérations militaires en cours. »

« Article 20 : « Dans le but de faciliter le recours immédiat à l'arbitrage pour les différends internationaux qui n'ont pu être réglés par la voie diplomatique, les puissances signataires s'engagent à organiser une cour permanente d'arbitrage accessible en tout temps et fonctionnant, sauf stipulation contraire des parties, conformément aux règles de procédure insérées dans la présente convention. »

Le second vœu, citoyens, est relatif aux traités d'arbitrage permanent qui ont été conclus, vous le savez, par la France, avec un certain nombre de puissances. Il me sera peut-être permis de rappeler que précisément l'an dernier, à Marseille, nous émettions un vœu favorable à la conclusion des traités d'arbitrage permanent, et que, au lendemain de ce vote — je ne saurais prétendre que ce vote ait suffi, mais enfin le rapprochement, sans être un argument décisif, est une indication intéressante — la France concluait son premier traité d'arbitrage permanent avec la Grande-Bretagne, qui devait être suivi de traités analogues conclus avec l'Italie, l'Espagne et d'autres puissances.

Il y avait seulement, citoyens, quelques restrictions, que nous avions admises comme opportunes, comme présentant un caractère transitoire, mais qui ne donnaient pas satisfaction aux principes, et qui furent insérées dans ces traités d'arbitrage permanent. Nous demandons que ces clauses restrictives disparaissent lorsque les traités déjà conclus seront renouvelés, ou lorsqu'il sera conclu à l'avenir des traités analogues.

Ces clauses restrictives étaient principalement les deux suivantes :

D'abord les traités étaient conclus pour cinq ans. Nous voudrions que ces traités soient conclus sans qu'aucune restriction limitative de temps fût apportée par les puissances signataires. Dès que le règne du droit commence, il n'y a pas de raison pour limiter ce règne du droit à une durée de cinq années et pas plus. (*Très bien! Très bien!*)

Nous voudrions, en second lieu, voir disparaître une autre restriction, par laquelle les questions considérées par les puissances comme intéressant ce qu'on a coutume d'appeler « l'honneur national », et les questions considérées comme « vitales » étaient jugées ne pas devoir rentrer dans l'arbitrage international. Ah ! quand il s'agissait de questions juridiques uniquement, ou de questions individuelles, on faisait intervenir l'arbitrage international; mais s'il s'agissait de ces questions graves où l'avenir de la nation pouvait être engagé, on ne voulait plus avoir recours à la justice d'un juge, mais à l'arbitraire imbécile du canon. (*Bravos*).

Un exemple a déjà été donné, dans le sens que nous indiquons, par deux puissances européennes : Le Danemark et les Pays-Bas ont conclu — c'est un fait — cette année même un traité d'arbitrage permanent sans restriction. Aux yeux de ces puissances il n'y a aucune question, si haute qu'elle soit, qui demeure en dehors du domaine de la justice ; au contraire, c'est en raison même de l'importance qu'une question peut présenter qu'il est plus nécessaire de se rendre devant un juge impartial, et d'épargner le sang, qui ne manquerait pas de couler (*Bravos*).

Citoyens, voici notre vœu :

Le Congrès,

Félicite le Gouvernement d'avoir conclu avec diverses puissances des traités d'arbitrage permanent, dont l'heureux effet a été, notamment, de préparer la solution amiable de diffi-

*cultés existant depuis longtemps entre la France et l'Angle-
terre, et de contribuer efficacement à maintenir, malgré la
guerre russo-japonaise, la paix européenne ;*

*Exprime le vœu que les clauses restrictives que contiennent
ces traités disparaissent lors de leur renouvellement et ne figurent pas dans les conventions analogues qui seront conclues
à l'avenir ; retient le précédent constitué par le traité d'arbitrage permanent intervenu entre le Danemark et les Pays-
Bas, le 12 février 1904, lequel ne contient aucune restriction,
même fondée sur la nature des différends possibles ; et rappelle
que l'article 17 de la Convention de la Haye précise formellement que la « la Convention d'arbitrage peut concerner tout
litige ».* (Applaudissements).

(Le vœu, mis aux voix, est adopté).

Enfin, citoyens, un dernier vœu est relatif aux droits
de la nation, aux prérogatives du Parlement en ce qui
concerne la direction de la politique extérieure. Certes
nous ne soupçonnons personne, nous ne voudrions
introduire aucune réserve à l'égard d'aucun accord
international conclu par le Gouvernement de notre
pays avec telle ou telle nation de l'Europe ou d'un
autre continent ; mais il nous a semblé que, dans un
certain nombre de cas, le Gouvernement — ou le Ministère des affaires étrangères, pour être plus précis
— n'avait peut-être pas tenu un compte suffisant de
droits du Parlement ni assez écouté la voix souveraine du pays. Je ne citerai qu'un exemple, déjà un
peu ancien, de façon à ne pas envenimer un débat
possible : les affaires de Chine. Je ne nie pas que l'en-
voi de troupes ait été motivé, qu'il ait fallu délivrer par
la force les légations attaquées. Mais ce qui est certain,
c'est qu'il y a eu des actes d'hostilité, des actes de
guerre, — on ne peut employer un autre terme, — c'est
que l'on s'est battu en Chine. Or, comme il fallait pour
déclarer la guerre l'autorisation du Parlement, le Gouvernement de la République française n'a pas effectivement déclaré la guerre, mais, quand il s'est agi de
lever les troupes pour aller guerroyer en Chine, il a
rédigé des affiches de telle sorte que le mot guerre n'y
figurât point et que cela s'appelât simplement les affaires de Chine :

Citoyens, ceci est, vous le sentez, contraire non seulement à la lettre de nos droits, à la lettre des plus
respectables, des plus graves, des plus essentielles de

nos lois, les lois constitutionnelles ; mais ceci est contraire à l'essence même du régime démocratique. Ici il ne s'agit même plus de notre or, mais du sang des citoyens de ce pays. (*Bravos*).

Nous ne voulons pas qu'à l'avenir il en soit ainsi, nous demandons qu'autant que possible le Parlement et le pays soient mêlés à l'œuvre de la diplomatie ; et ceci est une formule de réserve pour permettre toutes les mesures et toutes les dispositions transitoires ; mais ceci aussi est une formule suffisamment impérative pour que les pouvoirs publics, qui ont les yeux tournés du côté de ce Congrès, comprennent, — car ils ont intérêt à comprendre, car la nécessité de leur propre défense individuelle leur ouvre l'esprit et les yeux. (*Applaudissements*).

C'est dans ce sens que nous avons rédigé le vœu suivant :

« Le Congrès,

« Considérant que les questions extérieures, qui ont pour caractère propre d'être susceptibles de provoquer la guerre, comportent des conséquences de toute nature — notamment financières — particulièrement graves pour une nation ; que le principe de la souveraineté du peuple exige que celui-ci conserve la direction de ses affaires extérieures, c'est-à-dire la libre disposition de lui-même ; et que la publicité la plus large possible donnée aux affaires extérieures constitue l'une des conditions nécessaires de la politique d'une démocratie ;

« Considérant que l'article 8 de la loi constitutionnelle du 16 Juillet 1875 édicte que « ... les traités qui engagent les finances de l'Etat... ne sont définitifs qu'après avoir été votés par les deux Chambres » ; que les traités d'alliance, au premier chef, engagent les finances de l'Etat parce qu'ils peuvent amener la participation à une guerre, et qu'à de tels traités le caractère secret confère, aux termes de la loi, un caractère provisoire ou au moins précaire, qui ne peut qu'en affaiblir la valeur ;

« Considérant que l'article 9 de la même loi, ainsi conçu : « le Président de la République ne peut déclarer la guerre sans l'assentiment préalable des deux Chambres » implique la possibilité pour les Chambres de faire une étude préalable et approfondie des éléments de fait et de droit qui peuvent justifier la déclaration de guerre ou la conclusion de la paix ;

« Emet la résolution que le Parlement soit davantage associé à la politique extérieure et que tous les traités,

notamment les traités d'alliance, soient soumis à la ratification des Chambres » (Bravos).

(Le vœu, mis aux voix, est adopté).

M. ARNAUD. — Permettez-moi, au nom du pacifisme français, je pourrais dire du pacifisme universel, de vous remercier du vote que vous venez d'émettre en cette ville de Toulouse qui fut en quelque sorte le berceau des principaux protagonistes de l'arbitrage international. Après les décisions prises l'année dernière au Congrès de Marseille il était utile que ce Congrès affirmât encore nettement que le parti radical et radical-socialiste est le parti de la paix.

A côté des faits qui se sont succédé depuis l'année dernière, conventions internationales, traités d'arbitrage permanent, qui ne pouvaient passer inaperçus, il s'est produit un autre fait capital : je veux parler de la convention du travail entre la France et l'Italie. C'est un événement de la plus haute importance, c'est en quelque sorte l'ouverture d'une ère nouvelle, celle de la législation démocratique et internationale du travail. Aussi, à côté des diverses motions que je vais vous présenter, je vous demande d'adopter d'abord la résolution suivante :

« Le parti radical et radical-socialiste, partisan résolu de toutes les mesures propres à améliorer le sort des travailleurs et à accroître entre les peuples la fraternité et la solidarité, félicite le gouvernement de la conclusion de la convention franco-italienne du travail, et l'invite à prendre une part très active dans l'établissement d'une législation internationale démocratique du travail. » (Applaudissements).

(Cette résolution est adoptée à l'unanimité).

L'an dernier plusieurs résolutions ont été votées à ma demande par le Congrès de Marseille. La première constatait queparmi les articles adoptés à la conférence de la Haye, il en est un qui dispose que les juges et arbitres s'inspireront des principes du droit des gens, c'est-à-dire du droit international public, conformes aux lois de l'humanité et à toutes les exigences de la civilisation. Il existe donc bien un droit international public positif, mais il est essentiel de le codifier. Or rien n'a été fait dans ce but. Je vous demande de renouveler le vœu que vous avez émis à cet effet l'an dernier sous une forme très brève et très générale.

(Adopté).   7

Le mouvement vers la paix qui se dessinait déjà l'an dernier et qui s'est accentué depuis, ce mouvement vers l'organisation juridique internationale qui a amené la réunion à Saint-Louis de la dernière conférence interparlementaire de la paix, à Boston du Congrès universel de la paix qui s'achève à peine, mériterait d'être examiné en détail devant vous. Son intérêt politique et national est considérable. Permettez-moi tout au moins de remercier le Comité exécutif de s'être fait représenter en avril dernier au Congrès national de la paix tenu à Nîmes. Et ensuite permettez-moi d'indiquer brièvement ce que je considère comme étant de notre devoir en tant que parti. Nous devons demander aux représentants du parti, aux membres du Parlement, d'encourager le ministre des affaires étrangères et le gouvernement dans la voie où ils sont entrés de la manière la plus nette et la plus catégorique jusqu'à ce ce que l'on soit parvenu à l'organisation d'un état juridique international de nature à assurer la solution pacifique amiable ou juridique de tous les conflits internationaux sans exception.

Il faut trouver les ressources indispensables à la création de toute la législation économique et sociale qui est dans les aspirations de notre parti. Or ces ressources ne peuvent être trouvées que dans la réduction des charges militaires, réduction qui sera le résultat, simultané dans les divers pays, de l'organisation de la Paix. Au budget de préparation à la guerre, au *budget de mort*, à faire place enfin aux *budgets de vie*. Nous serons certainement d'accord sur la ligne de conduite à suivre par notre parti pour aider à l'obstention de ce résultat.

Dans ce but, je vous propose d'adopter les résolutions suivantes :

« Le Congrès du parti républicain radical et radical-socialiste réuni à Toulouse,

« Réitérant les résolutions prises par le Congrès de Marseille,

« Invite les pouvoirs publics à préparer aussi promptement que possible :

1º *La codification de droit international public positif;*

2º *L'organisation d'un état juridique international de nature à assurer la solution pacifique amiable ou juridique, de tous les différends internationaux ;*

3° Et une entente entre les Parlements et les Gouvernements en vue de la réduction, simultanée dans les divers pays — et aussi grande que le permettra la défense de la nation dans les conditions nouvelles que créera cette entente — des charges militaires excessives, croissantes et improductives qui pèsent actuellement sur le monde.

« Le Congrès désireux de voir les représentants du parti prendre une part active au mouvement international actuel contre la guerre et en faveur de l'organisation de la paix adresse aux membres du Parlement appartenant au parti l'invitation pressante :

1° D'adhérer unanimement au groupe de l'arbitrage international.

2° Et d'assister aux prochaines sessions de la Conférence interparlementaire pour la paix.

« Charge le comité exécutif de faire représenter officiellement le parti aux prochains congrès national et international de la paix, et notamment au congrès français qui se tiendra à Lille au mois d'avril prochain. » (Applaudissements).

(Ces résolutions sont adoptées à l'unanimité.)

M. MARINI. — Au nom de la commission, j'ai l'honneur de prier le Congrès d'adopter le vœu suivant que je ne justifierai pas et sur lequel nous sommes d'accord :

« Le congrès émet le vœu que la loi du 7 juillet 1904 sur l'enseignement congréganiste soit appliquée dans les colonies et protectorats où l'enseignement laïque est ou peut être organisé. »

(Adopté à l'unanimité).

M. CARPOT. — Au nom de la commission des affaires coloniales, je vous demande d'émettre le vœu suivant :

« Le congrès émet le vœu que désormais la carrière diplomatique et consulaire soit en fait comme en droit librement ouverte à tous les jeunes Français, ayant les titres voulus sans préoccupation ni de la fortune ni de l'origine des candidats, que tous nos agents à l'étranger soient invités à ne pas oublier qu'ils doivent non seulement servir avec zèle et dévouement le gouvernement de la République qu'ils ont l'honneur de représenter, mais qu'ils ont aussi pour devoir absolu de recevoir tous les Français qui se présentent à eux, d'écouter

avec bienveillance leurs réclamations et de s'employer utile-
ment.

(Ce vœu est adopté).

M. ROBIN. — J'ai déposé à la 11e commission un rapport relatif à la mise en valeur de notre domaine colonial. Je n'en donnerai pas lecture. Je justifierai très brièvement les conclusions par lesquelles il se termine. Le parti radical se distingue du collectivisme en ce que ses membres sont partisans du capital et de la propriété individuelle. Alors que les communistes disent : La propriété c'est le vol, nous voulons permettre à tous d'accéder à la propriété. Vous savez qu'il y a un moyen simple de devenir propriétaire : c'est de passer par la cour d'assises et de se faire reléguer. On reçoit une propriété qu'on cultive dans une de nos colonies où sont installés des pénitenciers. Nous voulons qu'on puisse devenir propriétaire sans passer par la cour d'assises.

Je vous propose l'adoption du vœu suivant :

« 1o *Les autorités locales de chaque colonie seront invitées à dresser.*

2o *Le ministre des colonies sur la demande qui lui en sera faite par les intéressés, après avis des préfets et des maires, accordera des concessions gratuites d'une étendue en rapport avec leurs besoins et leurs capacités d'exploitation. Les terres ainsi concédées seront pendant 10 ans incessibles et insaisissables.*

(Adopté).

Ouvriers et employés des Chemins de fer. — Les employés et ouvriers des chemins de fer, se réunissant le lendemain du Congrès à Toulouse, le Congrès radical-socialiste leur envoie l'expression de toutes ses sympathies et charge MM. Bourrat et Berteaux d'être ses interprètes.

Bureau du Comité exécutif. — Le président informe que les membres du Comité exécutif vont se réunir immédiatement après la séance pour élire le Bureau.

La séance est levée à 7 heures.

SIXIÈME SÉANCE. — Dimanche 9 octobre

La séance est ouverte à 8 h. 1/4, par M. Ferdinand Buisson.

Le Président proclame les résultats de l'élection du Bureau du Comité exécutif.

Ce bureau est ainsi constitué pour le premier trimestre de l'année 1904-1905 :

Président : M. Maurice Berteaux, député de Seine-et-Oise.

Vice-Présidents : MM. Morlot, député de l'Aisne.
Dauzon, député de Lot-et-Garonne.
Bourrat, député des Pyrénées-Orientales.
Charles jeune, vice président du Comité républicain du Commerce et de l'Industrie.
Debierre, ancien adjoint au maire de Lille.
Lucien Le Foyer, avocat à Paris.

Secrétaires : MM. Messimy, député de Paris.
Albert Sarraut, député de l'Aude.
Godet, député de la Vienne.
Steeg, député de Paris.
Simonet, député de la Creuse.
Tournier, député de l'Ariège.
Dalimier, président de la Ligue de Propagande républicaine radicale et radicale-socialiste.
Fabiani, vice-président de la même Ligue.
Elie-Mantout, du Comité républicain du commerce et de l'Industrie.
Falot, délégué de Seine-et-Oise.
Armand Charpentier, homme de lettres.
Leboucq, avocat à Paris.

Trésorier : M. G. Lefèvre.

Secrétaire permanent : M. F. Bouffandeau.

Il est ensuite procédé à l'élection du Bureau de la Séance. Sont acclamés :

Président : M. Delpech, Sénateur de l'Ariège.

Vice-Présidents : MM. Pédebidou, sénateur des Hautes-Pyrénées.

Magnien , sénateur de Saône-et-Loire.

Bougue, sénateur de la Haute-Garonne.

Dauzon, député de Lot-et-Garonne.

Albert Sarraut, député de l'Aude.

Huc, directeur de la *Dépêche de Toulouse.*

Gariel, directeur du *Petit méridional.*

Abel, conseiller municipal de Lyon.

Tournier, député de l'Ariège.

Feron, député de la Seine.

Tourgnol, dép. de la Haute-Vienne.

Secrétaires : MM. Girard, maire de Salon.

Blanchard, de Rochefort-sur-Mer.

Vilbœuf, délégué du Rhône.

Vitalis-Brun , conseiller d'arrondissement.

Georges Rocca, de Marseille.

Molina, délégué de la Vendée.

Palengat, de Bordeaux.

Jaunet, du Comité républicain du Commerce et de l'Industrie.

Blot, Président du Comité de Levallois-Perret.

Secrétaire permanent du Congrès : M. F Bouffandeau, secrétaire général du Comité exécutif.

M. Delpech, président.

« Citoyens,

« Pour un homme politique, mêlé aux luttes passionnantes de son temps, soumis à votre contrôle, à vos critiques, à votre surveillance permanente c'est un grand honneur d'être appelé à présider l'une des séances de ce congrès ; il a le droit d'en conclure que vous approuvez les actes de sa vie publique. (*Très bien ! Très bien !*).

« Je vous en remercie.

« Hier, avant l'arrivée de notre éminent collègue Buisson, on a prononcé trois noms pour la présidence, ceux de Dubief, de Lafferre et de Delpech ; ni Dubief, ni Lafferre, ni Delpech ne veulent qu'on puisse les considérer comme concurrents ou rivaux : tous les trois sont unis dans une même pensée républicaine identique à la vôtre, leur idéal est le même et tous les trois ont également droit à votre confiance. (*Vifs applaudissemens*).

« Un double enseignement se dégage avec persistance de vos congrès. Partout vous avez manifesté avec énergie votre ferme désir de voir enfin pratiquer en France une politique républicaine effective ; vous réclamez la réalisation immédiate des réformes diverses considérées depuis longtemps comme les conséquences nécessaires des priucipes fondamentaux de notre démocratie. (*Applaudissements*).

« Vous avez nettement indiqué à ceux qui ont l'honneur d'être à la tête de notre gouvernement que le temps est fini de la politique d'équivoques, de défaillances ou de compromissions ; vous avez nettement marqué votre volonté de voir réaliser dans l'ordre politique, intellectuel et économique les progrès depuis longtemps réclamés par la démocratie française. (*Vifs applaudissements*).

« Telle est l'indication donnée par tous vos congrès. Aujourd'hui, enfin, nous avons un président du conseil qui a nettement manifesté la volonté de nous donner les satisfactions légitimes. (*Très bien ! Très bien !*).

Vous avez donné des avertissements sévères, mais utiles à tous les citoyens qui ont recherché le grand honneur de défendre les intérêts de la démocratie dans les conseils de la République. En votre qualité de citoyens détenteurs d'une parcelle de la souveraineté populaire, vous leur avez manifesté l'intention de ne jamais les perdre de vue et de contrôler leurs actes, vous réservant de leur distribuer, selon les cas, vos félicitations ou votre blâme. (*Vifs applaudissements*).

« C'est votre droit, c'est votre devoir de démocrates. C'est ainsi que les citoyens avisés préservent de tout péril les institutions républicaines. Persévérez dans cette voie, soyez attentifs et sévères, sans cesser pourtant d'être justes.

« Accomplissons tous notre devoir respectif, vous, celui d'électeurs vigilants ; nous, celui de parlementaires soucieux de s'acquitter consciencieusement de leur mandat et la République sera bien gardée ! » (*Applaudissements vifs et répétés*).

POLITIQUE ÉCONOMIQUE & SOCIALE
DU PARTI

M. Gérault-Carion, rapporteur. — Citoyens, c'est la première fois, depuis que nous nous réunissons en des congrès, que la question de la politique économique et sociale du parti est posée devant vous de façon aussi vaste et aussi complète. La raison en est facile à comprendre. Le parti radical a eu à soutenir tant de luttes contre tous les partis de réaction et le cléricalisme que nos aînés avaient autre chose et mieux à faire que de formuler les idées qui dirigeaient leur conduite en matière économique et sociale, heureux, s'ils pouvaient réaliser au jour le jour telle réforme devenue urgente (*Très bien! très bien!*).

Deux grandes théories sont en présence sur le terrain économique : le libéralisme, l'école des économistes, la théorie classique, et la théorie socialiste.

La théorie de l'école libérale se résume dans cette formule : « Laissez faire, laissez passer ». L'Etat ne doit intervenir à aucun degré dans la lutte économique, il ne doit avoir qu'un rôle, préparer sa suppression. Il ne doit plus être à un moment donné selon l'idéal de Jules Simon que l'Etat-gendarme. C'est la plus vieille théorie, celle qui a été exposée au xviiie siècle par Quesnay et Turgot, qui a été reprise de nos jours par Leroy-Beaulieu et les conservateurs qui l'ont suivi, c'est celle du *Journal des Débats*. Elle chante les louanges de l'état actuel des choses qu'elle prétend basé sur la libre concurrence, elle aboutit à une apologie très résolue de la libre concurrence qui abaisserait le prix des denrées, augmenterait la production et tendrait à égaliser les salaires.

J'irai très vite dans la critique de cette théorie, car je suis sûr que vous l'avez déjà faite vous-mêmes.

D'abord il n'est pas vrai que l'état actuel des choses soit basé sur un régime de libre concurrence que rien n'aurait jamais troublé, il est basé surtout sur certaines évictions parfois brutales ou quelques lois dictées à leur profit par certaines classes de la société. D'autre part la concurrence aboutit à des résultats plutôt fâcheux quand rien ne vient l'entraver. Elle accroît parfois le prix des denrées au lieu de le réduire. J'ai cité l'exemple des boulangers de Paris qui sont obligés de vendre le pain plus cher parce qu'ils sont trop nombreux. Si la concurrence tend à égaliser les salaires il arrive qu'elle crée des inégalités, car le faible est inévitablement écrasé par le fort, au bout d'un certain temps. Enfin la concurrence aboutit à ce résultat singulier qu'elle se détruit elle-même en engendrant le monopole. La liberté ne produit pas toujours de bons résultats, elle crée des inégalités tellement frappantes qu'elles en deviennent intolérables et sans aucun rapport avec le mérite de ceux qui les subissent.

La puissance de ces critiques a amené une autre théorie économique qui s'est trouvée tout naturellement opposée à la première. C'est la théorie socialiste qui comprend deux écoles, le communisme et le collectivisme. Le communisme est la socialisation de tous les biens qui seraient répartis selon la formule : à chacun selon ses besoins. Chacun prendrait au tas selon ses besoins. Il ne faut pas confondre cette théorie avec le partage, elle est exactement le contraire. Elle est irréalisable dans nos sociétés modernes : ses auteurs en ont convenu eux-mêmes puisque Fourier, Cabet bornaient à de toutes petites sociétés l'application de leur doctrine. Il y a de plus une impossibilité absolue : nos besoins croissent en raison de leur satisfaction et la somme de richesse disponible est toujours insuffisante à la satisfaction des désirs de l'homme.

La théorie collectiviste est beaucoup scientifique et mieux adaptée aux besoins des sociétés modernes. Elle ne veut pas la socialisation de tous les biens, mais simplement des moyens de production, laissant les produits soumis au régime de la propriété individuelle. La formule serait celle-ci : à chacun selon ses œuvres, selon son travail.

La distinction qu'on prétend introduire entre les produits et les instruments de production est purement arbitraire, car on ne peut trouver un instrument de production qui ne soit en même temps un produit, et il y a peu de produits qui ne soient en même temps des instruments de production. Il n'y aurait guère que la terre qui étant inutilisable tant que le travail ne l'a pas fécondée, rentrerait dans la catégorie des produits et devrait être individualisée. On aboutirait à ce résultat singulier que des châteaux, des bijoux, des carrosses étant des produits seraient objets de propriété individuelle tandis qu'une pioche, une bêche, une brouette sont des instruments de production et seraient socialisés.

De plus si on maintient le droit de propriété individuelle sur les produits, il faut l'admettre avec toutes ses conséquences, location à titre gratuit ou onéreux, louage, gage, prêt, etc. Certaines personnes économes pourraient donc conserver une part de leur revenu qu'elles loueraient, prêteraient engageraient à d'autres qui travailleraient. On peut donc adresser au collectivisme le même reproche qu'à la théorie libérale, il se détruit lui même.

Quelle théorie adopterons-nous ?

Nous ne sommes pas des libéraux, nous sommes opposés à la libre concurrence. Quand on parle de liberté absolue sans contrôle, sans contrainte, on oublie trop que les êtres soumis à ce régime doivent être de puissance égale et que s'il n'en est pas ainsi le plus fort arrivera à faire disparaître le plus faible à son profit. On aboutit ainsi à l'esclavage, à l'annihilation de ceux qui ne sont pas protégés (*Très bien ! Très bien !* Nous ne sommes pas partisans de la libre concurrence parce que les critiques adressées par les socialistes à l'école libérale nous paraissent fondées.

Nous ne sommes pas non plus des socialistes, car — et je ne suis pas le premier à le déclarer — nous sommes profondément attachés au principe de la propriété individuelle qui nous paraît le seul principe qui puisse dicter la politique économique et sociale de la société moderne. Vivre c'est accroître non seulement sa personnalité mais tous les droits qui en découlent parmi lesquels se place au premier rang la propriété individuelle. Et c'est parce que nous sommes attachés au principe de la propriété individuelle que nous voulons que l'État intervienne pour empêcher les forts d'étrangler les faibles, que nous voulons protéger les droits de tous en ne permettant pas qu'une minorité puisse accaparer à son profit les droits de la majorité. Cette puissance régulatrice qui doit intervenir comme juge suprême pour régler les conflits économiques comme dans l'ordre civil ou pénal elle est intervenue pour régler les conflits judiciaires, ce sera nécessairement l'Etat qui est seul assez fort pour imposer sa volonté, pour empêcher les individus de dépasser leurs droits ou d'en abuser, car il y a des gens qui ne voient la

jouissance de leur droit que dans la violation du droit
d'autrui. Seul l'Etat serait assez puissant pour intervenir (*Applaudissements*).

Cette théorie de l'*interventionnisme* a produit alors
qu'elle était inconnue, de nombreux et féconds résultats. Elle a inspiré toute l'œuvre de la 3e République.
M. Delpech dans la petite brochure qu'il a fait paraître
en 1902 a retracé cette œuvre. Il a démontré que l'action
de l'Etat n'encourageait nullement l'inertie individuelle,
mais était au contraire le plus puissant ferment, le
plus puissant moyen d'action et d'énergie individuelles.

Si cette théorie de l'intervention a dirigé notre politique économique et sociale dans le passé lorsqu'elle
n'était pas encore formulée, nous sommes en droit
d'affirmer qu'il en sera de même dans l'avenir. Dans
toutes les questions qui se posent c'est à l'intervention
de l'Etat que nous devons faire appel, pour les retraites ouvrières, pour empêcher les patrons de faire travailler leurs ouvriers et employés toute la semaine et
toute l'année sans répit, pour assurer des conditions
humaines de travail dans les mines et usines, pour
empêcher les patrons exploiteurs de profiter de la
femme mère future ou de l'enfant citoyen futur. Et
comme après ces questions il s'en posera d'autres, que
le progrès est indéfini, que notre idéal n'est jamais
atteint qu'à mesure que nous avons réalisé un progrès
nous en entrevoyons un autre, que notre horizon s'élar-
git, que nous voulons une humanité toujours plus
grande, toujours plus forte, plus généreuse et plus
heureuse, c'est par l'application de cette doctrine que
nous y parviendrons. Ce faisant nous aurons bien servi
la République. (*Applaudissements*).

M. MILHAUD. — Je m'associe complètement aux
conclusions qui viennent d'être développées. Je demande cependant que nous les complétions et que
nous nous prononcions sur la question du salariat.

En ce qui me concerne, je tiens à déclarer que nous
pouvons concilier nos principes, notre attachement à
la propriété individuelle avec notre idéal qui doit être
la disparition du régime du salariat. Pouvons-nous,
par la seule force de l'interventionnisme, arriver à la
suppression du salariat ? Je le crois. Je crois que nous
pouvons y parvenir en substituant au régime indivi-

dualiste actuel le régime de la coopération de production. Il ne s'agit pas — je ne veux pas qu'il y ait le moindre doute — des coopératives de consommation qu'on peut discuter à cause des inconvénients qu'elles peuvent avoir pour le petit commerce. Je parle seulement de la coopérative de production qui est le renversement de ce qui existe actuellement.

Si nous sommes adversaires du régime du salariat, c'est que nous en voyons les iniquités : le capital loue et organise le travail et recueille intégralement les benéfices Nous voulons arriver à un régime dans lequel c'est le travail qui louera et organisera le capital et recueillera les bénéfices qui lui reviennent légitimement. (*Applaudissements.*) Je vous demande d'émettre un vœu en ce sens.

J'entendais parler de libre concurrence. Nous sommes interventionnistes, nous voulons réprimer tous les abus de la libre concurrence. Je crois qu'il est impossible qu'un congrès qui se tient dans une ville du Midi ne réclame pas une intervention énergique des pouvoirs publics en vue de réprimer les fraudes en matière viticole et d'appliquer les lois qui punissent les fraudeurs. (*Applaudissements.*) C'est une question économique, c'est entendu, mais c'est surtout une question politique. Dans nos régions, on n'attaque pas le ministère en se fondant sur les principes républicains, on se présente comme défenseur de la viticulture. Il faut enlever cette arme à nos adversaires. Il faut que nous, radicaux et radicaux-socialistes, nous nous déclarions les ennemis déterminés de la fraude.

Je vous demande d'émettre ce vœu que les pouvoirs publics interdisent toute transaction en matière de contravention aux lois sur les contributions indirectes, sur les douanes avant jugement. Je dis avant jugement. Il peut se faire que, dans certains cas, on ait commis une erreur et qu'on soit de bonne foi. Les juges en décideront. Mais la publicité sera acquise et l'on saura à quoi s'en tenir. Si vous admettiez la transaction avant jugement, les gros négociants et les grands propriétaires trouveront toujours le moyen de transiger, alors que le malheureux qui n'aura péché que par erreur, qui aura été de bonne foi, ne pourra profiter de la transaction et défilera dans les rues escorté de deux gendarmes comme un malfaiteur. (*Applaudissements.*)

M. Albert Sarraut. — Le congrès comprendra que, pour lui permettre d'épuiser un ordre du jour très chargé, je sois contraint de condenser dans un exposé très sommaire les observations que j'ai le devoir de lui présenter au nom de la commission des réformes sociales et ouvrières, qui a bien voulu me charger de son rapport général.

Cette commission est une de celles qui ont le plus travaillé. Elle regrette que les questions dont elle a eu à s'occuper n'aient pu être apportées et traitées devant le congrès avec l'ampleur qu'elles méritaient, et elle exprime l'espoir que, dans nos prochains congrès, par une distribution meilleure de l'ordre du jour de nos travaux, les questions ouvrières puissent avoir, dans nos délibérations, la place considérable qu'elles comportent. (*Très bien ! très bien !*)

Vous venez d'entendre notre ami Gérault-Carion exposer la doctrine générale de notre parti au point de vue économique et social. Si votre temps était moins mesuré, vous auriez entendu aussi une série de rapports très étudiés, très documentés, sur les grandes questions intéressant la classe ouvrière, celui notamment de notre ami Dubief — qui m'a chargé de l'excuser — sur les retraites ouvrières, ceux de plusieurs autres de nos collègues sur le salariat, l'arbitrage, la réduction des heures de travail, l'organisation syndicale, le repos hebdomadaire ; en un mot, sur tous les problèmes soulevés par la situation actuelle du prolétariat.

Un sentiment très net et très profond s'est dégagé des travaux de votre commission. Je crois, en le formulant, être aussi l'interprète des sentiments des membres du congrès. C'est qu'il est nécessaire que la République entreprenne l'œuvre des réformes sociales avec la même méthode, la même volonté ferme et la même persévérance qu'elle a apportées dans l'œuvre des réformes politiques. (*Très bien ! très bien !*)

Ce n'est pas que, même dans l'ordre politique, elle ait négligé à aucun moment la pensée hautement sociale qui l'inspire. Il peut convenir à certains défenseurs du prolétariat, dans des congrès où se formulent les dogmatismes les plus intransigeants, de dire que la République est le pire des gouvernements et que le prolétariat ne doit pas perdre une heure de son temps à la défendre. Nous protestons, nous, contre cette parole impie... (*Vifs applaudissements*) et nous disons qu'alors même qu'elle semble faire œuvre purement politique, la République fait œuvre essentiellement sociale. (*Nouveaux applaudissements.*)

Le parti républicain, le bloc républicain ont fait œuvre sociale lorsqu'ils ont défendu et sauvé la République contre la contre-Révolution... (*Longs applaudissements*) car c'est dans la République, et par la seule République, que peut s'accomplir dans notre pays l'œuvre de justice sociale. (*Applaudissements.*) Le parti républicain, le bloc républicain ont également fait œuvre de réforme sociale lorsqu'ils ont combattu l'Eglise protectrice des grands capitaux... (*Très bien ! très bien !*) lorsqu'ils ont combattu les congrégations qui, de tout temps, ont entravé l'émancipation du prolétariat en enseignant la résignation et la servitude sociales. (*Applaudissements répétés et bravos.*)

Mais le parti et le bloc républicains ne veulent pas se contenter de faire ce que j'appellerai de la justice sociale à longue échéance, en préparant l'émancipation intellectuelle et morale d'un prolétariat qui pourra lui-même assurer plus tard son émancipation économique. Nous voulons réaliser le plan de réformes que nous avons eu l'occasion d'exposer, d'affirmer, dans nos congrès précédents. Nous l'affirmons une fois de plus dans la déclaration suivante, très brève, mais précise, que je vous demande de voter.

« *Le parti radical et radical socialiste affirme sa volonté de poursuivre, en même temps que l'émancipation intellectuelle et morale du prolétariat, son émancipation économique.*

« *Affirmant le droit de l'Etat d'intervenir dans les rapports du capital et du travail pour établir les conditions de la justice, il veut dans une évolution pacifique, mais sans arrêt, hâter l'avènement d'une organisation sociale plus équitable, assurant au travailleur la légitime rémunération de son travail, et facilitant son ascension à la propriété individuelle, base de l'ordre social et garantie de la liberté, du bien-être et de la dignité des citoyens.*

« *Il veut que la société assure au travailleur la sécurité des vieux jours par l'institution des retraites ouvrières. Il veut qu'elle allège le poids de ses charges sociales par l'établissement de l'impôt global et progressif sur le revenu.*

« *Il veut, aussi bien dans l'intérêt de la paix sociale et de la prospérité économique du pays que pour le succès des revendications légitimes de la classe laborieuse, que l'Etat protége le prolétariat isolé devant la concentration toute puissante des capitaux Il demande, dans ce but, que, notamment par une large modification de la loi de 1884, le Parlement facilite le développement de l'association professionnelle en augmentant en même temps que leur responsabilité, la capacité juridique et la puissance économiques des syndicats.*

« *Il demande également aux pouvoirs publics l'étude et le vote des propositions de loi destinées à assurer de plus en plus l'égalité des parties en présence dans le contrat du travail, à régulariser l'exercice de l'arbitrage, à prévenir et à répartir le risque social du chômage, a établir la participation aux bénéfices, poursuivre la réduction des heures de travail, garantir le repos hebdomadaire.*

« *Le parti radical et radical socialiste fait appel pour la tâche de justice sociale à toutes les bonnes volontés républicaines et aux sentiments de solidarité qui doivent animer une grande démocratie.* »

(Ces conclusions sont votées à l'unanimité).

M. LE PRÉSIDENT. — Je donne lecture des deux vœux déposés par M. Milhaud comme conclusions de ses observations.

1. Le Congrès émet le vœu que le législateur intervienne dans les questions du rapport entre le capital et le travail, en manifestant nettement son désir de voir le régime de la coopérative de production remplacer l'institution du salariat ;

2. Le Congrès émet le vœu que le Gouvernement applique les lois répressives de la fraude en matière viticole et prohibe le principe de la transaction avant tout jugement, en matière de contravention aux lois fiscales.

(Ces vœux sont adoptés).

LA PROPAGANDE DU PARTI

M. Louis BONNET, rapporteur, s'exprime en ces termes au nom de la Commission de propagande :

Citoyens,
J'ai l'honneur de vous rendre compte des travaux de la Commission de propagande du parti.

La Commission s'est mise, jusqu'au dernier moment à la disposition des membres du Congrès, et, s'il n'est pas possible de fournir un rapport écrit sur toutes les questions débattues, vous me permettrez d'y suppléer par des explications verbales.

Depuis le Congrès de Marseille l'organisation du parti a été systématiquement poursuivie et un progrès sérieux a été réalisé. Le très intéressant rapport présenté par M. Janet, député, au nom du Comité exécutif, a établi que nous comptions en 1904 deux cents comités adhérents de plus qu'en 1903. C'est un effort appréciable et insuffisant. (*Très bien*).

Au commencement de l'année dernière, le Comité exécutif a ouvert une vaste enquête sur la situation de notre parti. Les 500 membres du Comité ont reçu une circulaire, signée de notre éminent ami M. Lafferre, député, alors président du Comité exécutif. On demandait à chacun d'eux d'indiquer la situation du parti, les conditions de fonctionnement des comités dans son département et leurs desiderata particuliers. Un grand nombre ont envoyé d'instructifs rapports ; plusieurs comités nous ont également fait connaître leurs vues et une intéressante discussion s'est engagée au sein de votre Commission de propagande. Voici le résumé rapide de ces divers travaux.

L'organisation du parti

Le parti doit surtout veiller à son organisation. Le premier Congrès de Paris lui a donné un état-civil régulier, un programme commun, une méthode et une direction. Les Congrès de Lyon et de Marseille ont étendu et précisé nos vues doctrinales et perfectionné nos moyens de propagande : le Congrès de Toulouse doit édicter à son tour certaines règles qui augmenteront la cohésion et la force du parti.

Je vous rappelle la base de notre système :

Un comité communal au chef-lieu de chaque commune ;

Un Comité cantonal par les délégations des comités communaux ;

Une Fédération d'arrondissement par les délégations des comités de l'arrondissement ;

Une Fédération départementale par les délégués des comités du département.

Ces divers organes ne peuvent être créés partout et ne fonctionneront régulièrement que si les élus du parti le secondent efficacement. (*Très bien*).

Les membres du Parlement

Nous avons joie et fierté à compter au Parlement autant de représentants radicaux et radicaux-socialistes. Nous nous efforcerons d'en augmenter le nombre aux prochains renouvellements du Sénat et de la Chambre; nous désirons ardemment maintenir avec eux des rapports de confiance absolue et d'affection mutuelle; nous sommes honorés de leur présence à nos congrès, nous nous permettons seulement de présenter quelques observations qu'ils seront certainement les premiers à approuver.

Aux nombreux sénateurs et députés qui facilitent la tâche de nos comités, aident notre propagande et assistent à nos congrès, nous n'avons que des remerciements à adresser et nous les leur exprimons chaleureusement. (*Très bien*).

Il en est malheureusement dont la collaboration nous fait défaut et nos réclamations leur prouveront le prix que nous attachons à leur concours. (*Applaudissements*).

Nous leur demandons d'abord de contribuer à la formation de comités dans leurs circonscriptions. Il ne devrait pas y avoir un seul arrondissement ayant un député radical et radical socialiste, où il reste encore des cantons sans comités. (*Très bien*).

Il ne devrait pas y avoir un seul département, ayant des députés et des sénateurs radicaux et radicaux-socialistes, où la Fédération départementale ne soit pas constituée.

Un parti ne vit, n'agit, n'est assuré du lendemain que s'il possède les organes qui assurent son indépendance, sa discipline et sa puissance. Les comités stimulent l'effort local, dirigent l'action générale, réparent les échecs, préparent les victoires. En favorisant leur développement, le représentant à la Chambre ou au Sénat libère la démocratie, l'élève au-dessus des intérêts des personnes et de clocher, l'habitue à la discussion des idées. Nous sommes convaincus que l'appel du Congrès sera entendu et que les lacunes de notre organisation seront comblées. (*Vifs applaudissements*).

L'heure a également sonné de rompre avec d'anciens errements. Le premier Congrès de Paris a été convoqué avec l'appui et sous le patronage de nos éminents amis, MM. Léon Bourgeois, Henri Brisson, René Goblet et Mesureur qui n'ont cessé, en toutes circonstances, de nous témoigner leurs sympathies et de nous accorder un appui efficace. La plupart des membres du Parlement appartenant à notre parti ont suivi leur exemple et nous leur en gardons une vive reconnaissance Il en est cependant un certain nombre qui sont inscrits aux groupes radicaux et radicaux socialistes du Parlement ou qui sont notoirement connus pour professer les idées radicales et radicales-socialistes et qui ont négligé de nous donner signe de vie. A notre surprise et à notre regret, ils n'ont jamais envoyé leur adhésion au Comité exécutif et ne sont pas venus à nos Congrès. Vous désirez qu'il n'en soit plus ainsi à l'avenir. (*Applaudissements*).

Une période historique se termine où les individualités vivaient à l'état d'invidus, où les partis n'avaient pas une physionomie particulière, un personnel distinct, un programme et une méthode nettement définis. Les autres partis se sont normalement constitués et recueillent l'adhésion de tous leurs partisans. Notre parti entend désormais s'appliquer rigoureusement cette règle. (*Très bien*).

Citoyens, le parti radical et radical-socialiste ne saurait admettre qu'à côté de lui et en dehors de lui, des personnalités si sympathiques qu'elles soient, parlementaires ou non parlementaires, parlent au nom du parti radical et radical socialiste, si elles n'ont pas adhéré au parti et se soustraient à l'obligation commune de fournir une cotisation et de participer à nos travaux et à nos congrès. (*Vifs applaudissements*).

Avec ses milliers de comités communaux et cantonaux et avec ses Fédérations départementales qui seront bientôt toutes formées, avec son Comité exécutif et ses Congrès annuels, le parti radical et radical socialiste est régulièrement et définitivement constitué et représente avec autorité l'universalité du parti. Il n'exclut aucun de ceux qui acceptent ses doctrines et veut, au contraire, les réunir tous. Sa prétention est légitime de ne pas permettre qu'on se dise ou se fasse à un degré quelconque l'interprète du parti si l'on n'appartient pas à ses organisations régulières. (*Bravos*).

Comment pourrait-on recommander aux suffrages des électeurs radicaux et radicaux-socialistes les sénateurs et députés sortants et les candidats se disant radicaux et radicaux socialistes, si ceux-ci n'ont pas adhéré au parti ou ne sont pas présentés par des comités adhérents ? (*Très bien*).

Comment pourraient-ils eux-mêmes continuer à s'affirmer radicaux et radicaux socialistes, s'ils persistaient à se tenir éloignés des organisations créées par la volonté et l'effort du parti tout entier ? (*Très bien*).

Pour faire cesser tout malentendu, votre commission de propagande vous propose à l'unanimité de voter la résolution suivante :

« *Le Congrès du parti radical et radical-socialiste invite le Comité exécutif à faire toutes les démarches nécessaires auprès des sénateurs et députés inscrits aux groupes radicaux et radicaux-socialistes du Parlement ou considérés comme appartenant au parti radical et radical-socialiste et n'ayant pas encore adhéré au parti, afin qu'ils lui donnent leur adhésion.*

« *Dans le numéro qui précédera le Congrès de Paris de 1905, le* Bulletin du parti radical et radical-socialiste *publiera la liste des sénateurs et députés adhérents au parti.*

« *Le même numéro mentionnera les sénateurs et députés ayant refusé leur adhésion et insérera les motifs de leur refus, s'ils l'indiquent.*

« *Au Congrès de Paris de 1905, le Comité exécutif présentera une résolution spécifiant que les Sénateurs et Députés n'ayant pas adhéré à ce congrès, ne pourront désormais être considérés comme appartenant au parti radical et radical-socialiste et ne pourront être recommandés aux suffrages du parti aux élections de 1906. »*

A l'unanimité, ces deux résolutions sont adoptées.

Les Comités communaux, cantonaux et les fédérations départementales

Votre commission de propagande n'ignore pas qu'en de nombreuses localités il est difficile de créer des comités communaux. Le puissant usinier, le grand propriétaire exercent trop souvent des représailles contre les bons citoyens qui cherchent à affranchir la collectivité. Le curé est toujours prêt à vitupérer le républicain qui défend l'idée laïque. La formation d'un comité est cependant, la condition de l'indépendance électorale, et nous supplions nos amis de s'y consacrer avec ardeur. (*Applaudissements*).

Au début, peu importe le nombre. L'essentiel est d'exister. Quelques républicains zélés prendront l'initiative, formeront le premier noyau ; d'autres viendront ensuite, les timorés se décideront, le petit groupe s'augmentera lentement et la minorité deviendra la majorité. Isolés et disséminés, ils étaient faibles et impuissants ; unis et rassemblés, ils seront la force et le pouvoir. La réaction ne les tiendra plus à sa merci ; ils auront conquis le droit d'avoir une opinion, de l'exprimer et de la faire triompher. (*Vifs applaudissements*).

A tous les Comités en formation ou déjà créés, nous adressons une pressante recommandation :

Chaque comité doit avoir sa personnalité civile, et, pour cela, faire à la préfecture une déclaration régulière de son existence.

Moyennant cette simple formalité, il pourra encaisser régulièrement des cotisations, posséder un petit patrimoine mobilier, un local, agir en justice, se défendre en son nom par la voie de la presse, au besoin par l'exercice du droit de réponse. (*Très bien*).

Les Fédérations départementales

Leur importance n'est pas suffisamment comprise. Elles sont un organe essentiel du fonctionnement normal d'un parti et nous prions instamment les membres du Congrès de hâter leur création dans chaque département.

En certains cas disciplinaires, prévus au règlement du parti, leur avis est de rigueur pour le Comité exécutif.

En matière électorale, la Fédération arbitre les conflits, prévient l'indiscipline, renseigne, conseille, encourage. *(Bravos)*.

Son action est prépondérante dans l'organisation communale et cantonale. Mieux que personne, elle apprécie une situation locale, aplanira les difficultés, stimulera les bonnes volontés. Sa vigilance ne s'exercera pas avec moins de profit auprès des pouvoirs publics du département. Son intervention est indispensable pour assurer le succès des manifestations politiques : conférences, réunions publiques, banquets, etc. *(Applaudissements)*.

Cette année, nous avons eu la satisfaction de saluer la naissance de plusieurs fédérations ; celle de l'Aude, présidée par notre ami Maurice Sarraut, compte déjà 4.000 adhérents ; celle du Cher s'est vigoureusement constituée sous la présidence de M. Debaune, député, avec l'appui des sénateurs du département et de MM. Pajot et Lesage, députés ; celle de l'Hérault avec notre ami Gariel achève sa création. D'autres sont en formation et marcheront sur les traces de leurs aînés, les Fédérations de la Seine, de l'Aisne, des Ardennes, de la Drôme, de la Marne, du Rhône, etc. *(Applaudissements)*.

Nous espérons que, l'année prochaine, les départements retardataires se seront piqués d'émulation et que, au congrès de Paris, nous aurons le plaisir de souhaiter la bienvenue aux délégués de leurs fédérations. *(Vifs applaudissements)*.

Les conférences

On ne saurait trop multiplier les conférences publiques ou privées, les grandes réunions qui attirent un nombreux auditoire et les petites réunions de quartier et de village où les citoyens causent des événements du jour. Les comités en comprennent à merveille l'utilité et écrivent fréquemment au Comité exécutif pour obtenir des conférenciers. La difficulté, trop réelle, est d'en trouver.

Le Comité exécutif a l'habitude de s'adresser d'abord au sénateurs et aux députés, leur talent et leur notoriété leur conquièrent à l'avance toutes les sympathies. Mais, ils sont retenus beaucoup plus souvent que nous nous le désirerions et qu'ils le désireraient eux-mêmes par les travaux parlementaires et par les obligations de leur mandat dans leurs circonscriptions. Un grand nombre d'entre eux ont pu, cependant, se rendre cette année à votre appel et dans l'impossibilité où nous sommes de les nommer tous, nous les prions d'agréer l'expression de nos sincères remerciements. (*Très bien.*)

Le Comité exécutif a également et fréquemment mis des non-parlementaires à la disposition des comités; je citerai notamment nos amis de la Ligue de propagande laïque brillamment dirigée par M. Dalimier. Tous ces conférenciers de foi robuste et d'éloquence appréciée ont, eux aussi, rendu de grands services à notre cause et votre commission de propagande leur leur exprime sa vive reconnaissance. S'ils ne peuvent toujours entreprendre le voyage, c'est que — il n'y a pas de honte à l'avouer — notre parti n'est pas riche. Les talents y abondent et les dévouements y sont incomparables, mais les frais de route sont élevés et la dépense des chemins de fer déséquilibrerait un modeste budget. (*Très bien*).

Nous suggérons aux comités un moyen d'y remédier. Leur propagande est ordinairement soutenue par un journal de l'arrondissement; ils pourraient le prier de réclamer un permis pour le conférencier qui ne serait plus obligé de s'imposer un véritable sacrifice pécuniaire. (*Très bien*).

Le Bulletin du parti radical et radical socialiste signale régulièrement les manifestations du parti. Pour en mesurer l'importance, il est nécessaire qu'une énumération complète en soit faite au congrès. Ainsi seulement, vous serez en état d'apprécier les efforts individuels et collectifs et d'acquitter un juste tribut de reconnaissance envers nos propagandistes.

En conséquence votre commission de propagande vous propose de voter la résolution suivante :

« *Le Congrès du parti radical et radical socialiste siégeant à Toulouse, décide :*

« *Dans le rapport imprimé, distribué à l'ouverture de cha-*

*que Congrès annuel par le Comité exécutif sur les travaux
du Comité, depuis le dernier Congrès, il sera fait une énumération des conférences organisées par le Comité exécutif
et par les Comités adhérents.*

« *Cette énumération comprendra le nom du conférencier,
la ville où a lieu la conférence et la date de la conférence.* »

Les comités adhérents sont donc invités désormais
à signaler avec exactitude au comité exécutif les conférences qu'ils organiseront.

Ayant les documents sous les yeux, votre commission
de propagande présentera à chaque congrès les observations et propositions utiles. (*Très bien.*)

Les brochures, la presse

Les moyens financiers font défaut au Comité exécutif
qui voudrait faire aux comités adhérents de fréquents
envois de brochures. Votre commission des finances
vous exposera les ressources de notre association.

Le Congrès de Marseille avait renvoyé au Comité
exécutif l'étude de plusieurs vœux tendant à la création
à Paris d'un grand journal radical quotidien et d'un
journal satirique illustré. Ces vœux ont été reproduits
cette année et nous sommes au regret de n'y pas satisfaire.

La création d'un grand organe quotidien exige d'énormes capitaux. Nous ne pouvons que recommander la
lecture des journaux radicaux et radicaux-socialistes
de Paris et de province qui défendent nos doctrines ;
grâce à eux, nous conserverons nos positions et nous
gagnons du terrain. La vraie manière de les propager, c'est de les préférer à ces journaux d'information,
qui, sous prétexte de neutralité, ne parlent jamais de nos
réunions, des discours de nos orateurs, de nos projets
et de nos ordres du jour. Ces journaux nous font une
guerre sournoise. Leurs propriétaires et directeurs ne
songent qu'à vendre du papier et n'accueillent pas les
théories, les principes. Leur diffusion éloigne le public de la lutte pour les idées et crée un état d'esprit
favorable aux faiseurs d'affaires et aux aventuriers de
la politique. Le devoir des radicaux et radicaux-
socialistes est de délaisser cette presse mercantile et

d'acheter les journaux radicaux et radicaux-socialistes qui sont concurrencés par l'adversaire et combattent avec nous, pour nous et pour notre drapeau. (*Applaudissements prolongés*).

Le Congrès de Paris de 1905

Les quatre Congrès du parti ont été tenus à Paris en 1901, à Lyon en 1902, à Marseille en 1903, cette année à Toulouse. Dès le premier Congrès, il avait été convenu que le Congrès de 1905 aurait lieu à Paris, et, à l'unanimité, votre commission de propagande vous propose de le décider. (*Très bien*).

Nous serons alors à la veille d'une grande bataille : élections sénatoriales en janvier, élections législatives en avril 1906. Nous avons à mobiliser notre armée et à passer la revue de ses cadres. Par sa situation géographique et par l'horaire des chemins de fer, la capitale est la ville qui convient le mieux à cette veillée des armes. Nous sommes convaincus que le Congrès de Paris de 1905 réunira 2.000 délégués et aura en France un immense retentissement. (*Vifs applaudissements*).

Les réformes et les fonctionnaires

Votre commission de propagande appelle l'attention du Congrès sur un fait caractéristique. A la question qui leur a été nettement posée par la circulaire du Président du Comité exécutif : « Quel est le meilleur moyen de propagande républicaine ? », les membres du Comité ont unanimement répondu : faire des réformes, appliquer intégralement le programme radical et radical-socialiste. Les membres de la commission ont émis avec force le même avis. (*Très bien !*)

Les républicains défaillants, les monarchistes et les cléricaux ont constamment prétendu que le pays était inquiet, effrayé des innovations et, chaque fois que notre parti proposait une réforme, ils alléguaient qu'elle n'était pas mûre, et y faisaient désespérément obstacle. La démocratie a ainsi souffert de lenteurs injustifiées et d'ajournements inexcusables; ses décep-tions l'ont entraîné quelquefois à écouter les démago-

gues césariens et elle s'en est toujours repentie. Aujour-
d'hui. son opinion est faite et ne se laissera plus
surprendre. Elle attend de ses représentants des actes
et elle les supplie de hâter les réformes promises,
réformes politiques, militaires, fiscales, judiciaires,
administratives et sociales. (*Bravos*).

La législature actuelle a déjà produit des résultats
appréciables et en produira de plus considérables
encore, si elle fait aboutir les projets de loi inscrits à
son ordre du jour ou en préparation. Le parti radical
et radical-socialiste qui forme la majorité du bloc
républicain se fera justement honneur d'avoir réalisé
les espérances du suffrage universel. Le Congrès de
Toulouse exprime sa haute et profonde satisfaction de
la conduite tenue au Parlement par l'ensemble de ses
représentants. (*Très bien !*)

A un gouvernement dont nous approuvons le ferme
langage et la courageuse attitude, votre commission
de propagande a cependant le devoir de faire entendre
les doléances de nombreux délégués et comités. En de
trop fréquentes circonstances, les fonctionnaires républicains subissent des vexations et les fonctionnaires
réactionnaires reçoivent des faveurs. Dans divers départements, l'administration se montre d'une scandaleuse complaisance pour les cléricaux et ferme
l'oreille aux réclamations des démocrates. Le Comité
exécutif se fera volontiers auprès des pouvoirs publics
l'interprète des justes plaintes des adhérents au parti ;
mais il est nécessaire de préciser chaque fois les faits
pour que son intervention soit efficace. (*Applaudissements*).

En terminant, la commission prie les membres du
Congrès de ne jamais oublier que le succès de votre
propagande dépend de votre persévérance, de votre
énergie et de votre union. (*Applaudissements*).

L'aspect du pays républicain est réconfortant. Les
idées radicales et radicales-socialistes se propagent
des villes aux campagnes, suivent les sillons. Nos
majorités électorales se forment sur des principes,
nous ne rencontrons de résistance sérieuse que dans
les contrées où dominent l'aristocratie terrienne et la
puissance ecclésiastique. Sachons bien que dans 18
mois, nous aurons une terrible bataille à livrer. La
réaction négocie des alliances, combine des plans,
amasse des subsides ; le clergé se jettera avec fureur

dans la mêlée. Poursuivons méthodiquement notre organisation, restons confiants et disciplinés, obtenons de la Chambre plus de justice dans l'impôt, un lit et du pain pour les travailleurs au déclin de l'âge, la suppression des millions du budget des cultes à l'Eglise, et nous repousserons aisément le nouvel assaut clérical. Notre effort quotidien prépare, détermine la victoire de demain. (*Applaudissements prolongés*).

(Les conclusions du rapport mises aux voix sont adoptées).

Discours du citoyen Debierre

M. DEBIERRE. — Citoyens, la propagande de ce parti découle nécessairement de sa doctrine. Il y a deux jours, à la commission de propagande, j'entendais dire par un de nos collègues du midi qu'il était nécessaire que dans chaque fédération on sût d'une façon exacte quels sont ceux qu'on pouvait y admettre. Il demandait notamment, — c'est ce qui m'a frappé — si dans la constitution des fédérations départementales on pouvait à la fois accueillir les radicaux, les radicaux-socialistes et les socialistes ; ce qui prouve qu'il y a encore dans l'esprit d'un certain nombre de nos militants une confusion qu'il est peut-être nécessaire de dissiper.

C'est pourquoi je suis monté à cette tribune.

Cette confusion, d'ailleurs, je la comprends et je me l'explique. Le parti radical et radical socialiste, — c'est sa faiblesse et c'est peut-être aussi sa force — n'a point à sa base une de ces conceptions absolues qu'on trouve à la base des doctrines d'autres partis, qui ont la prétention d'avoir trouvé d'une façon définitive la formule libératrice de l'humanité toute entière. Il n'a point à sa base cette espèce de dogme qui fait la force de toutes les Eglises, que ces Eglises soient des Eglises religieuses, des Eglises capitalistes ou des Eglises sociales.

Il est donc bon peut-être, de fixer d'une façon nette et précise ce qu'est la doctrine de notre parti. La confusion, à laquelle je faisais allusion il y a un instant, est d'autant plus explicable qu'il s'est créé au Parlement un bloc, le bloc des républicains de gauche, gráce auquel le parti républicain enfin a abordé, avec l'intention de les faire aboutir les réformes religieuses, politiques et sociales. Mais la constitution de ce bloc qui, je l'espère amènera dans ce pays des réalisations décisives et nécessaires conformes aux aspirations mêmes et aux espérances du pays républicain et de la démocratie tout entière, la constitution de ce bloc a eu une répercussion parmi les militants républicains de tout ce pays. (*Bravos*).

On s'est dit : Du moment où le bloc réussit au Parlement, il faut aussi que les électeurs le constituent dans le pays. Ils ont essayé de le réaliser et je les en félicite et je leur demande de continuer ; mais je leur demande aussi la permission à côté des avantages de la constitution de ce bloc, de mettre en garde contre certaines tendances qui provoqueraient la confusion.

Un parti politique n'a d'avenir, ne grandit, ne se développe, n'a d'autorité, qu'à la condition de ne pas se laisser pénétrer par des éléments étrangers. Sinon, c'est l'infiltration, c'est le commencement de la désagrégation, de la mort du parti lui-même. Il faut qu'un parti conserve précieusement ses frontières, s'il veut vivre, s'il veut rester lui-même et s'il ne veut pas être à la merci de ses adversaires.

Citoyens, je n'ai pas voulu laisser ce que j'avais à dire à l'improvisation. J'ai eu peur de ma pensée, j'ai craint son vagabondage, passez-moi l'expression. C'est pour cette raison que je vous demande la permission de lire ce que j'ai à dire, de façon à conserver à mes paroles toute la précision et toute la mesure indispensables :

> Citoyens,

« Il ne faut pas laisser dire, citoyens, plus longtemps, par nos adversaires — vous voyez que j'ai l'habitude d'exprimer très nettement ce que je pense.

Plusieurs voix. — Il n'y a pas d'adversaires à gauche !

M. Debierre. — Laissez-moi achever.

«... Et vous savez qu'ils ne se gênent pas pour le dire, dans le but d'éloigner de nous les masses ouvrières... que le parti radical et radical-socialiste est un parti sans programme et sans vigueur. »

Il ne faut pas laisser dire plus longtemps par nos adversaires de droite et les collectivistes, je le répète, que le parti radical est un parti sans doctrine définie, sans énergie, qui vit au jour le jour, au gré des événements au lieu de les orienter et de les diriger.

Eh! bien, non. Le parti radical a sa doctrine propre et son programme personnel. Il est un parti politique qui a ses idées et son idéal, et qui ne veut ni n'entend se confondre avec les partis voisins.

Le propre de l'opportunisme est d'avoir des principes qu'on n'applique jamais. Le propre du parti radical, c'est d'avoir des principes qu'on met en pratique. Nous ne saurions donc nous confondre avec les opportunistes ou les progressistes, ainsi nommés aujourd'hui sans doute parce qu'ils marchent à reculons.

Notre doctrine nous sépare également des socialistes, j'entends les socialistes collectivistes, de ceux qui prétendent avoir trouvé dans une formule — aussi simple qu'étroite, aussi étroite que simple — le remède à toutes les maladies présentes et à venir du corps social.

Mais ici, entendons-nous bien. Si être socialiste, c'est croire que la solution certaine et inévitable du problème de toutes les misères et de toutes les servitudes, se trouve dans la disparition de toute propriété personnelle, même celle qui a été acquise légitimement par le travail personnel, et la transformation en propriété sociale de tous les moyens de production et d'échange et de tous les biens, depuis la grande exploitation industrielle jusqu'à la terre du paysan, non, nous ne sommes pas socialistes (*Bravos*). Mais si le socialisme, c'est l'effort généreux, incessant et inlassable, que fait l'humanité pour se libérer de toutes ses chaînes et de toutes ses servitudes religieuses, politiques, économiques et sociales et amener sur cette terre le règne de la liberté et de la justice sociale, ah! oui, alors, nous sommes socialistes. (*Applaudissements*).

Mais ce que nous ne pouvons ni ne voulons laisser dire, c'est que dans l'œuvre de rénovation sociale nous marchons à la remorque d'un parti quelconque. Ce que nous ne pouvons laisser dire, — ouvertement ou timidement — c'est que c'est le parti socialiste qui nous entraîne et qui est le vrai créateur du mouvement. Nous sommes le gros de l'armée républicaine en marche, nous avons une avant-garde — et nous en avons besoin — mais il ne serait ni juste ni conforme à la valeur des opinions que l'avant-garde accaparât tout le bénéfice de l'opération.

Non, qu'il s'agisse de la séparation définitive de l'école de toute confession et de toute église, — de la séparation des Eglises et de l'Etat, — de l'impôt progressif sur le revenu et les successions, — d'une meilleure répartition des richesses, — de la protection du travail contre les privilèges de fait et les abus des puissances capitalistes et la tyrannie sociale d'une ploutocratie qui ne croît plus qu'à l'argent et dont le cœur s'est desséché à mesure qu'elle s'enrichissait, — de la transformation en services publics des grands monopoles privés, élevés contre et malgré l'intérêt public, — de la protection de l'enfance malheureuse et abandonnée, — de la protection de l'adolescent et de la femme dans les usines et les manufactures — de la salubrité des usines et des fabriques — du risque professionnel, — de l'assistance des vieillards, des infirmes et des malades, — du droit social à l'assurance et aux retraites ouvrières et paysannes, — de la réduction des charges militaires, — de la libération progressive de la classe ouvrière trop longtemps opprimée par des privilégiés séculaires, — tout cela est contenu dans le programme du vieux parti républicain. Ce n'est pas nous qui l'avons emprunté au parti collectiviste, c'est lui qui s'en est emparé parce qu'il l'a trouvé bon pour sa propagande et son action. *Suum cuique* : A chacun le sien. (*Vifs applaudissements*).

Vous savez maintenant, citoyens, ce que nous sommes et ce que nous voulons. Etait-il besoin de le redire? Je crois que cela n'était pas inutile. Je crois qu'il n'était pas superflu que nous nous affirmions une fois de plus comme un parti qui ne le cède en rien au parti socialiste quand il s'agit de libérer l'esprit et la conscience des travailleurs ou de les affranchir de jougs économiques aussi immérités qu'intolérables. Je ne veux point faire la critique de la doctrine collectiviste — ce colosse au pied d'argile comme on a pu l'appeler — ce n'est pas le moment. Mais ce que nous tenons à affirmer, c'est que nous ne croyons ni à l'infaillibilité des hommes ni à l'absolu des doctrines ou à la magie des formules. La vérité n'est jamais achevée ; celle de demain refoulera ou transformera celle d'hier. Nous savons que l'architecte ne bâtit ses édifices, pour qu'ils soient solidement assis et convenablement construits, qu'après s'être assuré des fondations et de la résistance des matériaux. Le politique avisé doit faire de même. Il doit, non pas vouloir faire plier l'évolution des esprits et l'évolution économique à ses conceptions théoriques, mais s'appuyer sur l'évolution économique et sociale, sur les contingences de la vie en société et les possibilités du moment, pour appliquer ses doctrines, les faire passer dans la pratique de la nation, et édifier son œuvre d'émancipation.

Ce que nous devons éviter, c'est le saut dans l'inconnu. C'est l'abordage à une terre promise qui pourrait bien n'être qu'une nouvelle terre de misères morales, de souffrances physiques et de servitudes sociales.

Ce que nous devons nous rappeler seulement, ce que nous devons nous rappeler toujours, c'est que nous sommes les fils de la Révolution et que nous entendons continuer son œuvre immortelle et jamais achevée, de paix, de progrès et de justice (*Applaudissements*).

Comme sanction à ce que je viens de dire, je vous propose de voter l'ordre du jour suivant :

Ordre du jour Debierre

I. — Le Parti radical et radical-socialiste, pour assurer la défense et l'action républicaines, qui doivent être continues et énergiques contre un ennemi qui ne désarme jamais, affirme la nécessité des alliances avec les autres partis de gauche, tant dans le Parlement qu'au moment des périodes électorales.

II. — Mais il affirme non moins, pour assurer son existence, son développement et sa force dans le pays, qu'on trouve dans sa doctrine, ferme dans ses principes, souple dans ses mouvements, parce que doctrine de progrès, les moyens pacifiques de la libération politique, économique et sociale des masses ouvrières et de tous les opprimés.

M. Myard. — Je n'imiterai pas les précédents orateurs. Je serai bref ; car je sais que nos moments sont comptés ; mais je tiens, au nom des organisations rurales, à présenter quelques très brèves observations ; je tiens à dire au nom des militants obscurs de la province, dont je suis un des représentants, que nous trouvons qu'on nous donne beaucoup trop de conseils et pas assez d'appui effectif. (*Bravos sur divers bancs*).

On nous dit : Formez des comités, multipliez-vous, formez des fédérations, venez au congrès ; nous sommes là pour recueillir le résultat de vos efforts, quand vous aurez reçu les coups. Je reconnais, citoyens, qu'il y a beaucoup de parlementaires qui nous aident, qui font des conférences ; mais à côté de cela, je tiens à dire que, quand nous voulons former des Comités, nous trouvons rarement l'appui qui nous serait nécessaire parmi les élus. Beaucoup de représentants élus ont peur des Comités ; ils craignent qu'on leur demande des comptes ; qu'on surveille trop leur conduite et quand nous demandons un appui au Comité exécutif, cela se traduit par un appel à notre caisse. (*Applaudissements sur divers bancs. — Mouvements divers*).

Les organisations rurales devraient trouver au sein du Comité exécutif des brochures de propagande à bon marché et même gratuitement...

Plusieurs voix. — Qui les payera ?

M. Myard. — Qui les payera ? demande-t-on. J'ai été surpris hier, je dois le dire, en entendant la lecture du budget du Comité exécutif, de voir qu'il y avait dix mille francs de frais de bureau et 1 500 francs de frais de propagande. (*Applaudissements sur divers bancs. — Mouvements divers*).

Un délégué. — Il y a erreur.

Je demande que les organisations rurales trouvent auprès des représentants élus l'appui qui leur est dû. Je demande que les représentants élus soient appelés à faire partie des comités ruraux et à les aider de leur appui ; et je demande que les organisations rurales, les groupes et comités trouvent au comité exécutif les brochures nécessaires à la propagande.

Je n'insiste pas. Je demande à pouvoir faire dans le bulletin du parti quelques observations que j'aurais tenu à présenter, mais qui nous mèneraient trop loin. Je renonce à la parole si on veut me donner cette satisfaction. Je crois pouvoir parler de ces questions. J'ai organisé dans mon département 5 ou 6 comités qui fonctionnent très bien.

M. le Président. — La parole est au citoyen Lafferre.

Discours de M. Lafferre

Citoyens,

Mes observations seront très brèves. En réalité, le texte de l'ordre du jour de notre ami Debierre, tel qu'il vous est présenté, semble plutôt se rapporter à la politique générale du Parti qu'à son organisation et à sa propagande.

Mais, ce n'est pas sur le texte même de l'ordre du jour que j'aurais des observations à faire ou des restrictions à indiquer.

Je trouve très naturel qu'un représentant de notre Parti, aussi autorisé que le citoyen Debierre, affirme qu'on peut trouver dans notre doctrine les solutions les plus larges et les plus fécondes que la démocratie puisse espérer ; mais je ne puis en aucune façon m'associer aux arguments qu'il a apportés ici à l'appui de sa thèse en ce qui concerne la propagande.

J'ai été surtout très frappé — je parle ici au nom d'un grand nombre de mes amis de la région méridionale, — de la préoccupation vraiment excessive manifestée par notre collègue Debierre, de voir les Fédérations départementales admettre, sans y voir aucun danger pour notre Parti, un certain nombre de militants qui, dépassant ou s'imaginant dépasser les limites de notre Parti, se réclament plus particulièrement d'un idéal lointain, l'idéal socialiste. (*Applaudissements*).

Je demande au Congrès de ne pas accepter cette partie des considérations de Debierre ; je ne crois pas, alors que nous déclarons, d'une part, que nous ne connaissons pas d'ennemis à gauche, que nous puissions, d'autre part, avoir l'air de fermer, dans je ne sais quel esprit doctrinaire, notre porte aux socialistes qui veulent entrer chez nous. (*Vifs Applaudissements*). Dans certaines régions du Midi, nous n'avons pas craint d'intituler nos Fédérations, républicaines radicales, radicales-socialistes et socialistes. (*Bravos répétés*).

Ce n'est pas, contrairement à la pensée qu'on nous prête, que nous entendions absorber, à la faveur d'une équivoque fâcheuse, une partie des socialistes et les arracher à l'organisation à laquelle ils appartiennent naturellement ; mais nous savons qu'un grand nombre de socialistes, surtout dans nos régions méridionales, alors même qu'ils nourrissent au fond du cœur des idées collectivistes et communistes, estiment comme nous, que l'on ne doit jamais proscrire une idée, si l'on ne veut pas faire acte de réaction. (*Vifs applaudissements*).

D'autre part, ces militants pensent qu'à l'heure présente ce qu'il y a de plus urgent, ce qui est pour eux un devoir impérieux, c'est de prêter, en dehors de leurs idées personnelles, une collaboration active à l'œuvre féconde du Parti radical et radical-socialiste. Ils ne songent pas à nous présenter des formules, des doctrines, que nous discuterons plus tard et contre lesquelles nous ne voulons élever aucune prévention injustifiée (*Bravos*) ; mais ils pensent avec nous qu'ils doivent s'en tenir pour le moment à la réalisation des formules que le Parti radical et radical-socialiste a tirées de l'expérience de son passé et que j'ai essayé, quand j'avais l'honneur de présider le Comité Exécutif, à la veille des élections municipales, de fixer pour le Parti dans une déclaration que vous avez tous bien voulu approuver (*Bravos*).

Mais, citoyens, je désire surtout appeler l'attention du Congrès sur la nécessité d'éviter tout esprit d'exclusion en cette matière ; il faut laisser aux Fédérations la liberté, la liberté absolue de s'organiser comme elles l'entendent, suivant la situation spéciale et l'état d'esprit de leur région. (*Très bien ! très bien ! Bravos*).

On a dit tout à l'heure que c'était la force et parfois la faiblesse du Parti radical et radical-socialiste de n'avoir pas une doctrine étroite, de ne pas se délimiter à gauche, de ne vouloir s'interdire aucune conception nouvelle.

Je crois, pour moi, que c'est surtout sa force ; je le répète, nous acceptons comme des hypothèses, que nous n'avons pas le droit de déclarer fausses, par avance, les doctrines les plus avancées des écoles socialistes. (*Vifs applaudissements*). Nous nous refusons, de la façon la plus formelle, à dire que jamais la doctrine collectiviste ou la doctrine communiste ne recevra d'application, je dis qu'il est conforme à l'esprit scientifique de ne jamais déclarer que ce qu'on appelle l'utopie d'aujourd'hui ne sera pas la vérité de demain ; mais je dis surtout qu'il est contraire à l'esprit politique de s'élever d'avance contre des idées que l'on ne peut pas juger sans les éprouver à la lumière des faits et de l'expérience.

D'ailleurs, nous ne pouvons pas oublier, nous radicaux-socialistes, que pendant les deux années du ministère néfaste de M. Méline, sa politique a vécu précisément de la proscription de l'idée collectiviste contre laquelle le citoyen Debierre semblait tout à l'heure vouloir forcer nos consciences à se prononcer. (*Applaudissements répétés*).

Je demande donc au Congrès de ne pas accepter cette partie des observations du citoyen Debierre et de déclarer au contraire de la façon la plus formelle que nous n'avons aucune prévention, que nous n'avons aucune objection de fond à élever actuellement contre les doctrines du Parti socialiste. Tout ce que nous pouvons dire, sans crainte d'être démentis, c'est qu'à l'heure présente ces doctrines n'ont pas pris encore figure dans des propositions précises. Lorsque le Parti socialiste aura apporté à la tribune du Parlement une proposition tangible qui puisse s'adapter aux nécessités de l'heure actuelle et s'inspirer de l'évolution économique de ce pays, nous la discuterons sans parti pris (*Très bien! très bien! Bravos!*), et sans nous préoccuper de savoir de quelle école ou de quel dogme elle dérive.

Ce que nous demandons, ce sont des formules précises, ce sont des réalités fécondes. C'est si vrai, citoyens, qu'il est arrivé bien souvent à quelques-uns de ceux qui tiennent haut et ferme le drapeau du parti radical-socialiste, de voter parfois pour les propositions des socialistes révolutionnaires, alors que les socialistes parlementaires s'abstenaient. (*C'est vrai! Très bien!*) Ce qui prouve que les idées se pénètrent les unes les autres, qu'il n'y a rien d'absolu, que tout est relatif dans l'évolution des idées, et que, si vous voulez faire œuvre démocratique large et féconde, il faut, une fois pour toutes, renoncer à toute prévention contre les innovations les plus hardies et déclarer que le devoir de notre parti est d'accueillir pour les soumettre à la lumière de la discussion et de l'expérience, toutes les idées, toutes les doctrines et toutes les hypothèses. (*Vifs applaudissements répétés et prolongés*).

Voix nombreuses. — L'impression du discours !

M. PÉLISSE. — Je demande la parole.

M. le PRÉSIDENT. — Si j'avais su quelles idées le citoyen Debierre allait développer, je lui aurais fait remarquer que cette motion devait venir à l'occasion de la discussion de la déclaration du parti.

D'après l'ordre du jour nous nous occupons de la propagande. J'estime donc que, si cette discussion doit se prolonger, la suite doit en être renvoyée au moment où nous discuterons la déclaration du parti.

Actuellement vous avez à vous prononcer sur les termes du rapport de la commission de propagande, qui vous a été lu par le citoyen Bonnet.

M. Maurice SARRAUT. — Je demande la parole.

M. le PRÉSIDENT. — Si vous approuvez ce que je viens de dire, nous voterons d'abord sur le rapport qui vous a été lu par le citoyen Bonnet et ensuite quand viendra la question de la déclaration politique, nous reprendrons la discussion de cette question.

M. MYARD. — Je demande que les discours du citoyen Lafferre et du citoyen Buisson soient imprimés sous forme de brochure à bon marché, de brochure de propagande.

M. le PRÉSIDENT. — Citoyens, l'impression du discours de notre président M. Buisson, a déjà été votée. On demande l'impression du discours du citoyen Lafferre. (*Oui ! oui !*)

M. ARNAUD. — Il n'est pas possible d'imprimer ce discours, qui est une réponse, sans imprimer aussi le discours du citoyen Debierre, qui l'a provoqué. (*Non ! non ! sur divers bancs. Aux voix !*)

M. le Président. — Le Congrès va se prononcer.

Je mets aux voix l'impression du discours du citoyen Lafferre.

(L'impression est votée à l'immense majorité de l'assemblée).

M. le Président. — La parole est au citoyen Maurice Sarraut.

M. Maurice Sarraut. — Je viens simplement vous prier, citoyens de poursuivre jusqu'au bout, puisqu'elle est ouverte, la discussion qui est dès maintenant engagée devant vous. *(Bravos).*

Sans cesse devant le Comité exécutif nous voyons naître et renaître des discussions sur la question de savoir si dans telle ou telle circonscription notre parti doit faire entente avec le parti socialiste. Je dis que la question de principe étant posée ici, nous devons la vider, et la vider immédiatement. *(Très bien ! Très bien ! Bravo !)*

Quant à nous, notre sentiment est connu...

Une voix. — Le Congrès a fait connaître aussi le sien en votant l'impression du discours du citoyen Lafferre.

M. Maurice Sarraut. — A aucun prix, jamais nous ne ferons une déclaration de guerre quelconque à une école socialiste quelconque. *(Bravos répétés).*

Non, à aucun prix, jamais nous ne consentirons à laisser enchaîner notre pensée dans des formules qui, demain, peuvent devenir caduques, nous marchons vers l'avenir, nous entendons rester la main dans la main avec le parti socialiste ; et non seulement nous ne voulons pas lui faire de déclaration de guerre, mais nous entendons conserver avec lui les rapports les plus cordiaux, de façon à lutter côte à côte avec lui pour la justice meilleure que nous souhaitons. » *(Bravos prolongés).*

M. Debierre. — Citoyens, je ne savais pas, en abordant cette tribune, que j'allais soulever la discussion qui vient d'avoir lieu. Je n'ai jamais voulu, — il suffit de relire mon texte pour s'en convaincre, — faire une déclaration de guerre à qui que ce soit. Je n'appartiens pas au parti des intolérants, de ceux qui condamnent, de ceux qui exécutent. Je laisse ces exécutions à ceux qui représentent les dogmes et les Eglises. J'ai voulu simplement tracer les frontières doctrinales du parti radical et radical-socialiste. J'ai eu soin de le déclarer; et ne je comprends pas que mon ami le citoyen Lafferre se soit mépris sur ma pensée, quand il a supposé que j'avais apporté ici une excommunication majeure contre une doctrine et qu'il a eu tout au moins l'apparence de croire que j'avais voulu apporter à cette tribune la condamnation d'alliances que j'estime moi-même nécessaires.

Dans ces conditions il me semble qu'entre Lafferre et moi, qu'entre Sarraut et moi il y a l'apparence, seulement l'apparence d'une division qui en réalité n'existe pas. Je dis que notre parti, s'il veut continuer à vivre, à se développer, à grandir, à avoir de l'autorité dans le pays et à la conserver, doit garder ses frontières.

C'est pourquoi je me permets de faire observer à notre président que c'est bien à propos de la propagande du parti que je suis intervenu, parce que j'estime qu'il est indispensable que tous nos militants sachent bien, malgré nos amitiés pour le parti socialiste, que nous nous différencions de ce parti. Autrement, c'est la confusion et après la confusion, c'est l'émiettement de notre parti. (*Bravos*).

Alliés, oui. Confondus, non. Voilà tout ce que j'ai voulu dire et je n'ai pas dit autre chose. (*Applaudissements*).

M. Razimbaud (jeune). — Citoyens, la question qui se pose devant vous est une question de propagande. Nous sommes, nous aussi, pour l'alliance avec les socialistes, nous voulons que notre action marche parallèlement à l'action socialiste; mais pouvons-nous admettre dans notre sein nous, radicaux-socialistes, des socialistes qui ont un programme personnel, qui constituent dans le pays un parti parfaitement organisé? Je comprends très bien que nous puissions admettre dans les fédérations radicales-socialistes des républicains avancés qui ne soient pas organisés, qui n'appartiennent à aucun parti, que nous sommes obligés de grouper. Mais aujourd'hui en France le parti socialiste est très puissant, il a des organisations même plus puissantes que les nôtres; comment voulez-vous admettre dans notre sein à nous, qui avons un programme, des amis qui ont un autre programme et essayer une fusion impossible?

Comment M. Sarraut fera-t-il pour mettre dans un programme les principes socialistes et les principes radicaux socialistes, qui sont tout à fait différents?

Ceux qui connaissent la situation politique dans l'Hérault savent que nous pratiquons une politique d'alliance avec les socialistes. Ils ont formé une fédération socialiste, nous avons, nous, une fédération radicale-socialiste, et nous marchons parallèlement, en amis, avec nos programmes distincts, sauf, à l'heure du combat et du danger, à nous donner la main et à marcher ensemble. Je me range par conséquent à l'avis du citoyen Debierre. Nous devons former des fédérations radicales radicales-socialistes et ne pas introduire chez nous l'élément socialiste.

M. le Président. — Je soumets d'abord à votre approbation les termes du rapport lu par le citoyen Bonnet au nom de la Commission de propagande.

(*Le rapport est adopté au milieu des applaudissements*).

M. le Président. — A cette manifestation, je crois devoir ajouter pour être l'interprète de votre pensée, des remerciements à l'adresse du citoyen Bonnet, qui a fait un rapport très documenté, qu'il nous sera très utile de lire après l'avoir entendu. (*Bravos*)

Je soumets maintenant à votre vote les termes de l'ordre du jour qui a été proposé par le citoyen Debierre.

M. le Président. — La motion de M. Debierre est ainsi conçue :

1. Le parti radical et radical-socialiste, pour assurer la défense et l'action républicaines qui doivent être continues et énergiques contre un ennemi qui ne désarme jamais, affirme la nécessité des alliances avec les autres partis de gauche, tant dans le Parlement qu'au moment des périodes électorales ;

2. Mais il affirme non moins, pour assurer son existence, son développement et sa force dans le pays, qu'on trouve dans sa doctrine, ferme dans ses principes, souple dans ses mouvements, parce que doctrine de progrès, les moyens pacifiques de la libération politique, économique et sociale des masses ouvrières et de tous les opprimés.

On a demandé la division.

Je mets aux voix la 1re partie.

(La 1re partie est adoptée).

M. le PRÉSIDENT. — Je mets aux voix la 2e partie. (Adoptée).

M. le PRÉSIDENT. — Je mets aux voix l'ensemble de la motion.

(La motion est adoptée à l'unanimité).

VŒUX

6e COMMISSION. — ENSEIGNEMENT

M. Jean PHILIPP, rapporteur. — Au nom de la 6e Commission, de l'enseignement et de la défense laïque je vous présente sans explications 5 vœux qui sont en même temps des actes. Vous en apprécierez je crois la brièveté et l'énergie.

1. — Vœu du citoyen Ferdinand Buisson adopté à l'unanimité par la Commission :

« Il y a incompabilité entre les fonctions de l'enseignement à tous les degrés et la qualité de membre d'un clergé régulier ou séculier. (Applaudissements).

(Le vœu est adopté).

II. — Vœu du citoyen Tourgnol.

Considérant qu'en dépit des proscriptions et des prohibitions formelles de la loi de 1901 et de la loi de 1904, il existe encore, sur certains points du territoire des écoles congréganistes dirigées par des communautés exclusivement enseignantes et dont les opérations de liquidation ne sont même pas commencées à l'heure actuelle.

Que les religieux et religieuses qui dirigent ces écoles n'ont même pas pris la peine de simuler une vaine sécularisation, à l'exemple, du plus grand nombre de leurs collègues, et qu'ils restent dans leurs établissements, revêtus des mêmes habits qu'autrefois.

Qu'à défaut de la loi de 1904, qui interdit l'enseignement de toutes les congrégations, il existe dans la loi de 1901, un texte spécial punissant de peines correctionnelles, les religieux et religieuses autorisées qui continuent d'enseigner aux sièges de leurs établissements non autorisés, ou dans un périmètre expressément limité par la dite loi.

Considérant qu'en dépit des plaintes formelles adressées aux parquets pour leur signaler cette situation illégale, il s'en trouve qui refusent non seulement de requérir une répression légitime contre les délinquants, mais même d'ouvrir des informations contre eux.

Considérant que l'attitude des officiers de justice qui se font ainsi les complices de la congrégation rebelle à 'a loi, est absolument intolérable.

Qu'on ne saurait admettre que les délits souvent très véniels commis par des ouvriers soient l'objet de poursuites alors que les manœuvres insurrectionnelles des congréganistes ne font l'objet d'aucune répression.

Qu'il est indigne d'un grand pays démocratique comme le nôtre d'avoir deux justices : l'une implacable envers les faibles et les humbles, l'autre indulgente envers les forts et les puissants.

Qu'au surplus, la loi s'appliquant à tous les citoyens, il est intolérable de voir celles de 1901 et de 1904 foulées aux pieds par les congrégations réduisant ainsi à néant l'œuvre de défense laïque entreprise par le gouvernement.

Emet le vœu :

Que M. le garde des sceaux invite immédiatement les magistrats du ministère public (et les préfets) à faire ouvrir des informations judiciaires et à entreprendre des poursuites correctionnelles contre les congréganistes rebelles à la loi, et à sévir contre ceux de ces magistrats qui persisteraient à s'ériger en protecteurs officiels d'individus qui ne sont rien autre chose que des délinquants de droit commun.

M. le Président. — Permettez-moi de faire remarquer à l'auteur du vœu et à ceux nombreux qui partagent son opinion que la situation actuelle est légale pour beaucoup de communes. Aux termes de la loi que nous avons votée, les municipalités ont un délai de dix ans pour procéder à l'organisation de l'enseignement laïque dans les communes où il n'y a pas actuellement de locaux suffisants pour recevoir les enfants des écoles congréganistes.

Or, il arrive que les intérêts républicains sont trahis, je le reconnais. dans certains départements par des fonctionnaires du Gouvernement qui donnent des renseïgnements inexacts. Voilà la vérité. (*Applaudis-sements*).

M. Tourgnol. — Je ne vise pas la loi dont vous parlez. Je vise des faits qui sont en contradiction avec les lois de 1901 et de 1904 et qui sont prévus et punis par ces lois.

M. le Président. — Alors nous sommes d'accord sur la portée générale du vœu.

(Le vœu est adopté).

III. — Vœu de M. Laporte :

Le Congrès émet le vœu que le Gouvernement prenne des dispositions pour obliger tous les fonctionnaires à faire fréquenter les écoles du Gouvernement par leurs enfants.

(Le vœu est adopté à l'unanimité).

IV. — Vœu de M. Félicien Court.

« *Le Congrés émet le vœu que le Gouvernement tienne la main d'une façon énergique à ce que soit assurée d'une façon absolue la neutralité dans les écoles laïques.*

(Adopté).

Vœu du citoyen Arnaud.

Considérant que parmi les préoccupations primordiales du parti républicain radical et radical-socialiste figurent le développement indéfini de la personnalité humaine et la suppression de toutes castes et de toutes classes entre les citoyens français;

Considérant que le meilleur moyen de parvenir à ce double résultat consiste à répandre à flots l'instruction dans toutes les masses populaires des campagnes aussi bien que dans les villes.

Le Congrès

Invite le Gouvernement à créer sans aucun retard des cours complémentaires et des écoles primaires supérieures partout où cela sera demandé, et à prendre, dans tous les cantons où il n'en existe pas, l'initiative de la création de ces cours ou de ces écoles;

Invite les membres du Parlement appartenant au parti

à veiller à l'exécution de la présente résolution et à fournir sans hésitation au Gouvernement les moyens financiers nécessaires.

(Adopté).

COMMISSION DES VŒUX

Président : M. Léo MEILLET

M. Laurent CHAT. — Avant d'aborder les rapports sur les vœux attire l'attention du Comité sur la nécessité d'améliorer la méthode du travail.

La 4e Commission a été saisie d'un nombre considérable de vœux dont la plupart ont été reçus très tardivement.

Le Rapporteur général approuve ensuite la nature et le caractère des différents vœux examinés par la Commission.

M. GHEUSI, délégué du groupe des étudiants républicains de Paris.

Citoyens, j'ai déposé un vœu avant-hier, je ne croyais pas avoir la bonne fortune de trouver dans le remarquable rapport du citoyen Bonnet deux des considérations essentielles qui m'ont guidé.

La première est relative à l'organisation des fédérations radicales et radicales socialistes dans les départements. Le citoyen Bonnet nous a fait savoir que ces fédérations départementales sont organisées dans quelques départements, qu'elles sont en préparation dans d'autres. Nous voulons que l'action de ces fédérations départementales soit très puissante dans les conflits locaux. Mon vœu vient leur donner un pouvoir qui ne leur appartient pas actuellement au moins en vertu du règlement bien qu'il ait été utilisé dans certains cas, si j'en crois les indications qui m'ont été fournies.

En second lieu, le citoyen Bonnet s'est préoccupé de l'arrivée à la vie politique des jeunes que je représente. Je suis délégué des Etudiants républicains de France section de Paris, et je ne parle pas seulement en leur nom mais au nom de tous les étudiants de province qui peuvent former un contingent très puissant pour la propagande de notre parti. En ma qualité de professeur à Toulouse j'ai pu constater que l'organisation des Etudiants républicains de Toulouse était l'une de celles qui font le plus d'efforts pour réaliser le plus tôt possible notre idéal commun. (*Très bien ! très bien !*)

Je vous demande la permission de vous expliquer rapidement l'objet de mon vœu.

Lorsque deux comités s'inspirant des principes du parti et qui ont le droit d'être représentés au parti ont chacun un candidat, ils doivent se mettre d'accord pour que le suffrage universel n'ait à se prononcer que sur un seul candidat : quand nous avons deux candidats pour porter le drapeau il est de bonne discipline que dès le début ils s'entendent et que l'un d'eux s'efface pour que l'autre sollicite seul la confiance des électeurs.

Je demande que celui qui serait exclu dans ces conditions puisse venir personnellement devant la fédération radicale et radicale-socialiste à laquelle, dans la circonstance, j'attribue le rôle d'un tribunal de droit commun de discussion. Il arrive souvent, c'est un fait matériel que vous avez pu vérifier, je ne veux faire aucune personnalité bien que j'aie des exemples nombreux à citer, il arrive que des bruits courent sur le compte d'un candidat, l'on apporte sur lui des renseignements souvent exacts, je le veux bien, mais parfois inexacts et inspirés par des considérations qui ne doivent pas entrer en ligne toutes les fois qu'il s'agit de lutter pour un parti. Je demande que ce candidat puisse venir devant le comité de la fédération radicale et radicale-socialiste de la région, mettons du département, et s'explique en toute liberté, afin que sur ce candidat qu'on répudie peut-être pour des motifs légitimes mais aussi peut-être pour des considérations mesquinement personnelles, il ne puisse plus planer une incertitude, un soupçon, afin qu'il ne reste nul doute sur ses convictions politiques, son passé, ses tendances. (*Applaudissements*).

Rien n'est plus important pour les jeunes qui s'éveillent à la vie politique. A l'heure actuelle grâce aux bienfaits de l'instruction, ce n'est plus à 30, 35 ou 40 ans qu'on peut se faire une opinion politique, dès l'âge de 18, de 19 ans on a le souci des grands problèmes sociaux, et beaucoup de jeunes gens éduqués qui constituent l'élite de la nation française sont à 25 ans en mesure de solliciter le suffrage de leurs concitoyens.

Le rapporteur de la Commission émettait l'appréhension que mon vœu ne touchât à l'autonomie des comités. Cette crainte est chimérique. Les comités demeureront absolument libres et indépendants dans le choix de leur candidat, ils le prendront dans leur sein ou hors d'eux, peu importe. Mais est-ce porter atteinte à l'autonomie des comités que d'exiger une discussion contradictoire devant les membres de la fédération radicale-socialiste ? (*Applaudissements*).

Je crois donc que le congrès contrairement au sentiment du rapporteur peut adopter dès maintenant mon vœu dont voici le texte :

« Le congrès radical et radical-socialiste émet le vœu que le choix des candidats aux divers mandats politiques soit fait dans l'esprit le plus libéral possible, c'est-à-dire avec le souci prépondérant du triomphe de l'idée et non avec la pensée égoïste de favoriser exclusivement un nom connu dans certains milieux organisés.

« Pour assurer l'exécution de ce vœu, il estime que la liste des candidats ne devrait être arrêtée qu'après explication contradictoire de ceux-ci devant la fédération radicale-socialiste de la région. De la sorte toutes les exclusions seraient prononcées au grand jour pour des motifs que les électeurs pourraient connaître et apprécier.

« Ce procédé aurait l'avantage d'instaurer la loyauté et la libre discussion dans une opération jusqu'ici tenue secrète. » (Applaudissements).

M. le RAPPORTEUR. — La Commission avait demandé le renvoi de ce vœu à la Commission permanente du Comité exécutif pour qu'elle y puise tout ce qu'il y a de bon et en élague ce qui peut être fâcheux. En fait, il n'est pas un comité digne de ce nom qui ne tienne à honneur de ne pas exclure un candidat sans le connaître, sans l'avoir entendu (*Protestations sur divers bancs*). Vous ne pouvez cependant pas par une règle draconienne obliger un comité à entendre un candidat qu'il repousse, qu'il ne veut pas entendre. Les comités doivent rester indépendants. Ils ne peuvent manquer de s'inspirer des principe de justice.

Nous demandons le renvoi. (*Non ! non ! votons tout de suite*).

M. le Président. — La Commission demande le renvoi à la Commission permanente du comité exécutif. Un certain nombre de nos collègues demandent le vote immédiat.

Je consulte l'assemblée sur le renvoi.

(Le renvoi n'est pas adopté).

M. le Président. — Je mets le vœu aux voix au fond.

(Le vœu est adopté).

M. le Rapporteur extrait ensuite du rapport un certain nombre de vœux plus importants.

Le Congrès renvoie au comité exécutif le vœu de M. Jacquet tendant à modifier la composition du comité exécutif.

Il adopte un vœu sur la décentralisation administrative ainsi qu'un vœu de M. Fernand Michaud tendant à ce que les élections cantonales soient fixées en janvier.

M. Bourrat. — Hier le congrès nous avait donné mandat, au citoyen Berteaux et à moi, de porter au congrès des employés de chemin de fer l'expression de la sympathie et de la sollicitude du parti radical et radical-socialiste. Je me suis acquitté de cette mission. Le congrès des employés de chemins de fer a voté l'ordre du jour suivant qu'il m'a chargé de vous transmettre :

« *Les travailleurs des chemins de fer réunis en congrès national remercient le Congrès radical et radical-socialiste de la marque de sympathie et de sollicitude qu'il leur a montrée.* »

(*Applaudissements*).

M. le Président. — Nous prenons acte de cette déclaration et nous remercions notre collègue et ami Bourrat. (*Applaudissements*).

M. Charrière, rapporteur de la Commission des vœux.

Plusieurs vœux très intéressants ont été déposés. Il est regrettable qu'ils soient arrivés à la dernière minute. Je vais donner lecture des deux plus importants.

« *Le Congrès émet le vœu que le Gouvernement et les Chambres mettent le plus tôt possible à l'étude un projet de loi supprimant l'inamovibilité de la magistrature en modifiant le recrutement en ce sens que le système actuel, accessible seulement aux privilégiés de la fortune et par conséquent à ceux qui ne professent point les sentiments démocratiques, soit remplacé par un système d'élection ou de présentation qui donne à la République les garanties de capacité, de civisme et d'indépendance qu'elle est en droit d'attendre de ses magistrats. »* (Applaudissements).

Je vous demande de voter ce vœu par acclamations. L'année dernière le Congrès de Marseille l'a déjà voté. Les pouvoirs publics n'ont rien fait. Nous demandons au parti radical et radical-socialiste d'affirmer une fois de plus et très énergiquement sa volonté bien arrêtée d'en finir avec les magistrats réactionnaires. (*Nouveaux applaudissements*).

(Le vœu est adopté à l'unanimité).

M. le Rapporteur donne ensuite lecture d'un vœu sur le choix des livres de prix donnés aux enfants des écoles et lycées.

D'un vœu sur le traitement des professeurs de collège.

D'un vœu sur la réforme du code d'instruction criminelle.

Plusieurs autres vœux sont signalés par le rapporteur et renvoyés au comité exécutif après un vote favorable.

M. Dauzon. — Je prie le Congrès d'adopter les vœux suivants que je lui présente sans commentaires :

« Le Congrès appelle l'attention du Gouvernement et en particulier du ministre de l'instruction publique sur la pénurie du crédit affecté à la mise à la retraite des instituteurs et institrices et émet le vœu qu'il soit promptement remédié à cette situation malheureuse. »

(Ce vœu est adopté à l'unanimité).

II. — *Le Congrès émet le vœu que les courriers convoyeurs, auxiliaires, les gardiens d'entrepôt et les chargeurs auxiliaires des postes puissent être titulaires dans leur service et bénéficier aussi de la loi ouvrière du 25 octobre 1898.*

2º Qu'ils soient remplacés gratuitement en cas de maladie.

3º Qu'ils aient un jour ae repos par mois et un costume d'uniforme chaque année.

(Adopté).

M. le Rapporteur. — Il est indispensable de se préoccuper de la propagande et des principes généraux. Mais la politique économique doit également attirer l'attention du parti radical. Dans la région où nous sommes certains agriculteurs ont la situation la plus malheureuse. Nous devons appeler sur eux la sollicitude des pouvoirs publics.

Nous proposons au Congrès d'émettre le vœu que les droits d'octroi perçus à Paris sur les raisins dits de table soient supprimés.

L'octroi est supprimé pour l'entrée des vins. Pourquoi subsisterait-il sur les raisins ? Nous devons tenter d'améliorer la situation des travailleurs et mettre sur leur table un fruit qui leur coûte moins cher.

(Le vœu est adopté).

IV. — Nous vous proposons d'adopter le vœu suivant :

« *Le Congrès du parti radical et radical-socialiste, appelle l'attention des pouvoirs publics sur les tarifs des prix de transport desdits raisins ainsi que des primeurs qui, par leur élévation, deviennent de véritables tarifs prohibitifs.* »

(Adopté).

Le rapporteur de la commission des vœux fait adopter un certain nombre de vœux relatifs au reboisement et à l'entretien des pâturages, à l'assimilation des agents des postes aux employés des contributions indirectes, un vœu tendant à obtenir pour la ville de Lyon un régime de droit commun en remplacement du régime d'exception qui la régit encore actuellement, uu vœu tendant à mettre à la charge des compagnies d'assurances les frais de création et d'entretien des compagnies de sapeurs-pompiers.

M. Burot, au nom des Comités qu'il représente, propose au Congrès de renouveler un ensemble de vœux que les Congrès précédents ont déjà adoptés :

1o *Suppression des majorats et grosses pensions extraordinaires alloués avant la Révolution et par le premier et le second Empire.*

2o *Suppression de l'inamovibilité de la magistrature.*

3o *Suppression du port des armes par les militaires en temps de paix.*

4o Suppression des Conseils de guerre en temps de paix.

5o Relèvement des impôts sur les grandes propriétés non cultivées, de façon à leur faire supporter des charges proportionnelles à celles qui frappent la propriété cultivée.

Ces vœux sont adoptés.

Enfin, sur la proposition de M. Georges Rocca, délégué de la Fédération marseillaise, le vœu suivant est également adopté :

« Considérant :

« Que l'administration des contributions indirectes rapporte à l'Etat plus du tiers du budget des recettes. 1.214.053.900 francs sur 3.601.719.360 francs (projet de budget 1905) ;

« Que ses agents sont d'ardents défenseurs de l'idée républicaine et de dévoués serviteurs de l'administration française ;

« Que la situation faite aux employés de la régie est la plus désavantageuse, tant au point de vue matériel qu'au point de vue moral, de celles présentées aux fonctionnaires des grandes administrations de l'Etat ;

« Que l'ambition des employés chargés de la constatation et du recouvrement des taxes indirectes se borne à l'assimilation de leur condition à celle des employés des postes ;

« Qu'il serait équitable de prendre en considération le caractère de leurs fonctions, délicates et périlleuses au premier chef ;

« Qu'il est du devoir de l'Etat d'assurer à ceux qu'il emploie une existence toute d'honneur et de dignité :

« Le Congrès,

« Adoptant dans ses conclusions le rapport élaboré par le Conseil d'administration de l'union générale des agents des contributions indirectes,

« Emet le vœu :

« Que les sénateurs et députés du parti sollicitent du Parlement le vote d'un crédit de 1.395.000 francs, nécessaire à la réalisation, dans l'administration des contributions indirectes, de réformes urgentes autant que légitimes. »

DÉCLARATION DU PARTI
LUE PAR LE CITOYEN MAURICE SARRAULT

« Citoyens,

« Le congrès de Toulouse apporte, pour la quatrième fois, l'affirmation solennelle et puissante de l'union de tous les fils de la Révolution pour la défense du régime républicain, le triomphe de l'esprit laïque et la réalisation de la *réforme sociale* qui est le but même de la République.

« Aucune tentative n'a pu dissocier le bloc des démocrates réunis et organisés pour servir cette noble et grande cause. Les assauts incessants de la contre révolution n'ont fait que mieux affermir, en la disciplinant davantage, l'armée républicaine. Pas un jour, depuis bientôt sept ans, le parti d'avant-garde n'a perdu la nette et claire vision de ses hauts devoirs ni le sentiment précis de sa lourde responsabilité : sourd à toutes les invites fallacieuses écartant d'un geste de dédain les suggestions trompeuses des ambitieux de droite et de gauche qui le voulaient duper. (*Applaudissements, cris nombreux : « A bas Doumer ! »*). Il a poursuivi, d'un pas assuré, sa marche vers l'avenir. Au chemin qu'il a parcouru, nous pouvons aujourd'hui mesurer l'étendue de ses conquêtes.

La Séparation et l'Enseignement

« La plus féconde de toutes, c'est celle de la liberté morale du pays. Le cléricalisme était installé partout, en maître arrogant et superbe ; il disposait de la puissance énorme que lui donnait la possession d'immenses domaines et de caisses remplies d'or, la force incomparable que lui procurait depuis l'odieuse loi Falloux, sa main mise sur l'enseignement. Le parti républicain a senti que se posait pour lui-même une question de vie ou de mort, et faisant face au danger, il s'est attaqué résolument à la toute puissance cléricale. Encore qu'il ait été mal servi par des armes imparfaites, comme la loi des associations, encore qu'il ait été entravé dans son action de légitime défense par la timidité d'âmes pusillanimes, il a pu cependant porter à la congrégation, autorisée ou non, un coup décisif qui se changera pour l'Eglise, en une atteinte mortelle, le jour très prochain où la Séparation des Eglises et de l'Etal, telle que la désire et la veut la démocratie — c'est-à-dire aussi débarrassée de toute pensée sectaire que de toute concession dangereuse—entrera dans le domaine des faits accomplis, le jour où, par la loi républicaine, l'enseignement sera redevenu à tous les degrés, ce qu'il n'aurait jamais dû cesser d'être, un service public exclusivement laïque, puisant son unique inspiration aux sources vivifiantes de la science et de la raison. (*Vifs applaudissements*).

Les Sentiments du Pays. — Les Réformes Electorales

« Encore un effort, et l'étape est franchie, et le but est atteint, et l'émancipation intellectuelle et morale de la nation, préface et préparation nécessaire de son émancipation économique et sociale, est accomplie. Qui donc, parmi les républicains dignes de ce nom, oserait assumer l'effrayante responsabilité d'une faillite sans nom, par laquelle notre pays retomberait, cette fois définitivement, sous le joug détesté de Rome ? Qui donc, en cette heure décisive, en ce combat suprême où se joue l'avenir de la France moderne, commettrait l'avilissante lâcheté de tourner le dos à l'éternel ennemi dénoncé par Gambetta, combattu par Ferry, Paul Bert, Waldeck-Rousseau ? Et où serait l'excuse d'une aussi coupable défaillance ? Dans la crainte du sentiment public, dans la désaffection possible des populations ? La volonté clairement manifestée du pays a ruiné par avance ces misérables prétextes. Le suffrage universel, consulté en pleine bataille contre les congrégations, en pleine agitation cléricale, a, malgré le scrutin d'arrondissement — dont il faut se débarrasser au plus tôt, car le scrutin de liste seul est l'expression réelle et élevée de la souveraineté populaire — malgré la pression scandaleuse exercée sur les travailleurs les plus humbles, malgré la corruption cyniquement pratiquée, — un peu par la faute de nos législateurs, qui ne se hâtent pas de faire aboutir les projets sur le secret du vote et la limitation des dépenses électorales, — malgré les trahisons de fonctionnaires nommés par le cabinet Méline et trop indulgemment conservés par des cabinets radicaux. (*Acclamations*). Le suffrage universel a marqué avec rudesse son aversion définitive pour la Congrégation, le cléricalisme, le pouvoir de l'Eglise (*Applaudissements*). Ce serait le bafouer que tenter d'arrêter l'élan de la démocratie vers sa libération morale, vers les actes définitifs qui marqueront le terme de ce que Buisson, dans son éloquent discours sur la séparation, appelait avec tant de justesse, hier : « la laïcisation de la démocratie française. » (*Vifs applaudissements*).

« Ayons confiance ! De telles désertions ne se produiront pas, et le bloc demeurera un bloc de pur granit, sans brèches ni fissures. Le parti républicain, par toutes les réformes politiques déjà votées ou en cours d'études, n'ignore pas que l'on peut tout attendre de l'union des bonnes volontés démocratiques. Il ne laissera pas se rompre au moment où l'ennemi, acculé, rejeté hors de ce grand Paris dont il comptait faire sa forteresse, ne se trouve même plus un asile dans ses antiques repaires de Vendée et Bretagne, où commence enfin à resplendir la pure flamme républicaine. (*Applaudissement*).

Réformes Industrielles et Agricoles

« Mais il est une constatation qui s'impose tout d'abord à notre esprit. Si les réformes politiques profondes, auxquelles en ces dernières années, le bloc républicain a consacré son effort persévérant, ont pu s'accomplir dans une paix, que de vaines agitations n'ont pas réussi à troubler, c'est parce que le pays, qui reconnaissait leur nécessité, constatait en même temps que leur réalisation ne faisait pas négliger au parti républicain le souci essentiel de sa prospérité industrielle, commerciale et agricole. Notre parti dans ce Congrès comme dans les précédents, a consacré une large part de ses travaux à l'étude de toutes les questions qui intéressent l'essor de notre industrie nationale, l'expansion de notre commerce, la protection de notre agriculture. L'outillage de nos ports, le régime de nos voies ferrées, le réseau de la navigation intérieure, le développement extérieur de notre domaine économique ont inspiré l'utile débat des discussions les plus approfondies. L'amélioration de la petite et de la moyenne cultures, le désir de prémunir la production agricole et viticole contre les méfaits de la fraude, l'effet désastreux des crises ont fait l'objet de résolutions et de vœux dont nos représentants au Parlement auront le devoir d'être les interprètes d'autant plus énergiques, qu'ils savent avec quel admirable courage, avec quelle inébranlable fidélité, surtout dans notre Midi, la démocratie rurale, industrielle et commerciale a défendu la République contre les assauts de la réaction et soutenu le gouvernement républicain dans son œuvre d'action laïque et réformatrice. (*Applaudissements*).

La politique sociale du Parti.

« Le programme social de notre parti s'est affirmé une fois de plus avec force et précision. La réforme sociale profonde que l'évolution des faits économiques montre de jour en jour plus certaine, ne s'accomplira pas durablement sans le préalable labeur d'une réforme intellectuelle et morale, qui donnera au prolétariat organisé la pleine conscience de ses droits et de ses devoirs, et, avec la responsabilité complète de son action, l'autorité nécessaire pour établir une constitution sociale plus rationnelle et plus équitable.

« Mais si nous n'imaginons pas — avec certaines écoles absolues qui font leur pensée prisonnière d'un dogmatisme intransigeant — que la transformation sociale puisse être l'œuvre soudaine et brusque d'une révolution, nous n'entendons pas davantage ajourner au moment où le prolétariat aura atteint la complète émancipation intellectuelle que notre effort de chaque jour lui prépare, les réformes capables d'ores et déjà d'améliorer sa condition, de développer son bien-être et d'ajouter à la force par laquelle il pourra faire valoir les revendications légitimes de ses droits trop souvent méconnus.

« Notre effort de solidarité s'attache à donner à chaque jour sa conquête de justice sociale. Nous voulons, par une action persévérante, arracher à la résistance intéressée du haut capitalisme, obtenir à chaque législature du concours des représentants de la nation, des réalisations qui élargissent, améliorent et perfectionnent l'ensemble des œuvres de prévoyance et d'assistance susceptibles de prévenir tous les risques sociaux et dont nous entendons, comme d'une solide armure, protéger la faiblesse et l'isolement des classes laborieuses. (*Vifs applaudissements.*)

« Nous entendons constituer, pour le mieux être du prolétariat, une sauvegarde sociale qui s'étende sur le travailleur depuis son entrée dans l'existence jusqu'à l'heure où, ayant payé à la société sa dette de travail et d'action, il aura conquis l'indiscutable droit de réclamer qu'elle assure à son tour la paix et la sécurité de ses vieux jours.

La Dette sociale de la République.

« C'est d'abord de cette dette sociale, qui doit leur être acquittée au déclin de leur destin et de leurs forces, que nous réclamons pour l'ouvrier, l'employé, le cultivateur, le paiement légitime et intégral. La République s'est préoccupée déjà d'alléger partiellemedt leur souffrance et leur misère par l'assistance médicale gratuite et le vote de la loi d'assurance pour les invalides du travail. C'est un début. L'institution des caisses de retraites, assurant désormais la subsistance aux travailleurs qui, dans l'industrie, le commerce et l'agriculture ont créé des richesses dont il ne leur est rien demeuré dans les mains, ne sera que la reconnaissance et l'application nécessaires d'un droit. Nous comptons sur la fermeté de nos représentants au Parlement et sur la parole loyale du gouvernement républicain pour que cet acte de justice soit bientôt accompli. (*Applaudissements.*)

« Les contributions de diverses natures que chaque citoyen doit à l'association nationale pèsent trop lourdement sur la classe laborieuse. L'heure est proche où, par la réduction du service militaire, la République lui aura fait plus légère la charge de l'impôt du sang. Nous espérons de même immédiatement prochaine l'heure où l'établissement de l'impôt progressif et global sur le revenu, ayant pour base la déclaration obligatoire, corrigera pour la masse des non possédants les effets d'une injuste fiscalité en fournissant en même temps à l'Etat un des moyens de remplir ses devoirs d'assistance sociale.

Les conditions du travail. Les Syndicats.

« Cela ne vous suffit pas encore ; et le moment est venu de rénover notre vieux programme économique, puisqu'après trente-cinq années d'efforts, la plupart de ses revendications sont en voie de réalisation. C'est désormais à l'amélioration des conditions du travail que notre parti entend consacrer sans cesse l'action émancipatrice d'une volonté chaque jour instruite par les enseignements du phénomène économique. Résolument hostile aux conceptions égoïstes de l'école du laisser-faire, partisan déterminé de la propriété industrielle, il garde sa personnalité en affirmant le droit de l'Etat d'intervenir dans les rapports du capital et du travail pour établir les conditions nécessaires de la justice.

« Il aspire à créer, par le jeu pacifique d'institutions transformées, des circonstances économiques telles que le prolétariat y puisse, librement et efficacement, faire valoir ses droits et défendre ses intérêts, améliorer sa situation morale et matérielle, obtenir la propriété de son outil et la légitime rémunération de son labeur, arriver à la disparition du salariat et accéder à la propriété individuelle, condition même de sa liberté, de son bien-être et de sa dignité. *(Vifs applaudissements.)*

Les Industries monopolisées.

« La constitution d'une industrie de plus en plus centralisée, l'accumulation de plus en plus puissante, entre les mains d'une infime minorité, de capitaux dominateurs, ont aggravé pour l'ouvrier le péril de son isolement. La réaction a tout livré à quelques milliers de privilégiés : mines, chemins de fer, crédit. En affirmant à nouveau son intention expresse et formelle de faire rentrer dans le domaine de l'Etat la plupart de ces industries monopolisées, au fur et à mesure que l'intérêt général du pays, le souci de sa défense nationale, les besoins de sa production industrielle et agricole l'exigeront, notre parti n'hésite pas à proclamer en même temps sa volonté de prendre législativement les mesures susceptibles de protéger la faiblesse des travailleurs devant la toute-puissance des capitaux. Et par là même, il a conscience de faire œuvre de pacification sociale et d'utilité nationale en prévenant le plus possible les dangers des conflits soudains et des révoltes désordonnées.

L'organisation syndicale.

« C'est dans l'association professionnelle puissante, consciente et organisée que la classe ouvrière doit trouver les moyens d'obtenir pacifiquement l'amélioration du contrat et des conditions du travail. L'organisation syndicale, instrument légal de son émancipation économique, n'a point encore la force et l'action qu'elle devrait avoir parce qu'une législation trop restrictive a limité son essor. Nous demandons à nos représentants de hâter au Parlement la discussion des propositions de loi, adoptées par la Commission du travail, qui améliorent la loi de 1884 en élargissant la capacité juridique. les facultés possessives des syndicats et en réprimant à la fois les tentatives faites pour mettre l'obstacle à leur fonctionnement et enfin qui porteraient atteinte à la liberté du travail.

« Le sentiment de leur responsabilité, accru pour les syndicats en même temps que leur autorité morale et leur capacité matérielle, leur permettra d'accélérer pacifiquement l'évolution des rapports du capital et du travail vers les formes souhaitables du contrat collectif, qui apparaît de plus en plus comme la formule économique des temps prochains. Cette organisation syndicale, en facilitant l'établissement des procédures de l'arbitrage permettra d'apaiser des conflits toujours douloureux.

L'Union des radicaux et des socialistes

« Elle aidera également, et dans une mesure sensible, à résoudre les problèmes complexes du chômage, de la réduction des heures de travail, de la participation aux bénéfices et à atténuer les risques sociaux que l'effort de la République doit s'attacher sans cesse à prévenir ou à réparer. Le parti radical-socialiste — et c'est son honneur — n'envisage pas, ne saurait envisager avec hésitation, avec effroi, l'accession du prolétariat vers des destinées plus hautes. Il a tendu fraternellement la main au parti socialiste, sans distinction d'écoles, pour la conquête des droits ouvriers. Il la lui tendra demain pour obtenir les réformes sociales que souhaite la démocratie, car ceux qui le composent ont eux aussi travaillé, peiné, souffert, subi la misère — et ils ont trop vivant en leur mémoire le souvenir des heures douloureuses jadis traversées, et qui peuvent recommencer demain, pour s'enfermer jamais dans un égoïsme de classe qui sonnerait l'heure de la banqueroute républicaine. (*Acclamations*).

« Ainsi, fidèle à sa vieille maxime, ne connaissant pas, ne voulant pas connaître d'ennemis à gauche (*Applaudis-*

sements répétés), le radical-socialisme, par un effort toujours résolu vers son idéal généreux de justice sociale, s'affirme de plus en plus digne de la confiance que notre admirable démocratie française a mise en lui. Notre parti ne sera pas le parti de la duperie ni de la faillite. Il est un parti de volonté — de volonté consciente, agissante, fermement déterminée à aller, à travers toutes les résistances, par delà tous les obstacles, vers le but de liberté, d'égalité et de justice que lui trace l'impérissable tradition de la Révolution française.

« Il n'est point un parti de violence politique ni de haine sociale. Ayant pour lui la raison, le droit et l'équité, il ne demande qu'à leur puissance souveraine la force nécessaire à la République pour accomplir ses destins. Il fait appel pour une tâche noble et haute entre toutes, celle de la justice sociale et de la grandeur nationale, à la solidarité fraternelle de toutes les énergies sincèrement démocratiques.

« Et par leur union, que rien ne pourra briser, il garde, affirme et proclame l'immuable espérance de faire la France plus forte par la République meilleure ! » (*Acclamations prolongées*).

M. le Président. — Je demande au congrès d'accepter par acclamations les termes de la déclaration qui vient d'être lue. (*Applaudissements répétés.*)

Un délégué. — Nous en demandons l'impression.

M. le Président. — Il est bien entendu que la déclaration sera imprimée dans le compte rendu in extenso du congrès.

J'estime que nous devons clore nos travaux sur cette déclaration et garder à ce congrès la physionomie qu'il a eue jusqu'ici. Vous avez fait, citoyens, les choses nécessaires, vous avez donné à la démocratie, au Parlement, à tous ceux qui se réclament de notre parti avec l'autorité particulière qui s'attache aux représentants des groupes actifs de la démocratie, vous avec donné les leçons nécessaires. J'espère que tout le monde s'en souviendra et que chacun en fera son profit. (*Applaudissements*).

Tenons-nous en là, citoyens.

Je serai votre interprète à tous en adressant une fois de plus nos remerciements les plus cordiaux à la fédération toulousaine (*Applaudissements*) à Maurice Sarraut, ce publiciste énergique, intelligent, dont vous connaissez tous la haute valeur (*Nouveaux et vifs applaudissements*) pour la manière dont ils ont organisé ce Congrès. J'adresse aussi l'expression de notre cordiale sympathie. et de notre reconnaissance à cette municipalité toulousaine qui nous a fait un accueil inoubliable (*Applaudissements répétés*).

Nous partirons d'ici avec la résolution de rester fermes sur le terrain de franchise, de loyauté, de probité politique sur lequel nous sommes unis. On sait aujourd'hui partout qu'il existe dans le pays en dehors des sphères gouvernementales et parlementaires une force permanente, la puissance de la démocratie toujours vivante, toujours inquiète, toujours prudente et vigilante qui ne permettra à personne de compromettre l'avenir, les intérêts et l'honneur du pays. (*Vifs applaudissements*).

Cette affirmation a été faite avec une autorité particulière dans ce Congrès. C'est à vous que les vieux républicains du Parlement doivent adresser des remerciements et des félicitations pour avoir donné à la démocratie française d'utiles indications et un vivifiant exemple.

Séparons-nous donc en poussant du plus profond de nos cœurs notre cri de ralliement : Vive la République démocratique sociale (*Applaudissements prolongés et cris : Vive la République !*)

La séance est levée à 11 heures 3/4.

LISTE

DES

Délégués départementaux

AU COMITÉ EXÉCUTIF

(ANNÉE 1904-1905)

Ain

MM. CHANAL, député.
AUTHIER, député.
BIZOT, député.
EDOUARD, conseiller général.

Aisne

MM. MORLOT, député.
GRAS BRANCOURT, à Vaux-sur-Laon.
THÉVENIN, publiciste, à Tergnier.
A. DE BATZ, publiciste, à Soissons.
DECAMPS, maire d'Hirson.
PIERMÉ, 14, rue Danremont, à Paris.

Allier

MM. DELARUE, député.
RÉGNIER, député.
MINIER, député.
PÉRONNEAU, député.
PERRIER, Jacques, rue Lakanal, à Montluçon.
BARDET, Philippe, rue de l'Est, à Montluçon.

Alpes (Basses)

MM. DEFARGE, sénateur.
REY, François, à Manosque.

Alpes (Hautes)

MM. EUZIÈRE, député.
FAURE, Alf., 11, rue d'Algérie, à Lyon (Rhône)

Alpes-Maritimes

MM. DUFRÊNE, Xavier, publiciste, à Cannes.
JULLIAN, vétérinaire, à Nice.
PÉRÉS, Joseph, 5, traverse Longchamp, à Nice.
SIRGUY, François, clerc de notaire, à Antibes.

Ardèche

MM. BOISSY D'ANGLAS, sénateur.
ASTIER, député.
LEROY, Albert, député.
CUMINAL, 16, boulevard Morland, à Paris.

Ardennes

MM. HUBERT, Lucien, député.
G. CORNEAU, publiciste, à Charleville.
LASSAUX, adjoint au maire de Sedan.
VAULET, Henri, industriel à Revin.

Ariège

MM. DELPECH, sénateur.
TOURNIER, député.
BEYNE, avocat, à Saint-Girons.
GACHE, Jean, 4, villa Monceau, à Paris.

Aube

MM. CHARONNAT, député.
  ARBOUIN, député.
  NETON, Albéric, 24, rue du Regard, à Paris.
  GRUOT, conseiller municipal, à Troyes.

Aude

MM. SAUZÈDE, député.
  SARRAUT, Albert, député.
  SARRAUT, Maurice, 4, faub. Montmartre, Paris.
  CASTEL, Léon, maire de Lézignan.

Aveyron

MM. LACOMBE, député.
  BALITRAND, député.
  COLOMBIÉ, avocat, à Villefranche d'Aveyron.
  CABANAC, publiciste à Rodez.

Bouches-du-Rhône

MM. LEYDET, sénateur.
  MICHEL, député.
  ESTIER, conseiller général, à Marseille.
  JEAN, Victor, conseiller général, à Marseille.
  BILLÈS, Auguste, 54, rue Puvis de Chavannes,
    à Marseille.
  RESCH, Paul, avocat, à Marseille.
  LE BLANC, 3 A, quai du Canal, à Marseille.
  GIRARD, Auguste, maire de Salon.

Calvados

MM. FRANKLIN-BOUILLON, 9, rue de la Ville-l'Evê-
    que, à Paris.
  LE HOC, maire de Deauville.
  HÉRUBEL, 112, rue Monge, à Paris.
  STRAUSS, Gustave, 189, rue Lafayette, à Paris.

MM. Combes, François, 16, avenue F. Cholet à Cha-
renton, (Seine).
Chéradame, 89, rue de Lourmel, à Paris.

Cantal

MM. Lintilhac, sénateur.
Rigal, député.
Hugon, député.
Fel, conseiller général, à Maurs.

Charente

MM. Brisson, Jules, sénateur.
Burot, ingénieur, à Nogent-sur-Marne, (Seine)
Royer, Louis, négociant, à Jarnac.
Dereix, fils, 87, rue Vieille du Temple, à Paris

Charente-Inférieure

MM. Réveillaud, député.
Braud, député.
Torchut, député.
Marianelli, maire de Rochefort-sur-Mer.
Blanchard, conseiller d'arrondissement, à
Rochefort-sur-Mer.
Jaumier, conseiller d'arrondissement, à
Rochefort-sur-Mer.

Cher

MM. Debaune, député.
Cannier, conseiller général à Saint-Satur.
Mitterand, rue Nationale, à Bourges.
Gérard-Ducreux, rue Saint-Médard, Bourges.

Corrèze

MM. Tavé, député.
Bussières, député.

MM. DELMAS, député.
DE SAL, fils, 147, boulevard Saint-Germain à Paris.

Corse

MM. CHALEIL, député.
FABIANI, avocat, 3, rue de la Bienfaisance à Paris.
AJACCIO, Joseph, avocat, à Bastia.
COINTE, avocat, 17, rue d'Odessa, à Paris.

Côte-d'Or

MM. MICHAUT, Fernand, à Châtillon-sur-Seine.
TAINTURIER, conseiller général, à Dijon.
SENNE, Jules, à Précy-sur-Thil.

Côtes-du-Nord

MM. DE KERGUÉZEC, 36, rue du Colisée, à Paris.
BAUDET, (docteur), député.
LE TROADEC, député.
LE PROVOST-DE-LAUNAY, 55, boulevard des Batignolles, à Paris.
RORET, publiciste, à Saint-Maur, (Seine)
SARRAN, avocat, 144, boulevard Haussmann à Paris.

Creuse

MM. DEFUMADE, député.
SIMONET, député.
CHATAIGNON, 18, quai de l'Hôtel-de-Ville, Paris.
TESSIER, publiciste, 36, rue St-Sulpice à Paris.

Dordogne

MM. SIREYJOL, député.
DALBAVIE, cons. général, à St-Léon-s-Vézère.

MM. Emery, conseiller général, au Pizou.
Dubois, château de Vetizou, par Ribérac.
Lasserre, huissier, à Mussidan.
Puppo, percepteur, à Saint-Aulaye.

Doubs

MM. Beauquier, député.
Léon Janet, député.
Cusenier, Elisée, maire d'Etalans.
Magnien, maire de Pontarlier.

Drôme

MM. Louis Blanc, sénateur.
Bertrand, Lucien, député.
Terrot-Lavalette, à Aix, (B.-du-Rhône).
Hébrard, 29, rue Faventines, à Valence.

Eure

MM. Lefèvre, Abel, député.
Gros-Fillay, cons. général, à Nonancourt.
Quérité, conseiller d'arrondis. à Evreux.
Coudevillain, cons. d'arr. à Illiers-l'Evêque.
N...

Eure-et Loir

MM. Dubois, conseiller d'arrondis., à Courtalain.
Boisanfrey, conseiller d'arrondis. à Dreux.
Oulif, 2, Grande Rue, à Dreux.
Jouanneau, Louis, 16, bis, cité Trévise, à Paris.

Gard

MM. Desmons, sénateur.
Bonnefoy-Sibour, sénateur.
Poisson, député.
Crouzet, maire de Nîmes.

MM. **Bertrand**, président du tribunal de commerce de Nîmes.
Berthezène, avocat, à Alais.

Garonne (Haute)

MM. **Ruau**, député.
Raymond **Leygue**, député.
Feuga, adjoint au maire de Toulouse.
Sarraute, adjoint au maire de Toulouse.
Gasc, maire de Muret,
Cazassus, adjoint au maire de Saint-Gaudens.

Gers

MM. **Destieux-Junca**, sénateur.
Laterrade, sénateur.
Rôtis, Jean, publiciste, à Lombez.
Thore, publiciste, à Auch.

Gironde

MM. **Dupeux**, (docteur), 131, rue de Pessac, à Bordeaux.
Palengat, 24, rue de Strasbourg, à Bordeaux.
Sarraute, Pierre, à Barsac.
Roussie, 323, avenue Thiers, à Bordeaux.
Périé, Georges, avocat, 5, place Tourny, à Bordeaux.
Baudry, Léopold, 49, rue de la Rousselle, à Bordeaux.
Duvergé, Victor, 89, quai Bacalan, à Bordeaux
Calmel, avocat, à Talence.
Touron, Arthur, négociant, à Talence.
N...

Hérault

MM. **Lafferre**, député.
Mas, député.
Pelisse, pharmacien, à Paulhan.

MM. Razimbaud, Jules, notaire, à Capestang.
Berthouy, maire de Marseillan.
Portefaix, conseiller général à Soubès.

Ille-et-Vilaine

M. Pernot, 7, rue des Carmes, à Rennes.
N...

Indre

MM. Alban David, député.
Bellier, député.
Gérault-Carion, 8, rue du Conservatoire, à
Paris.
Mallet, (docteur), 22, rue Mouton-Duvernet,
à Paris.

Indre-et-Loire

MM. Pic-Paris, sénateur.
Bidault, sénateur.
Arrault, 6, rue de la Préfecture, à Tours.
Delaunay, (docteur), à Montbazon.

Isère

MM. Saint-Romme, sénateur.
Chenavaz, député.
Chanoz, député.
Arnaud, notaire, à Luzarches, (Seine-et-Oise).
Bergès, conseiller général, à Lancey.
Cassan, père, industriel, à Bourgoin.

Jura

M. Mollard, député.
N...

Landes

M. Bouyssou, maire de Mano.

MM. Bourceret, publiciste, 50, rue Fabert, à Paris.
Frère Rémy, 6, rue d'Angoulême, à Paris.
Strauss, Edmond, 118, boul. Voltaire, Paris.

Loir-et-Cher

MM. Gauvin, député.
Ragot, député.
Boncour, Paul, 16, rue de Phalsbourg, Paris.
Fillay, Hubert, rue de Beauvoir, à Blois.

Loire

MM. Riocreux, conseiller municipal, à la Marti-
nière-Chazean.
Delassalle, 1, rue de la République à Saint-
Etienne.
Duport, ferblantier, à St-Bonnet-le-Château.
Marcel Bernard, 109, rue de Sèvres, à Paris.
Robert, avocat, 15, rue de Surènes, à Paris.
Jouhannaud, avocat, 8, rue Léopold-Robert,
à Paris.

Loire (Haute)

MM. Joubert-Peyrot, conseiller d'arr. à Tence.
Botto, 9, cours Victor-Hugo, au Puy.
Peuch, Louis, 10 bis, rue Bourg-l'Abbé, à
Paris.
Ligneul, avocat, 51, rue de Rennes, à Paris.

Loire-Inférieure

MM. Griveaud, maire de Chantenay.
Viel, 33, boulevard Eugène Orieux, à Nantes.
Salières, directeur du *Populaire*, à Nantes.
Foucault, négociant, place de Bretagne à
Nantes.
David, 1, rue Félix-Fournier, à Nantes.
Amieux, Maurice, 27, rue du Calvaire, Nantes.

MM. LEBRUN, ingénieur, 6, rue Bonne-Louise, à
    Nantes.
GOUSSE, horloger, à Chantenay.

Loiret

MM. Fernand RABIER, député.
GUINGAMP, député.
VAZEILLE, député.
ROY, publiciste, à Orléans.

Lot

MM. COCULA, sénateur,
MALVY, conseiller général, 24, rue du Regard,
    à Paris.
TALOU, conseiller général, à Toulouse.
DEGOUY, Paul, 12, rue des Halles, à Paris.

Lot-et-Garonne

MM. DAUZON, député.
Léo MELLIET, anc. député, à Cadillac (Gironde)
LAGASSE, avocat, 41, rue N.-D. de Lorrette, à
    Paris.
DELPECH, conseiller général, maire d'Agen.

Lozère

MM. JOURDAN, député.
DUPRÉ, journaliste, à Béziers (Hérault).

Maine-et-Loire

MM. MILON, conseiller général, à Saumur.
PETON, maire de Saumur.
PARÉ, imprimeur, à Angers.
DESÊTRES, conseiller général, à Angers.
ROLAND, publiciste, à Saumur.
GUY, avocat, 59, rue des Archives, à Paris.

Manche

MM. BOURGOGNE, (docteur), conseiller général à
      Cherbourg.
      DUMONCEL, maire d'Octeville.
      LEBLOND, maire de Tourlaville.
      LETRÉGUILLY, cons. municipal, à Avranches.
      RINGARD, négociant, à Cherbourg.
      BELLANGER, à Bois-Colombes, (Seine).

Marne

MM. DAILLY, Georges, publiciste, à Reims.
      POZZI, maire de Reims.
      Ch. BERNARD, industriel, à Chàlons-s-Marne.
      HAUDOS, avocat, 7, av. des Gobelins, à Paris.
      LENOIR, adjoint au maire de Reims.
      GAILLEMAIN, notaire, à Epense.

Marne (Haute)

MM. BIZOT DE FONTENY, sénateur.
      DUTAILLY, 84, rue du Rocher, à Paris.
      RENARD-ROUVERT, à Nogent-s-Marne, (Seine)
      MILLÉE, (docteur), 8, rue de Milan, à Paris.

Mayenne

MM. PAILHOUX, 30, rue Richelieu, à Paris.
      MATHIEU, 6, pl. Denfert-Rochereau, à Paris.
      QUINEFAUT, au Château-du-Tertre, par Craon.
      BOUSQUET, publiciste, à Château-Gontier.

Meurthe-et-Moselle

MM. CHAPUIS, député.
      BERNARDIN, à Pont-à-Mousson.
      GÉRARD, Louis, 2, cours Léopold, à Nancy.
      GRILLON, Jean, avocat, à Nancy.
      BRAJON, industriel, à Lunéville.

M. KETTER, juge de paix, à Grisolles, (Tarn-et-
  Garonne).

Meuse

MM. Pol CHEVALLIER, maire de Longeville.
  GARIEL, directeur du *Petit Méridional*, à Mont-
    pellier (Hérault).
  OUDIN, 37, rue Bouret, à Paris.
  BLANCHEVILLE, 58, rue de Montparnasse, à
    Paris.

Morbihan

MM. GUIEYSSE, député.
  LOUEL, à Lorient.
  BLOT, Jules, à Levallois-Perret, (Seine).
  SALLES, Joseph, à Joinville-le-Pont, (Seine).
  CAMPER, Jean, 79, rue Daguerre, à Paris.

Nièvre

MM. PETITJEAN, sénateur.
  GOUJAT, député.
  CHANDIOUX, député.
  COULON, Georges, 23, rue des Deux Ecus, à
    Paris.

Nord

MM. Maxime LECOMTE, sénateur.
  DEFONTAINE, député.
  DEBIERRE, (docteur), à Lille.
  WILMOT, conseiller général, à Sin-le-Noble.
  DEBOVE, conseiller général, à Preux-au-Sart.
  JESUPRÉ, conseiller municipal, à Douai.
  MOURMANT, conseiller municipal, à Lille.
  VANDENBROUCQUE, maire de Bourbourg.
  CLIQUENNOIS-PAQUE, conseiller mun., à Lille.
  FANYAU, maire d'Hellemmes.

MM. Degoix, ingénieur, à Lille.
Duflot, industriel, à Somain.
Brizzolara, négociant, à Somain.
Gamelin, Ernest, industriel, à Estaires.
Bourdon, (docteur), à Bousies.
Herlemont, princip. de collège, à Le Quesnoy.

Oise

MM. Baudon, député.
Chopinet, maire de Crépy-en-Valois.
Dupuis, conseiller général, aux Ageux,
Félix, conseiller municipal à Noyon.
Renard, délégué cantonal, à Ferrières.
Fauré-Hérouard, conseiller d'arrondissement à Montataire.

Orne

MM. André, 11, rue de la Halle-aux-Toiles, à Alençon.
Bagourd, (docteur), à Argentan.
Fourbet, directeur du *Progrès*, à Laigle.
Lévy, (docteur), à Gacé.

Pas-de-Calais

MM. Lemaitre, conseiller général, à Boulogne-sur-Mer.
Galley, maire de Noyelles-sous-Lens.
Georges Robert, 25, boulevard Magenta, à Paris.
F. Lefranc, 17, place des Vosges, à Paris.
Chazot, avocat, 23, rue de Bourgogne, à Paris.
Lecouffe, Victor, publiciste, à Lillers.
Weil, Edgard, 38, rue des Martyrs, à Paris.
Patez, 105, rue Didot, à Paris.
Albitre, à Nogent-sur-Marne (Seine).
Raynal, avocat, 31, rue Alphonse-de-Neuville, à Paris.

Pyrénées (Basses)

MM. D'Iriart d'Etchepare, député.
Cabanne, Louis, à Pau.
Monsis, Henri, dentiste, à Pau.
Darrigrand, entrepreneur, à Pau.
Pouyau, à Oloron-Sainte-Marie.
Bonneau, négociant, à Pau.

Pyrénées (Hautes)

MM. Pedebidou, sénateur.
Dasque, député.
Fitte, député.
Frilet, conseiller général, à Luz-St-Sauveur.

Pyrénées-Orientales

MM. Bourrat, Jean, député.
Violet, Joachim, propriétaire, à Perpignan.
Milhaud, Léon, avocat, à Perpignan.
N...

Rhin (Haut)

MM. Schneider, Charles, député.
Thiéry-Laurent, 21, avenue de la Gare, à
Belfort.

Rhône

MM. Cazeneuve, député.
Brunard, député.
Jean Lépine (docteur), à Lyon.
Godard, Justin, adjoint au maire de Lyon.
Couderchet, 1, Cours Vitton, à Lyon.
Michaud, chimiste, à Villefranche-sur-Saône.
Jean Faure, adjoint au maire de Lyon.
Mermillon, adjoint au maire de Lyon.
Ponteille, maire de Chatillon-d'Azergue.
Dailloux, propriétaire, à Belleville-s-Saône.

Saône (Haute)

MM. René RENOULT, député.
SCHWOB, conseiller général, à Héricourt.
PEROZ, conseiller général, à Plancher-Bas.
CHEVREUX, conseiller général, à Gouhenans.

Saône-et-Loire

MM. MAGNIEN, sénateur.
DUBIEF, député.
PETITJEAN, député.
SIMYAN, député.
PROTAT, conseiller général, à Mâcon.
MYARD, conseiller général, à Buxy.
RICHARD, conseiller général, maire de Châlon-
sur-Saône.
POIRSON, imprimeur, à Autun.

Sarthe

MM. AJAM, conseiller général au Mans.
POSTEL, 9, rue Gresset, à Nantes, (Loire-Inf^{re})
PELTIER, avocat, 23, rue de Vaugirard, à Paris.
TESSIER, publiciste, 36, rue St-Sulpice, à Paris.
GRAUVOGEL, 47, boulev. de l'Hopital, à Paris.
BÉER, entrepreneur, 36, boulevard Edgard-
Quinet, à Paris.

Savoie

MM. CHAMBON, député.
DOLIN, président du Comité républicain à
Chambéry.
GAIDE, professeur à l'école primaire supérieure
de Chambéry.
BAILLY, Gaston, publiciste, à Chambéry.

Savoie (Haute)

M. Fernand DAVID, député.

MM. Charrière, avoué, à Saint-Julien-en-Génevois.
Ferrero, maire d'Annecy.
Bossonney, Jules, à Chamonix.

Seine

MM. Buisson, Ferdinand, député.
Gervais, député.
Messimy, député.
Steeg, député.
Puech, député.
Maujan, député.
Féron, député.
Patenne, conseiller général de la Seine.
Blanchon, — —
Ranson, — —
Chérioux, — —
Brenot, — —
Rousselle, Henri, — —
Desplas, — —
Chautard, — —
Jaunet, conseiller d'arrondissement, 71, rue d'Aboukir, à Paris.
Mascuraud, président du Comité républicain du Commerce et de l'Industrie.
Hector Depasse, 74, avenue du Roule, à Neuilly (Seine).
Cahen, Ferdinand, 162, boulevard Magenta, à Paris.
Chabanne, 9, rue du Quatre-Septembre, Paris.
Francq, Léon, ingénieur, 48, avenue Victor-Hugo, à Paris.
Morel, fils, 114, rue de Paris, à Montreuil, (Seine).
Morin, J.-B., 179, boulevard Péreire, à Paris.
Bergougnan, 15, rue de l'Avenir, à Asnières, (Seine).
Quéroy, 144, rue de Rivoli, à Paris.
Chesseron, 54, rue Dombasle, à Paris.
Bellanger, à Bois-Colombes, (Seine).

— 267 —

MM. Salles, Henri, 98, Grande-Rue, à Montrouge,
    (Seine).
Bonnet, Louis, 62 rue Tiquetonne, à Paris.
Balans, 32, rue Bourdignon, à St-Maure, (Seine)
Leboucq, avocat, 17, rue Miromesnil, à Paris.
Brulport, 73, rue Brancion, à Paris.
Lucien Le Foyer, 252, rue de Rivoli, à Paris.
Dalimier, 32, boulevard du Montparnasse, à
    Paris.
Gély, 33, rue des Batignolles, à Paris.
Charpentier, Armand, 37, rue de Constan-
    tinople, à Paris.
Reneux, 10, rue du Croissant, à Paris.
Verglas, 23, avenue Trudaine, à Paris.

Seine-et-Marne

MM. Girod, Louis, député.
Chauvin, Emile, député.
Blanchart, conseiller d'arrondis., à Meaux.
Ménard, Louis, négociant, à Coulommiers.

Seine-et-Oise

MM. Berteaux, député.
Falot, Paul, 35, avenue de Paris, à Rueil.
Génevois, Henri, 81, r. d'Amsterdam, à Paris.
Lefèvre, Gustave, avocat, 55 bis, rue des
    Saints-Pères, à Paris.
Lemoine-Rivière, maire d'Argenteuil.
Le Roy, Eugène, maire de Rosay.
Monnier-Ducastel, 61, avenue de Neuilly, à
    Neuilly (Seine).
Réparat, 38, rue des Ecoles, à Paris.

Seine-Inférieure

MM. Loyer, route d'Eu, à Neuville-les-Dieppe.
Daumas, rue de l'Hôtel-de-Ville, à Dieppe.

MM. Cahen, Gustave, 61, rue des Petits-Champs, à
    Paris.
    Foy, Emmanuel, 90, boulevard Pereire, à
    Paris.
    Bodereau, Georges, publiciste, à Rouen.
    Meyer, Edmond, rue Edouard Larue, au
    Hâvre.
    Gaudel, maire de Saint-Etienne du Rouvray.
    Nicole, conseiller d'arrondissem^t, au Hâvre.
    Cléré, Auguste, rue Richard-Simon, à Dieppe.
    Allard, Félix, à Plainville, par Fontaine-le-
    Dun.

Deux-Sèvres

MM. Aguillon, sénateur.
    Gentil, député,
    Ménard, maire de Thouars.
    Gaud, juge de paix, à Chaumont-en-Vexin.

Somme

MM. Fiquet, député.
    Klotz, député.
    Rousé, député.
    Bourdon, conseiller général, à Davenescour.
    Jouancoux, président du conseil d'arrondis-
    sement, à Cachy.
    Lévy, Théophile, 13, Chaussée Périgord, à
    Amiens.

Tarn

MM. Gouzy, député.
    Andrieu, député.
    Vieu, maire de Castres,
    Guiraud, (docteur), maire de Lavaur.

Tarn-et-Garonne

MM. Capéran, député.
    Sévac, député.

Var

MM. Louis MARTIN, député.
AUBIN, (docteur), conseiller général, à Cuers.
FASSY, Emmanuel, maire de Barjols.
LEFÈVRE, au Caroubier.
BETTE, 10 bis, rue des Batignolles, à Paris.

Vaucluse

MM. BÉRAUD, sénateur.
COULONDRE, député.
VIALIS, député.
IGNACE, avocat, 22, rue d'Aumale, à Paris.

Vendée

MM. GODET (Docteur), aux Sables-d'Olonne.
BATIOT, maire de Talma.
GUILLEMET. ancien député, à La Roche-sur-
Yon.
TISSIER, Louis, 1, rue St-Florentin, à Paris.
MOLINA, Emile, à Talence (Gironde).
MOURRA père, négociant, aux Sables-d'Olonne.

Vienne

MM. GODET, député.
POULLE, Guillaume, conseiller général, à Poi-
tiers.
LACROIX, André, 21, boul. Beauséjour, à Paris.
VALLET-DÉCHERAT, conseiller d'arrondisse-
ment, à Poitiers.

Vienne (Haute)

MM. TOURGNOL, député.
NOILLER, publiciste, à Limoges.
ROUDET, président du comité radical de Saint-
Léonard.

MM. Félicien PARIS, avocat, 31, rue Baudin, à
     Paris.
     HÉNAFFE, conseiller général de la Seine.
     RORET, publiciste, à Saint-Maur (Seine).

Vosges

MM. LARDIER (Docteur), à Rambervillers.
     GILBERT-RENAUD, 3, rue de la Louvière, à
     Epinal.
     DUCREUX, industriel, à Saint-Dié-des-Vosges.
     ESCHENBREMER, professeur, à Gérardmer.
     LAPIQUE, vétérinaire, à Epinal.
     SCHMIDT, pharmacien, à St-Dié-des-Vosges.

Yonne

MM. LORDEREAU, sénateur.
     BIENVENU-MARTIN, député.
     SILVY, conseiller général, 27, rue Godot-de-
     Mauroy, à Paris.
     VINOT, distillateur, à Auxerre.

ALGÉRIE

Alger

MM. TAFFONNEAU, 5, rue d'Hauteville, à Paris.
     THIVET-HANCTIN, à Saint-Denis (Seine).
     PHILIPPE, avocat, 7, rue de Lille, à Paris.
     JOLY, 53, cours Lafayette prolongé, à Lyon
     (Rhône).
     Elie MANTOUT, 25, rue Saint-James, à Neuilly
     (Seine).
     BOUILLARD, 207, avenue de Neuilly, à Neuilly
     (Seine).
     LATTÉS, 13, rue Drouot, à Paris.
     FLEYS, avocat, 5, rue de l'Université, à Paris.

MM. Poggioli, publiciste, à Montpellier.
Thomas, Albert, conseiller municipal, à Auxerre (Yonne).
Charles jeune, au Vésinet (Seine-et-Oise).
Darses, 22, avenue de l'Opéra, à Paris.

Constantine

MM. Aubry, député.
Cuttoli, Paul, conseiller général, à Constantine.
Cuttoli, Jules, couseiller général, à Batna.
Philip, Jean, 6, rue Cassini, à Paris.
Carmignac, 21, rue Victor-Hugo, à Montrouge (Seine).
Richard, Léon, 37, rue Dombasle, à Paris.
Gervais fils, 1, rue de l'Egalité, à Issy (Seine).
Brécy, 13 *bis*, rue Dupleix, à Paris.
Penin, architecte, à Courbevoie (Seine).
Virot, Paul, 20, rue des Plantes, à Paris.
Gacon, 2, rue des Champs, à Antony (Seine).
Merlet, Lucien, à Joué-lès-Tours (Indre-et-Loire).
Vitalis-Brun, conseiller général, à Carcassonne (Aude).

Oran

MM. Trouin, député.
Salières, 11, boulev. des Chasseurs, à Oran.
Lobstein, pharmacien, à Toulouse (Haute-Garonne).
Dubarry (Dr), à Montferran-Savès (Gers).
Fabius de Champville, 78, rue Taitbout, à Paris.
Delboy, conseiller général, à Bordeaux (Gironde).

COLONIES

La Martinique

MM. Clément, député.
Blumenthal, 87, boulevard St-Michel, à Paris.

Guadeloupe

MM. Gerville-Réache, député.
Bouzanquet de Balestrier, 4, rue Herschel, à Paris.

Inde Française

MM. Henrique-Duluc, député.
Marini, Henri, 10, rue de Berne, à Paris.

Guyane

MM. Ursleur, député.
Malesset, 22, rue de l'Hôtel-de-Ville, à Neuilly (Seine).

Cochinchine

MM. Deloncle, François, député.
Louel, à Lorient (Morbihan).
Philip, Léon, 50, rue Jacob, à Paris.
Chenieux, professeur, à Saïgon.
Stirn, avocat, 1, rue du Dauphiné, à Paris.

Sénégal

MM. Carpot, député.
Durand, pharmacien, à Eysines (Gironde).

TABLE DES MATIÈRES

PREMIÈRE SÉANCE

DEUXIÈME SÉANCE

TROISIÈME SÉANCE

QUATRIÈME SÉANCE

CINQUIÈME SÉANCE

SIXIÈME SÉANCE

ALENÇON. — IMPRIMERIE VEUVE FÉLIX GUY ET Cie

BROCHURES DE PROPAGANDE

Premier Congrès du Parti républicain radical et radical-socialiste. Paris 1901.

> Un exemplaire, 0.05 ; le cent, 4 fr.

Deuxième Congrès du Parti républicain radical et radical-socialiste. Lyon 1902.

> Un exemplaire, 0,10 ; le cent, 8 fr.

Troisième Congrès du Parti républicain radical et radical-socialiste. Marseille 1903.

> Un exemplaire, 0,25 ; le cent, 20 fr.

Nos Finances et l'œuvre de la République, par Louis Puech, député de Paris.

> Un exemplaire, 0,10 ; le cent, 8 fr.

L'impôt sur le revenu. — *Appel aux campagnes*, par Camille Pelletan.

> L'exemplaire, 0,05.

La Banque de France et la défense nationale, discours de Camille Pelletan.

> L'exemplaire, 0,05.

La Séparation des Églises et de l'État, par le Dr Elie Pécaut.

> Un exemplaire, 0.05 ; le cent, 2,50.

La Congrégation. — *Aperçu historique 1871-1901*, par Henri Brisson.

> L'exemplaire, 0,50.

La France sous la troisième République, 1870-1901, par A. Delpech, sénateur et G. Lamy.

> L'exemplaire, 0,50.

Rapport de M. Ferdinand Buisson, député de Paris, au Congrès de Toulouse, sur la *Séparation des Eglises et de l'Etat*.

> Le cent, 1,75.

La situation des Partis en France ; rapport de M. Bonnet au Congrès de Toulouse.

> Le cent, 3,50

La Séparation des Églises et de l'État, par A. André.

Un vol. in-12 de 230 pages, 2 fr. — 1 fr. pour les Membres du Comité Exécutif, et 1,25 par la poste.

L'Action Républicaine ; Trois ans de législature, 1899-1902.

> Un vol. in-12, 2 fr.

(Port en sus)